スペイン語の否定語の概念構造に関する研究

スペイン語の
否定語の
概念構造に関する研究

田林洋一著

ひつじ書房

まえがき

　近年の日本におけるスペイン研究、スペイン語学研究は飛躍的に進歩し、学習者、研究者の両者のレベルもそれにつれて向上してきた。しかし、スペイン語学に対する研究アプローチは記述的な側面が大きく、最新の言語学の成果、特に生成文法理論や認知言語学のパラダイムを十分に反映しているとは言えない状況にある。本書は以上の状況を鑑み、記述的な面も重視しながら、スペイン語の言語現象に対して、できるだけ英語学などから発展していった認知的な視野に立って説明を試みている。

　言語学の理論は日進月歩であり、かつては画期的とみなされていた理論も、年月を経るにつれて色あせてしまうことがある。ある時代にはそれ以外の研究姿勢はあり得ないと考えていたパラダイムが、次の時代には別のパラダイムにとって代わってしまい、過去のパラダイムは闇の中に放り込まれてしまうということもあるだろう。しかし、新たなパラダイムが必ずしも言語事実を忠実に反映し、正しい言語観や人間観につながっていくとは限らない。理論は絶えず精査されていくが、その中には過去の言語理論からヒントを得て、いわば「先祖返り」した理論も少なくない。Chomskyの生成文法も、ポール・ロワイヤル文法から強く影響を受けているし、近年発展している認知言語学も、説明原理の矛盾から自然消滅した生成意味論の研究成果を十分に取り入れて精緻化されている。

　本書のアプローチは基本的に認知言語学の視点を取り入れているが、ある1つの理論に拘泥することなく、必要と認めた場合には、生成文法理論や統語論・意味論の各種理論を取り入れている。いわゆる折衷主義は節操がないかもしれないが、言語現象を説明する際に、理論の枠組みにとらわれすぎて、実際の言語現象を置き去りにする危険を冒すよりは良いと考えたからである。また、必要に応じて英語学などの研究には見られなかったオリジナル

な考え方も導入して、スペイン語の諸現象について解説している個所もある。

本書は、私が 2008 年に清泉女子大学大学院で博士の学位を受けた『スペイン語の否定語における意味構造について―EN 否定を中心に』を基にした論考である。対象は初・中級のスペイン語文法を一通り終わらせた大学生や、言語学に興味のある大学院生、そしてスペイン語学教員や言語研究者など、幅広い読者層を想定している。また、スペイン語ネイティブでも判断に揺れがある否定辞についても一定の説明原理を構築しているため、スペイン語に携わる実務家にも参考にして頂ければと思っている。

本書を執筆していく段階で、色々な方にお世話になった。スペイン語学に対する真摯な接し方を享受してくださった清泉女子大学の木村琢也先生、言語理論の奥深さを教えて下さった東洋大学の山中桂一先生には深く感謝したい。更に、大学の学部生時代に私にスペイン語の楽しさと奥深さを教えて下さった上智大学の諸先生方にも心よりお礼を申し上げたい。また、出版に際してはひつじ書房の松本功氏、森脇尊志氏にも色々とお世話になった。最後に、研究や生活のあらゆる面で私をサポートし、物理的、精神的に励まし、支えてくれた私の家族に感謝したい。

北海道小樽にて　2012 年 7 月
田林洋一

本書は、スペイン文化省のグラシアン基金より 2011 年度の出版助成を得て刊行されるものである。
La realización de este libro ha sido subvencionada en 2011 por el Programa "Baltasar Gracián" del Ministerio de Cultura de España.

目　次

まえがき　　　　　　　　　　　　　　　　　　　　　　　　　v

序論　　　　　　　　　　　　　　　　　　　　　　　　　　　1

1. はじめに　　　　　　　　　　　　　　　　　　　　　　　1
2. 理論的背景　　　　　　　　　　　　　　　　　　　　　　2

第一部　スペイン語の否定語とその他の否定要素

第一章　スペイン語の否定語についての概説　　　　　　　　　7

1. 否定語 no について　　　　　　　　　　　　　　　　　　7
2. その他の否定語について　　　　　　　　　　　　　　　18

第二章　否定語と否定環境　　　　　　　　　　　　　　　　33

1. 否定語が動詞に前置するということ　　　　　　　　　　33
2. EN 否定における主題化と否定語の動詞への前置　　　　　34
   - 2.1　Bosque(1980)の主題化の扱いについて　　　　　　35
   - 2.2　主題化の痕跡と否定語が動詞に前置した時の痕跡　41
   - 2.3　否定の呼応と no 以外の否定語の前置　　　　　　56
   - 2.4　従属節内の否定語と否定環境　　　　　　　　　　59
3. EN 否定における痕跡と否定現象及び否定表現　　　　　　64
   - 3.1　否定の移動(Transporte de la Negación)の概略　　64
   - 3.2　TN の本書の理論への応用　　　　　　　　　　　70

4. 否定含意述語と理論的拡張	81
4.1　否定含意述語の概略	82
4.2　否定含意述語と痕跡の応用	83
5. 語否定と理論的拡張	89
6. 前置詞 sin と理論的拡張	96
7. 副詞 incluso、ni siquiera と理論的拡張	103
8. 修辞疑問及び修辞感嘆文と理論的拡張	107
9. 章結	116

第三章　その他の否定要素　　　　　　　　　　　　131

1. 否定極性項目について	131
1.1　否定極性項目の若干の考察	131
1.2　段階的な極限を表す否定極性項目	137
1.3　慣用句としての否定極性項目	143
1.3.1　慣用句についての若干の考察	144
1.3.2　否定極性項目としてのスペイン語の慣用句	147
1.4　否定極性項目としての不定名詞句	153
1.5　否定極性項目としての名詞に後置された alguno	159
2. 虚辞の否定語について	167
2.1　虚辞の否定 no について	167
2.2　No 以外の否定語の虚辞の否定について	173
3. 比較構文と否定について	176

第二部　スペイン語 EN 否定における意味構造

第四章　EN 否定の概略　　　　　　　　　　　　　193

1. 導入	193
1.1　前置詞 EN の概略	194

2.	EN 否定の主な先行研究	200
	2.1　Bosque(1980)による EN 否定の扱い	200
	2.2　Sánchez López(1999)による EN 否定の扱い	202
	2.3　Bruyne(1999)による EN 否定の扱い	204

第五章　意味的側面　　　　　　　　　　　　　　　　211

1.	EN 否定の項構造	211
	1.1　EN 否定の統語的条件	212
	1.2　EN 否定の項構造	216
	1.2.1　Goldberg による構文文法について	216
	1.2.2　使役移動構文の影山(1996)による概念構造標識	219
	1.3　EN 否定の概念構造	221
	1.3.1　構文文法における EN 否定	224
2.	EN 否定の意味役割	225
	2.1　意味役割における先行研究の概略	226
	2.1.1　場所理論の概説	226
	2.1.2　Jackendoff(1990)の意味役割の扱い	227
	2.1.3　Baker(1988)の意味役割の扱い	229
	2.1.4　加賀(2001)の意味役割の扱い	231
	2.2　意味役割の提案	233
	2.2.1　マクロな意味役割と意味役割素性によって拡張される説明力	236
	2.2.1.1　二重目的語構文と受動構文	237
	2.2.1.2　後置主語構文	240
	2.2.2　EN 否定における主題化された前置詞句の特徴	245
3.	EN 否定の極性決定条件とその極性環境	247
	3.1　先行研究の扱いについて	247
	3.1.1　先行研究における EN 否定の極性について	247
	3.1.2　否定極性決定に関する先行研究の概略	247

        3.1.3　Sánchez López(1999)における EN 否定の
            　　　極性決定について　　　　　　　　　　　　251
        3.1.4　Linebarger(1991)における極性決定の扱い　　252
        3.1.5　Ladusaw(1980)における極性決定の扱い　　　255
        3.1.6　奥野・小川(2002)における極性決定の扱い　　258
    3.2　本書で提案する否定極性決定条件　　　　　　　　　259
        3.2.1　命題否定とモダリティ否定の分割と QR　　　　259
        3.2.2　EN 否定における極性決定条件とその環境　　　262
            3.2.2.1　予想に従った EN 否定のケース　　　　　263
            3.2.2.2　予想に反したケース　　　　　　　　　　265
            3.2.2.3　更に予想に反しうるケース　　　　　　　268

第三部　総括と展望

第六章　総括と展望　　　　　　　　　　　　　　　　　　289

    1.　語用論的側面　　　　　　　　　　　　　　　　　　　289
        1.1　否定の非対称性について　　　　　　　　　　　　290
        1.2　前提と否定について　　　　　　　　　　　　　　296
    2.　重文と相　　　　　　　　　　　　　　　　　　　　　301
        2.1　重文における sino と pero　　　　　　　　　　　301
        2.2　相　　　　　　　　　　　　　　　　　　　　　　306
            2.2.1　相についての若干の考察　　　　　　　　　306
            2.2.2　前置詞 hasta について　　　　　　　　　　308
            2.2.3　副詞 todavía と ya について　　　　　　　313

結語　　　　　　　　　　　　　　　　　　　　　　　　　　319

参考文献　　　　　　　　　　　　　　　　　　　　　　　　321
索引　　　　　　　　　　　　　　　　　　　　　　　　　　333

序論

1. はじめに

　本書はスペイン語の否定語(Palabras Negativas)の振る舞い、特に EN 否定(Negación con EN)と呼ばれる現象について、多角的な視野、特に意味的な視野から分析することを目的とする。

　言語における否定表現は言語学の中心的な関心事として、論理学とも絡められながらこれまで様々な検証がなされてきた。ロマンス語の一つであるスペイン語においても例外ではなく、統語的・意味的視点から捉えた膨大な否定の研究が存在する。しかし、スペイン語に特有の EN 否定については周辺的な扱いを受けることが多く、系統だった分析はほとんどなされなかった。特に生成文法が全盛期を迎えた 1980 年代には、核と周辺という区分けのもと、専ら核の現象に対してのみ理論構築がなされ、それに当てはまらない諸現象は周辺として扱われ、切り捨てられるという現象が生じた[1]。本書ではスペイン語の否定語と否定の呼応、否定語前置構文といった言語の「核」的な現象を分析するためにいくつかの新たな試みを導入し、その説明原理が「周辺的な」EN 否定にも応用可能なことを見る。また、他の否定要素を含む言語表現にも応用し、より大きな説明力を持つことを明らかにしていきたい。

　本書の主な構成は、以下の通りである。

　第一部は本書における研究対象の確定と研究指針の予備的考察を踏まえ、スペイン語の否定語と否定の呼応、否定語前置構文を意味的に分析すること

を目的とする。第一章ではスペイン語の否定語を簡単に概観し、第二章以降で説明原理の応用を目指し、否定含意述語、否定極性項目(Términos de Polaridad Negativa)等も視野に入れつつ、他の否定語及び否定要素と比較しながら分析する。

　第二部は応用であり、第一部で提案した否定語に関する説明原理を EN 否定に対して適用し、その相違について検討する。第四章は EN 否定に関する概略と先行研究を取り上げ、第五章では適宜先行研究を批判検討しながら、項構造、意味役割、極性決定環境などに関して新たな考え方を提案する。本書では、Goldberg(1995)が提唱した構文理論(Construction Grammar)を拠り所として、英語の二重目的語構文や使役移動構文などに適用される構文理論が、EN 否定についても強力な説明原理を持ちうることを見る。

　第三部は総括と展望であり、EN 否定及び他の否定語と関連して、含意と前提、重文や相などいくつかの周辺領域について言及する。

　以上の構成からも分かるように、否定の意味解釈は論理的意味論から会話の含意といった語用論まで多岐に渡る問題であるが、本書では専ら狭義の意味論を主眼としている。しかし、構成性の原理を破りうるゲシュタルト的な認知事象を軽視するものではない。

2.　理論的背景

　本書が拠り所とする理論は、Goldberg(1995)で主張されている構文理論(Construction Grammar)である。構文理論そのものの存在が主張されはじめたのは 1990 年代であるが、その類似的かつ萌芽的な研究、特に Lakoff (1987)、Brugman(1988)、Fillmore, Kay & O'Connor(1988)、Fillmore & Kay(1993)、Lambrecht(1994)等も、同様に伝統的に言われる構文(即ち、語と意味ではなく形式と意味との一致)は言語の基体となると主張している。

　しかし、これら諸研究の土台となったのは、Chomsky(1957, 1965)が唱えた生成文法のアンチテーゼとして現れ、説明理論の欠如からいわば自然消滅した Gruber(1965)ら生成意味論の諸研究である。本書では基本的に生成意

味論から派生した認知言語学的なパースペクティブを援用しているが、時にJackendoff(1990)らが主張する生成文法の枠組みで展開される解釈意味論の立場も採用している。従って、本書では必ずしも生成文法の諸理論を全否定するものではなく、むしろ説得力のある説明に関しては、これを積極的に取り上げていく。

　本書が取り上げるもう一つの理論はHorn(1989)に代表される、主に含意などに関する否定の意味的、語用論的諸研究である。HornはGrice(1975)の会話の公準における協力の原則(Cooperative Principle)をより精密に理論立てた研究者であり、彼の一連の論文は否定研究において欠くことのできない重要な論考である。Hornの諸研究は既に古典となっているJespersen(1917)を起点として議論が展開されている箇所があるが、現代言語学における否定の研究が本格的に始まったのはKlima(1964)やJackendoff(1972)に見られる統語的・形態的論考からであり、Hornのそれとは一線を画する。即ち、Hornの研究は主に否定の論理含意関係に集約されており、主に文法構造との関連を説明する太田(1980)と相補的な関係にあると言ってよい。なお、これらの諸理論は広義の意味論である語用論にまで踏み込むことがあるが、本書では特に弊害がない限り、語用論的な視野も同時に取り込むことがある。

　前置詞句を含む、ある言語表現の意味の関連性を認知言語学的に説明する方法は大きく二通りある。一つはある言語表現の最も典型的な意味を中核として、放射状に周辺的カテゴリーを形成していくプロトタイプ理論である[2]。もう一つは、カテゴリーメンバーに当てはまる共通性を摘出して、意味的カテゴリーを規定するスキーマ理論である。この二つは相互排除的なものではなく、意味的カテゴリーの形成を違った視点で捉えたものであり、実質的には両者が相互作用をすることで一つのカテゴリーが構築されると考えられる。

　プロトタイプ理論を用いると、中核的な意味と周辺的な意味の容認度の差がうまく説明できる。しかし、周辺的な例に的を絞ると、メンバーによってはカテゴリーの成員としてみなしてよいかの基準が曖昧であり、厳密な意味

での規定ができない。即ち、カテゴリーの境界はファジー(fuzzy)である(Labov(1973)参照)。カテゴリー間の境界線が曖昧であるとする捉え方はプロトタイプ理論の中心的な主張でもあるが、成員間における境界の画定が漠然と為されていることも同時に意味する。

　この点を補うのがスキーマ理論である。スキーマ理論では、ある言語表現において、理想的には全ての成員が共通のスキーマを持つ。しかし、だからといって、ある言語表現が特定のスキーマを持っていた場合、ただちにその意味の成員と成りうるかというと、そうではない。この点で、両理論はお互いに助け合いながら成員を決定しているということになる。

注

1　定延(2000)はこの問題点を的確に指摘しているが、本書では言語習得能力の生得性を全否定せず、Tabayashi(2003)が主張する生得性と後天的言語刺激のインターフェイスを基盤に置いている。なお、Enard, et al.(2002)は、第七染色体にFOXP2と呼ばれる言語の生得性を裏付ける言語遺伝子が発見されたと報告している。これだけで言語習得能力の生得性を全面的に受け入れることは危険であるが、画期的な発見であり、更なる研究が期待される。

2　本書における「最も典型的な意味」とは、ある語の意味の集合内での中核的な意味を指す。しかし、空間辞の意味ネットワークにおいて、何が中核的な意味となりうるかは厳密には規定されていなかった。空間辞の最も典型的な意味に関して、直感に訴えて説明する論(Dewell(1994))や、特定の前置詞の特定の分析に最もうまく合致する意味を「最も典型的な意味」とする論(Lakoff(1987))、通時的に最も早い意味が典型例になりうるという論(Tyler & Evans(2002))等がある。

第一部
スペイン語の否定語とその他の否定要素

第一章　スペイン語の否定語についての概説

　本書ではスペイン語の否定語及び否定要素を持つ言語表現を分析することを目的とする。ここで述べる否定とは、論理学における偽、不正確さ、反駁、非現実、非実現などを表すと同時に、否定するという行為（即ち否定含意述語等）も包含する。まず、スペイン語の否定について簡単に概説した後、否定表現に付随する主題化及び痕跡の振る舞いなどについて新たな考え方を導入してそれぞれの相違点を観察し、比較検討を試みる。

　スペイン語の否定語についての研究は数多くあるが、本章ではそれぞれの先行研究を網羅的に説明することはせず、否定語の機能的側面について簡単に述べる[1]。第一節では否定語 no について分析し、機能的に no 以外の否定語と一線を画すことを見る。第二節では対応する肯定極性項目（Términos de Polaridad Positiva）を持つ no 以外の否定語（nada、nadie など）を概観する。

1.　否定語 no について

　スペイン語には、単独で内在的に否定の意味を持つ語、即ち否定語が複数存在する。否定や反駁を表す際に用いられる最も一般的な否定語は no である[2]。

（1）a.　La gramática se aprende bien en la primera edad.
　　　b.　La gramática no se aprende bien en la primera edad.

Sánchez López(1999: 2563)

(1b)は(1a)を否定した文であり、「文法は青少年期によく学習されるわけではない」と字義通りに解釈できる。否定語 no は他の否定語と違い作用域及び焦点が明確でないため、(1b)の解釈は結果として曖昧である。

(２) a. La gramática no se aprende bien en la primera edad, sino se aprende mal.
b. La gramática no se aprende bien en la primera edad, sino se aprende bien en la tercera edad.
c. La gramática no se aprende bien en la primera edad, sino se entiende bien.
d. La gramática no se aprende bien en la primera edad, sino el léxico se aprende bien.
e. No es que la gramática se aprenda bien en la primera edad.
f. La gramática puede en la primera edad no aprenderse bien.

Bello(1980: 330)

(2a)は no の焦点が bien であり、最もデフォルトな解釈である。従って「文法は青少年期によく学習されるのではなく、むしろ悪く学習される」という動詞の回復が可能である。(2b)における no の焦点は en la primera edad であり、「文法は青少年期によく学習されるのではなく、老年期に学習される」となる。(2c)と(2d)は上記二つに比べるとやや有標的な解釈である。(2c)は「文法は青少年期によく学習されるのではなく、よく理解されるのだ」という、動詞 se aprende が焦点になっている読みである[3]。(2d)は「文法は青少年期によく学習されるのではなく、(むしろ)語彙がよく学習されるのだ」という、主語を否定する読みである[4]。更に、(2e)は恐らく最も有標的であり「文法は青少年期によく学習される、ということではない」という文否定(メタ言語否定)の解釈となる[5]。(2f)は、aprenderse bien が移動して puede no aprenderse bien としても、否定語との位置関係さえ変わらなければ非文にはならない[6]。スペイン語で、このように焦点の曖昧性(構成素否定

か文否定かの解釈の揺れを含む)が発生する否定語は no しかない[7]。

否定の研究は膨大な数に上るが、その中でもある程度共通の理解は得られているように思われる[8]。(2)と同様の分析は、日本語でも可能である。

（3）a. 彼は　船で　南極へ　行った。
　　　b. 彼は　船で　南極へ　行かなかった。　　　　加藤(1989: 209)

(3b)は(3a)の肯定文が実現されていないこと(即ち非実現)を表し否定文となるが、(1)と同様に焦点が曖昧である[9]。

（4）a. 彼は南極へ行ったが、それは船でではない。(手段格の否定)
　　　b. 彼は船でどこかへ行ったが、それは南極へではない。(方向格の否定)
　　　c. 彼は船で南極へ行ったのではなく、帰ってきたのだ。(動詞の否定)
　　　d. 誰かが船で南極へ行ったが、それは彼ではない。彼女だ。(対比の否定)
　　　　　　　　　　　　　　　　　　　　　　　沼田(2000: 47 一部改)

スペイン語でも日本語でも、焦点が決定される要因となるのは、否定語の位置、文脈、卓立などであるが、日本語には取り立て助詞や対比の「は」が存在するため、スペイン語よりも否定の曖昧性を回避しやすい。しかしその一方、否定語の位置はスペイン語に比べると制約を受けているので、構成素否定なのか文否定なのかの判断が否定語の位置からでは決定しづらい[10]。

更に、意外に言及されないことであるが、否定の焦点は必ずしも一つではなく、その作用域(Ámbito de la Negación)内にある全ての項に影響を及ぼしうる。

（5）　La gramática no se aprende bien en la primera edad, sino el léxico se aprende bien en la tercera edad.

（5）は否定語が一つしかないが、否定の焦点が複数ある場合であり、「文法は青少年期によく学習されるのではなく、語彙が老年期によく学習されるのだ」という解釈も可能である。しかし、ある命題における項のほとんど（ないしは全て）を否定の焦点と解釈すると、そもそも取り消した後の命題を最初に発話すれば言語の経済性の原理を保ちうるために最初の発話行為の意味自体が疑問視されてしまう[11]。また、Grice(1975)のいう会話の公準（特に情報量の公準）にも違反することになるので、あまり多用はされない。

否定語 no を他の否定語と区別する更なる理由は、（6）のような文の存在があるからである。

（6）a.　La gramática no se aprende bien en la primera edad.（=（1b））
　　 b.　La gramática se aprende no bien en la primera edad.
　　 c.　La gramática se aprende bien no en la primera edad.
　　 d.　?No la gramática se aprende bien en la primera edad.
　　 e.*??La gramática se aprende bien en no la primera edad.
　　 f.　*La gramática se no aprende bien en la primera edad.
　　 g.　*La gramática se aprende bien en la no primera edad.
（7）a.　No porque él se oponga abandonaremos nuestro propósito.
　　　　　　　　　　　　　　　　　　　　　　　　　Gili Gaya(1961: 51)
　　 b.　No porque se aprobase aquel arbitrio, lo adoptó la junta, sino porque era
　　　　el único que se presentaba.　　　　　　　　　　　Bello(1980: 330)

否定語は通常「単独で動詞へ前置されると、否定極性を持ちうる」と説明されるが、否定語 no に関してだけは例外であり、動詞の前後にかかわらず如何なる位置にあっても否定極性を命題に与えうる[12]。（6a）では最もデフォルトな位置である動詞の直前に否定語が置かれている。この時、解釈が曖昧になることは既に（2）で見た。しかし、（6b）と（6c）の否定語 no は構成素否定として働くため、焦点は明確である[13]。この時、焦点は否定語の直後のカテゴリーとなり、（6b）は（2a）の、（6c）は（2b）の解釈を持つことになる。更

に(7)において、否定語 no は接続語に導かれた従属節をも否定することができる。no 以外の否定語は生起する位置に制約があり、構成素否定として働くことはない。但し、もう一つの否定語が既に動詞へ前置されている場合はその限りではない。

(8) a. *La gramática se aprende nada / nadie / ninguno / nunca / jamás / tampoco / ni bien en la primera edad.
   b. La gramática no se aprende nunca / tampoco / ni bien en la primera edad.

(8a)は非文だが、他の否定語(この場合は no)が前置されている(8b)は容認可能である。また、前置される否定語は no に限らない。

(9) Ni una sola obra sobre el tema ha podido encontrar nadie.

Sánchez López(1999: 2564)

(9)には否定語 no が存在しないが、動詞に前置される否定語 ni の存在により正しく nadie と否定の呼応をし、認可される。なお、第二章 2.2 節では(9)を否定語前置構文として新たに分析する。

(6d)はインフォーマントによって判断が曖昧であるが、二つの解釈の可能性が考えられる[14]。一つは La gramática のみを焦点として捕らえた構成素否定の解釈で、(2d)と等価であり、もう一つは文全体を否定の焦点として捕らえたメタ言語否定の解釈で、(2e)と等価である。(6e)、(6f)及び(6g)は全て非文である。この三つの例からも分かるように、否定語(及びその他の要素)は基本的に一つのカテゴリーの中(それぞれ、(6e)は前置詞句、(6f)は動詞句、(6g)は名詞句)に入り込んで生起することはできない。

(10) a. Tu hermana no puede volver.
    b. Tu hermana puede no volver.

  c. No deseaba entrar.

  d. Deseaba no entrar.　　　　　　　　　　　　　　Gili Gaya（1961: 51）

(11) a. *Tu hermana nadie / nada / ninguno puede volver.

  b. Tu hermana tampoco puede volver.

  c. Tu hermana ni puede volver.

  d. *Tu hermana puede nadie / nada / ninguno volver.

  e. *Tu hermana puede tampoco volver.

  f. *Tu hermana puede ni volver.

(11') a. *Tu hermana alguien / algo / alguno puede volver.

  b. Tu hermana también puede volver.

  c. *Tu hermana y puede volver.

  d. *Tu hermana puede alguien / algo / alguno volver.

  e. Tu hermana puede también volver.

  f. *Tu hermana puede y volver.

 (10)は動詞句内でも否定語の位置によって解釈が変わるが、全て容認可能な文である。意味的には(10a)のように助動詞を否定すると迂言形式全体が否定されるため「あなたの妹は戻ることが出来ない」と解釈される。一方、(10b)のように不定詞のみを否定すると助動詞まで否定の作用域が及ばないため、(10a)と異なり「あなたの妹は戻らないことがありうる」と解釈される。(10c)及び(10d)も同様である[15]。

 動詞句内に no 以外の否定語が生起した(11)は、否定語の種類によって容認可能かどうかが分かれる。(11)はそれぞれの否定語に対応する肯定極性項目[16]が、肯定文でも生起できない場合には否定文でも生起できないことがあるが、肯定文で生起される場合には基本的に否定文での生起も許す例である。(11a)は、対応する肯定極性項目を挿入しても(11'a)に見られるように非文であるが、(11b)は、(11'b)に見られるように肯定文でも容認する。例外は(11c)で、対応する肯定文である(11'c)は容認不可なのに対し、(11c)は容認可能である。これは否定語 ni が持つ強調の機能が前面に押し出され

ているためである。(12)は動詞句内に生起したniが否定の強調として働いている例である。

(12)　No quiero ni pensar.

　(11d)、(11e)及び(11f)は、それぞれno以外の否定語が動詞に前置されていないために非文となる。そして、それぞれに対応する肯定文は(11'e)以外は非文となる。これは、副詞tambiénが持つ語彙的特性に因るところが大きい。副詞tambiénは如何なる位置で挿入句として扱われても容認されるからである。以下の文を参照。

(13) a.　Tu hermana puede, también, volver.
　　 b.　Tu hermana, también, puede volver.

　(11'd)及び(11'f)が非文となる理由は、極性項目の性質に起因するものではなく、ある一つのカテゴリーに別のカテゴリーの要素が入り込み、その範疇を破っているからである。(7)のように否定語と動詞の間に文全体が挿入される現象は、既にGili Gaya(1961)、Hernández Alonso(1982)他で指摘されているが、(2e)のように有標的な解釈になることが多い。この現象を許容するのは否定語noにのみ見られる特性である。
　否定語noの更なる特徴として、否定の呼応(Concordancia Negativa)の項として出現することが出来ないということが挙げられる。

(14) a.　No vino nadie.
　　 b.　*No vino no nadie.
　　 c.　*No vino no alguien.

　否定語noが他の否定語と同じ機能を有するのであれば、(14a)のように否定の呼応の結果として出現したnadieと否定語noは相互に置換可能なは

ずである。しかし、(14b)は非文であり、かつ(14c)に見られるように、仮に対応する肯定極性項目の前に構成素否定として no を置いても否定の呼応としては機能しない。しかし、対応する肯定極性項目の前に出現した構成素否定として働く no は、否定の呼応で現れる時以外(即ち単体で出現し、かつ挿入されている箇所が範疇の内部に入り込まない限り)必ず否定極性を作る。

(15) a.　No alguien viene.
　　 b.　Viene no alguien.

　(15)は否定語 no の出現位置がどこであれ、否定の呼応における項として出現しない限り、デフォルトでは構成素否定の解釈を持つ[17]。
　(15)で注目すべきことは、対応する肯定極性を否定語 no の前に置いて構成素を否定するだけでは(14a)とは意味が異なりうるということである。(15a)には二つの解釈があり、一つは no を構成素否定とする無標的な解釈である[18]。もう一つはメタ言語的な有標的な解釈で「誰かが来るというわけではない」という意味である。しかし、(15b)は後者のメタ言語的な解釈を許さない。なぜなら、(15b)では否定語 no が概念構造内で文全体を(必要ならば量化子上昇(QR)した結果)c 統御していないからである[19]。従って、メタ言語的な解釈が許されるのは、否定要素が文全体を c 統御している場合だけである。いずれにせよ、(14a)が「誰も来なかった」と断言していてそれ以外の解釈ないしは含意が入る余地がないのに対し、(15)はいずれも曖昧な解釈を持ち、その中の選択肢の一つとして(14a)の解釈も含みうるということである。
　構成素否定として解釈された否定語 no は、他の否定語と違って否定の呼応を見せないため、重ねて no が出現した場合には基本的に二重否定の解釈を取る。他の否定語では、同一接続節内になくとも否定の呼応を見せることがある。

(16)　No es que no quiera.
(17)　a.　No conozco un periodista que no haya estado jamás en el Tíbet.
　　　b.　No conozco un / algún / ningún periodista que haya estado jamás en el Tíbet.　　　　　　　　　　　Sánchez López(1999: 2589)

　(16)は二重否定であり、論理式￢￢P≡Pにより肯定解釈がなされる(但し、二重否定における含意及び有標性を考慮に入れると、肯定文と意味的に完全に等価というわけではない)。(17a)も同様であり、従属節内の否定語noは否定の呼応として働いてはいない。従って、従属節内は否定環境、主節も否定環境で文全体の真理値は肯定となる。一方、従属節内の否定語noを除いた(17b)は、主節の否定語noに従属節内の否定語jamásが呼応しているだけで、従属節内は肯定環境である。
　しかし、以下に見るようにno sin の組み合わせや語否定を構成素否定する場合、否定語noとそれ以外の否定語が共起した際に二重否定になることがある(Hernández Alonso(1982)他参照)[20]。

(18)　Lo hizo no sin esfuerzo.　　　　　Hernández Alonso(1982: 53)
(19)　a.　No es imposible que venga nadie.
　　　b.　Es imposible que venga nadie.　　Sánchez López(1999: 2566)

　(18)は否定語noと否定極性を引き起こす要素sinが共起し、二重否定となる(即ち、前置詞conとほぼ等価)。従って、前置詞sinは内在的に否定極性を持つが、否定の呼応としては働かない。(19a)は語否定であるimposibleがnoの後に出現しているが、語否定は否定の呼応として働かず「不可能ではない」と解釈される。しかし、語否定は(19b)が示すように、否定環境を単独で作る能力を持ち、従属節内に否定の呼応として否定語nadieの生起を許す[21]。
　要約するならば、否定語noは否定の呼応として働くことはなく、否定環境に更に否定語noが出現すると原則として二重否定になる。一方、他の否

定語は否定の呼応として働きやすく、(動詞の前後にかかわらず)複数出現しても極性は変化しにくい。

　否定語 no の機能については山田(1995: 215)が参考になる。山田は否定語 no を返答の副詞と否定の no に分類し、後者を更に四つのカテゴリー、即ち、文・節・句の否定、名詞の否定、形容詞・過去分詞の否定、副詞の否定に下位分類している(本書では記述事実については概ね山田を支持する)。しかし、厳密にはこれらは否定語 no だけの特性ではない場合もあり、また、他の否定語も同様の機能を有することがあるため、いささか説明不足の感がある。動詞に前置されずに構成素否定となりうる語は、厳密に言えば否定語 no だけではない。

(20)　María comió no peras ni manzanas.

　(20)の否定語 no は、名詞 peras を構成素否定し、否定の呼応として現れた否定語 ni は manzanas を構成素否定しているとも考えられる。しかし、(21)の容認度が低いことを考えると、否定語 no は順接の接続詞(Conjunción Copulativa) y によって等位接続された名詞句 peras y manzanas を構成素否定し、否定語 ni の概念的意味は NEG＋y であり、否定の呼応の結果、表層で ni として具現化されていると考える方が説明力が増す。

(21) ??María comió no peras y manzanas.

　つまり、(20)の概念構造は、以下のようになる[22]。

(22)　[FUE EL CASO] [POS [MARIA COMER [NEG [PERAS Y MANZANAS]]]]

　(22)では、否定要素 NEG が [PERAS Y MANZANAS] の全体にかかっている。従って、順接の接続詞 y は、表層で否定の呼応の結果、否定語 ni

として具現化しており、(20)の否定語 ni を単に peras のみの構成素否定と考える根拠はないように思われる。更に以下の文を参照。

(23)　No es que María comiese peras y manzanas.

(23)はメタ言語否定となっているが、順接の接続詞 y は否定の作用域内にこそあるものの、焦点とはなっていないために容認される。(23)の概念構造は以下の通りである。

(24)　[NO FUE EL CASO] [POS [MARIA COMER [PERAS Y MANZANAS]]]

更に、山田が否定語 no の特徴としている返答の副詞は no 以外にも存在する。以下の文を参照。

(25) a.　¿Has matado el tiempo?
　　 b.　Nunca.

否定文における返答は、省略を前提としていることが多く「返答の際には副詞 no が使用される」と記述するだけでは不完全である。(25a)の返答である(25b)は、厳密に言えば以下の文の省略による結果である[23]。

(26)　Nunca he matado el tiempo.

従って、返答の際には「動詞の前に置かれた no 以外の否定語」も、反駁の意味で返答の副詞ということもできる。
　以上、否定語 no の振舞いを概説した。次節以降では、no 以外の否定語について概観する。

2. その他の否定語について

スペイン語の否定語はいわば閉じた類であり、nada、nadie、ninguno、nunca、jamás、tampoco、ni がそのメンバーとして挙げられる[24]。これらは山田(1995: 216)が指摘しているように、それぞれ対応する肯定極性項目を持つ。

(27) nada-algo、nadie-alguien、ninguno-alguno、nunca / jamás-siempre / alguna vez、tampoco-también、no-sí、ni-y 　　山田(1995: 216 一部改)

これらの否定語は、概念構造内ではそれぞれ対応する肯定極性項目として存在し、表層で否定環境の影響を受け否定極性項目として出現する。これらの否定語に共通する特徴は、以下の通りである。

(28) 単文内における否定語の特徴
    a. 内在的な特性により否定環境が作れること。
    b. 動詞の前に置かれることで否定表現が出来ること。
    c. 唯一つの否定語のみが動詞に前置し、その他の否定語は動詞の後に来なければならないこと[25]。

以下、(28)の妥当性を検証する。

(29) a. No tiene a nadie que lo sepa apreciar.
    b. Nadie sabía cuál era la solución.
(30) a. No temo nada, no espero nada, no creo en nada.
    b. Nada hay difícil para la voluntad.
(31) a. No había ido a bailar nunca.
    b. Nunca pensé vivir una vida así en Suecia.
(32) a. No lo puedo olvidar jamás.

b. Jamás le había sucedido cosa semejante.
(33) a. Allí no había ningún otro cliente.
　　b. Ningunos amigos están en mi oficina.
(34) a. No tengo ni la menor idea.
　　b. Ni que decir tiene que soy absolutamente feliz.
(35) a. No he hecho tampoco.
　　b. No digo que sí, pero tampoco he dicho todavía que no.

　　　　　　　　　　　Sánchez López(1999)及び山田(1995)より一部抜粋

　(29a)～(35a)は、それぞれ否定語が動詞の後にある時に、唯一つの否定語が動詞に前置されているため(28c)の要件を満たしている。(29b)～(35b)は、否定語それ自体が動詞に前置されているため(28b)の要件を満たしている。よって、両者とも否定極性を持つ。両者の違いは、前者よりも後者のほうが否定の意味合いが強調されているということである。これらの否定語は否定語 no とは異なり、曖昧性を生じさせない。何故なら、各否定語はそれに対応する肯定極性項目を持っているので、否定の焦点が既に確定しているからである。

　更に、ある否定語が動詞に前置し、他の否定語が動詞に後置している場合((29a)～(35a))、後置した否定語は「否定極性を単独で持つ否定語」ではなく、対応する肯定極性項目が否定の影響を受けて(否定の呼応の結果)否定極性項目として具現化されたものである。従って、否定語は否定環境に現れることを好む否定極性項目としての機能も同時に持つことが出来る[26]。

　(28c)における「唯一つの否定語」が前置されなければならないという条件は、以下を参照のこと。

(36) a. Nunca lo hago.
　　b. *Nunca no lo hago.　　　　　　　　　　　出口(1997: 183)
　　c. No lo ofendí jamás en nada.
　　d. No pide nunca nada a nadie.　　　　　　　Bello(1980: 331)

e. No he dado nunca nada a nadie en ninguna parte de ningún modo.

Hernández Paricio(1985: 143)

　(36a)は唯一つの否定語が前置されているが、(36b)はそうでないため非文となる[27]。(36b)が非文となる理由は、統語的に(28c)の要件に違反するからである。基本的に、スペイン語では同一節内で否定語が複数出現することを許さない(否定極性項目として働く否定語が複数出現するときは多々ある)。これは、英語と違い、スペイン語は日本語のように同一節内で二重否定を許さないことを意味する[28]。

　この時、(36c)、(36d)及び(36e)が示すように、後置される否定語の数に制限はない。(36e)の概念構造は、おおよそ以下のようになる。

(37)　[HA SIDO EL CASO] [NO [YO DAR [ALGUNA VEZ [ALGO [A ALGUIEN [EN ALGUNA PARTE [DE ALGUN MODO]]]]]]]

　(37)が示すように、動詞の前に否定語があれば、それは動詞に後置された要素を全て作用域に収める。従って、概念構造では肯定極性項目 SIEMPRE、ALGO、ALGUIEN、ALGUNA、ALGUN は否定の呼応を起こし、それぞれ対応する否定極性項目 nunca、nada、nadie、ninguna、ningún として具現化する。

　しかし、動詞に前置される否定語が複数あり、そのうちどれも no でない場合、(28c)の妥当性が崩れることがある[29]。

(38) a.　Nunca a nadie pide nada.
　　 b.　Nada a nadie pide nunca.　　　　　　　　　　　　　Bello(1980: 331)

　(38)が容認されるのは、以下の理由による。即ち、否定語 no は単体で否定極性を持つが、その他の否定語は単体では否定極性を持ちづらく、動詞に前置されることで初めて否定環境を作り出す。従って、動詞に前置されてい

る no 以外の否定語が稀に複数存在する時、概念構造内では複数の否定語は一つの否定語として働いていると考えられる。

現代スペイン語において、同一節内で二重否定を許す例も(メタ言語否定と同様に)存在する。以下の文を参照。

(39) La no determinación del SN no favorece siempre la ausencia de artículo.
Bosque(1980: 134)

(39)は同一節内に否定語 no が複数出現し、しかも両方とも動詞に前置しているにもかかわらず適格である。(39)の概念構造は、以下の通りである。

(40) [ES EL CASO] [[LA[NO [DETERMINACION DEL SN]]] [NO [FAVORECER SIEMPRE LA AUSENCIA DE ARTICULO]]]

(39)の主語である La no determinación del SN の否定語 no は、determinación を正しく作用域内に収め、構成素否定として働いている。そのため、主語内に出現した否定語 no の影響は、名詞句の中で完結し、動詞にまで影響を及ぼしていない。つまり、determinación del SN は小文に近い機能を持ち、命題的な役割を果たす。一方、二番目に出現している否定語 no は適格に動詞に前置し、動詞 favorecer を作用域内に収めている。従って、否定語 no は独立して機能し、(39)の最初に出現している no は determinación を構成素否定、二番目に出現している no は siempre を構成素否定していると解釈される。

命題的な名詞句内に否定語 no が出現する更なる例として、以下の文を参照。

(41) La no comparecencia de los diputados a la sesión provocó la ira del presidente.
Sánchez López(1999: 2566)

Sánchez López は(41)に出現する否定語が構成素否定と文否定の中間の働きをすると説明する。しかし、La no comparecencia de ningún diputado のように名詞節内で否定の呼応として ningún が出現することを考えると、小文における命題の否定として否定語 no は機能している。従って、(41)の否定語 no の焦点は comparecencia であり、動詞 provocar にまで作用していない。従って、以下のように動詞句を否定することも可能となり、結果として二重否定の解釈を持つ。

(42)　La no comparecencia de los diputados a la sesión no provocó la ira del presidente.

　(42)は(38)と同様に同一節内に否定語 no が複数出現しているが、適格である。(42)の名詞句内に出現する否定語 no は、命題的な名詞句 comparecencia を焦点とするだけで、それ以外の要素には否定の影響は及ばないことで認可される。従って二番目に出現する否定語 no は正しく動詞を否定の作用域内に収めている。
　命題的な名詞はそれ単独で否定の焦点となるため、いわゆる否定の省略を許さないことがある。

(43)　a.　El gobierno discutió sobre la aprobación o no aprobación de la propuesta.
　　　b.　El gobierno discutió sobre la aprobación o no de la propuesta.
　　　c.　El gobierno discutió sobre la aprobación o no *(aprobación de la propuesta).　　　　　　　　　Sánchez López(1999: 2566–2567 一部改)
　　　d.　El gobierno no discutió sobre la aprobación o no de la propuesta.

　(43a)の否定語 no は aprobación のみを焦点としているため、名詞を省略した(43b)では名詞 aprobación の意味的な目的語である de la propuesta を義務的に要求する。ここで「命題的名詞句の意味的な目的語」と呼ぶのは、

aprobar la propuesta のように動詞句にした場合、la propuesta は目的語として機能するからである。従って、(43a)の la aprobación de la propuesta は、動詞句 aprobar la propuesta が名詞化し、命題的な意味を持つと考えられる。一方、意味的な目的語 de la propuesta をも省略した(43c)は非文となる。更に、(43d)は動詞に否定語 no が前置していると同時に目的語に no が出現しているが、二番目の否定語 no は否定の呼応として働くのではなく単独で否定極性を持つため、独立して構成素否定の解釈を持つ。

以上のように、否定語が動詞に前置し、かつ二重否定として機能する例は否定語 no の他に、前置詞 sin が持つ否定要素が挙げられる(cf. no sin miedo = con miedo)。否定語 no(及び前置詞 sin)が持つ否定要素は、他の否定語とは異なり、否定の呼応としての否定極性項目にはならない(前置詞 sin については第二章六節、否定極性項目については第三章一節を参照)。

更に、Sánchez López(1999: 2571)が正しく指摘しているように「動詞の前ないしは後に否定語が来る」という記述は、言語の線状的特性からの記述であり、構造的ではない。

(44) a. *María no ha venido y Pepe ha ido a ningún sitio.
　　 b. *Juan no dice que María ha comido nada.　Sánchez López(1999: 2572)

(44a)の概念構造は、以下の通りである。

(45) *[ES EL CASO [NO [MARIA HA VENIDO]]] [Y] [ES EL CASO [POL [PEPE HA IDO A NINGUN SITIO]]]

従って、動詞への前置ないしは後置とは、第二部で述べるように「QRされた位置で c 統御されているか否か」と置き換えて考えなければならない。QRされた結果、否定語が屈折主要部の指定部にある主語を c 統御することはメタ言語否定などのケースであり、結果として主語は否定の作用域に入りづらくなる。

第二部で議論する EN 否定について、Gili Gaya(1961: 52) や Sánchez López(1999: 2567)、Hernández Alonso(1982: 53)は en mi / la vida なども否定語に入ると主張するが、本書では、以下の事実から否定語とはみなさない。

(46) a. Nunca en mi vida he oído algo tan absurdo.
　　 b. En mi vida no he oído algo tan absurdo.

(46a)、(46b)とも否定語である no や nunca が en mi vida と共起して動詞の前に出現することが可能である。しかし、否定語とは(36)のように、更なる他の否定語が動詞に前置して出現することを許さない。更に、否定の前置という観点からも、EN 否定における EN 前置詞句(en mi vida)は本書で定義する否定語ではないことが分かる。EN 否定は EN 前置詞句が動詞の前に置かれることを要求するのではなく、EN 前置詞句の主題化を要求するからである。以下の文を参照。

(47) a. En toda la tarde él agarró una criatura.
　　 b. Él en toda la tarde agarró una criatura.
(48) a. ¿Tampoco tú sabes nada?
　　 b. ¿Tú tampoco sabes nada? 　　　　　　　　山田(1995: 218 一部改)

(47a)は否定の解釈を受けるが、(47b)は EN 前置詞句が動詞に前置されているにもかかわらず、肯定の解釈しか受けない。一方、他の否定語に同じ統語操作を加えた(48)は、両者とも否定の解釈を持つ。これは、EN 否定は EN 前置詞句の主題化が否定環境を引き起こす必要条件の一つなのに対し、否定語は動詞への前置が否定を引き起こすトリガーとなっているからである。従って、EN 否定における EN 前置詞句は、(28)を満たしていないため、他の否定語とは異なる振る舞いを見せるということである。

以上、否定語 no とその他の否定語の相違を示した。否定語 no(但し、応

答の意味での否定語 no は除く）はそれに対応する肯定極性項目がないため否定の焦点が確定しづらく、また概念構造が複数構築されうるために曖昧性が残る。更に否定語 no は否定の呼応として働くことはなく、結果として否定極性項目としての機能を持たない。一方、その他の否定語は概念構造で対応する肯定極性項目が存在するために、表層に具現化した際にそれぞれの否定語に変化し、結果として曖昧性が減少することになる。更に、対応する肯定極性項目を持つ否定語は、否定の呼応として否定極性項目として働くことが出来るので、動詞に後置された場合には（否定語 no とは異なり）二重否定として働くことはない。

注
1 具体的な研究は Gili Gaya(1961)、Hernández Alonso(1982)、Marcos Marín(1980)、RAE(1973)他を参照。
2 否定語 no は、後述するように最も一般的だからといって最もデフォルトな機能ないしは共通性があるということではない。むしろ、否定語 no は他の否定語と比べて特殊な振る舞いを見せる。
3 命題の中心は動詞であるとする説は既に Tesnière(1959) や Anderson(1971) らによって提唱されており、言語事実に近い説明原理が構築されているが、命題の中心である動詞の内在的意味が否定の焦点になりづらいという点は非常に興味深い現象である。ここで「動詞の内在的意味」と強調したのは、通常、否定語は「動詞」を焦点としてその命題を反駁するものであり、動詞自体が焦点となることはデフォルトな解釈であるが、動詞の内在的意味を否定し訂正句として別の動詞が後続することはまれだからである。(4c)が有標的と解釈されるのも同様の理由に因る。
4 主語の否定は非常に有標的であるが、その理由として、①主語は命題の外項に位置し、内項にないこと、②主語は否定の作用域に統語的に入りづらいこと、などが挙げられよう。
5 メタ言語否定は、聞き手に「では、否定の焦点はどこなのか」という疑問を抱かせる原因となるため、結果として解釈に曖昧さは残る。この曖昧性を解消させるために、話者は更に補助的な説明を加える必要がある。しかし、いわゆる「鸚鵡返しの返答」として、Él dice que la gramática se aprende bien en la primera edad,

pero eso no es verdad. という文(eso は前の文全体を指し示す)が可能であることからも、否定の一機能として重要である。
6 Bello(1980: 330)は、(ⅰ)は可能性を否定しているのに対し、(ⅱ)は学習されないこと(no aprenderse)がありうることとして肯定されていると主張するが、否定語 no は、その後ろに置かれた構成素を否定するという点は本書の趣旨と一致する。

(ⅰ) La gramática no puede aprenderse bien en la primera edad.
(ⅱ) La gramática puede en la primera edad no aprenderse.　　　Bello(1980: 330)

7 本書における構成素否定(Negación Sintagmática / Negación de Constituyente)は、「文否定よりも小さな作用域を持ち、否定語の直後に置かれた句のみにしか影響を与えられない否定」と定義される。

(ⅰ) María comió no peras, sino manzanas.　　　Sánchez López(1999: 2566)

(ⅰ)では、名詞句 peras のみが否定の影響を受けている。従って、peras 以外の情報(María comió)は断定されているため旧情報であると解釈でき、sino manzanas という訂正句を後続させることが可能である。つまり peras は否定の焦点(Foco de la Negación)となっている。なお、語否定と構成素否定の中間も存在しうる(具体的な議論は Sánchez López(1999: 2566)参照)。基本的に構成素否定は文の構成素、特に述語を否定する。構成素否定は旧情報である先行命題に影響を与えることもあるが、義務的ではない。

本書における文否定(Negación Oracional)は「先行する命題を、前提されたものであれ発話(断定)されたものであれ、反駁し、その命題が現実に合わないことを表明する否定」と定義する。前提を否定すると解釈されたものは、必ず文否定(メタ言語否定)になる。従って、発話そのものを否定することが出来るので、肯定極性項目(Términos de Polaridad Positiva)が現れることもある。以下の文を参照。

(ⅱ) Juan no es el más listo de la clase.
(ⅲ) a. No es el caso de que Juan sea el más listo de la clase.
　　 b. Respecto de Juan, no es cierto que sea el más listo de la clase.

(ⅱ)は、(ⅲa)の「フアンがクラスで一番利口という訳ではない」か、(ⅲb)の「フアンについて言えば、フアンが一番クラスで利口ではない」の二つの解釈が可能である。しかし、①主語は指示的かつ定形であり、談話の中では否定の作用域外と解釈されやすいこと、②文否定は特別なコンテクストが必要なこと等から、通常否定は構成素否定(内部否定)の形を取る。

8 重要な文献としては Jespersen(1917)、Klima(1964)、Lasnik(1972)、Bosque(1980)、Ladusaw(1980)、太田(1980)、Linebarger(1991)、Zanuttini(1991)、Laka(1990)、Kato(1985)、加藤(1989)、加賀(1997)、奥野・小川(2002)などが洞察に富む。また、Horn(1989)は語用論から否定のアプローチを試みた重要な論文である。

9　対比の「は」が出現していないと(4d)とは解釈されない。
　　（ⅰ）　彼が　船で　南極へ　行かなかった。
　　（ⅰ）では対比の「は」が出現していないため、(4d)の解釈はされない。スペイン語では冠詞が日本語の対比の「は」と同様の機能を果たしうるが、本書では詳しく議論しない。冠詞の対比性、前方照応性、回復可能性などの議論についてはLeonetti(1999)他を参照。
10　否定の焦点を決定する要素は、語順や語の意味成分といった統語的・意味的な領域だけでなく、音韻的・音声的な要素も重要な要因となる。
　　（ⅰ）　Not all the men left.
　　（ⅱ）　All the men didn't go.
　　（ⅲ）a.　Not all the men went.
　　　　　b.　None of the men went.　　　　　　　　　　　　安井(1992: 260)
　　（ⅰ）は「否定辞＋量化子」の語順であり、統語的な理由で、いかなる卓立があれど基本的には構成素否定の読みしかない。（ⅱ）の「量化子＋否定辞」の語順では（ⅲa）の「行かなかった人もいる」と（ⅲb）の「誰も行かなかった」という両方の解釈が可能であるが、卓立を考慮するならば、この曖昧性は著しく減少する。即ち、下がり調子で終わるＡ音調では（ⅲb）の全体否定の解釈が、上がり調子で終わるＢ音調では（ⅲa）の構成素否定の解釈が、それぞれ与えられる(Jackendoff (1972: 352))。Ｂ音調の最後の卓立は対比が含意されているため、日本語では統語関係で明示的に現れる対比の「は」の機能は、英語では卓立という音韻的要素で表されうる。この含意関係は通常の否定文にも適用され、Ａ音調では対比の概念はないが、Ｂ音調では対比の含意が存在するため、否定の後の取り消し可能性が残る。詳しくはBing(1980)参照。
11　この時も動詞は否定の焦点となりうる。
　　（ⅰ）　La gramática no se aprende bien en la primera edad, sino el léxico se entiende bien en la tercera edad.
　　しかし、動詞までも含めた全ての項及び付加詞が否定の焦点となっている場合、①結果としてメタ言語否定と解釈されること、②否定文が発話される意義がほとんどなくなること(Grice(1975)の会話の公準に違反)などから、現実の発話としては存在しにくい。
12　Bosque(1980)やSánchez López(1999)等の主要なスペイン語の否定の先行研究は、否定語noをあまり他の否定語と区別していない。山田(1995: 215)は否定語noに特殊な機能を認め他の否定語と区別しているが、記述が少なく、不完全な面がある。なお、他の否定語も環境によっては動詞に前置されずとも単独で否定極性を持ちうるという説もある。第二章八節、第三章2.2節参照。
13　日本語はいわゆる文否定と構成素否定に関して否定語の位置は影響せず、代わり

に取り立て助詞が焦点を決定しているように思われる。
（ⅰ）a. 彼も　船で　南極へ　行った。
　　　 b. 彼は　船でも　南極へ　行った。
　　　 c. 彼は　船で　南極へも　行った。
　　　 d. 彼は　船で　南極へ　行きもした。　　　　　　　　　沼田（2000: 48）
（ⅰd）に関しては沼田と徐（1995）が正しく指摘しているように、（ⅱ）の解釈（即ち、焦点が方向格ではなく動詞の解釈）の方が自然であるため、取り立ての焦点が常に曖昧性を回避できるわけではない。
（ⅱ）彼は　船で　南極へ　行きもした（そして北極へも行った）。
しかし、卓立を適切に与えることによって、曖昧性をある程度回避できる。

14　(6d)自体が非常に有標的な否定用法なので、それ以外の解釈が存在する可能性もある。

15　山田（1995: 550）は、以下の例を挙げて動詞句内に出現した否定語 no の機能を説明している。ここで注目すべきは、①意味の変化と同様に否定語が助動詞の直前に出現したからといって必ずしも助動詞のみが否定の焦点となるとは限らないこと、②動詞句内に出現することができるのは否定語 no だけである、の二点である。従って、スペイン語では構成素否定として振舞うことが出来る否定語は、原則として否定語 no だけ（時に否定語 ni も）である。
（ⅰ）a.　Le pedí que repitiera la pregunta, pero no volvió a contestar.
　　　 b.　Le repetí la pregunta, pero volvió a no contestar.
（ⅱ）a.　No debes ir a verla.
　　　 b.　Debes no ir a verla.　　　　　　　　　　　　山田（1995: 550 一部改）
（ⅰa）は「二度と返答しなかった」と述べているため、「一度は返答している」という語用論的含意が生じる。ここで「語用論的含意」としたのは、「二度と返答しなかったのではなく、実際は一度も返答していないのだ」というメタ言語否定ないしは前提の取り消しの否定の解釈が可能だからである。しかし、デフォルトな解釈としては否定の作用域は volvió までであり、contestar にまでは及ばない。一方、（ⅰb）は「答えないことを繰り返した」のであるから、「一度も返答していない」という論理的含意が成立する（語用論的含意とは異なり、前提の取り消しが出来ない論理的帰結である点に注意）。但し（ⅱa）のように、実際は下位の不定名詞句の否定（ir という行為をしないという義務がある）という（ⅱb）の解釈を持ちながら、否定語 no が動詞の前に出現することもある。

16　本書では便宜的に肯定極性項目を「肯定環境に好んで現れる言語表現」と定義する。

17　ここでは否定語 no の出現位置及び否定環境について触れたもので、no + alguien の組み合わせが alguien の構成素否定として働いて nadie と完全に等価になるとい

うわけではない。nadieをno＋alguienとする考え方は、以下の文から却下できる。

　（ⅰ）a. *Juan llegó hasta las 4.
　　　 b. Nadie llegó hasta las 4.　　　　　　　　　　　　　　　Bosque(1980: 38)

（ⅰa）が示すように、継続的でないhasta(hasta no durativo)は否定極性のみに生起しうる。もしnadieがno＋alguienであるとすると、（ⅰb）の否定の作用域はalguienのみになり、hastaは否定の作用域外とする解釈になり、非文にならなければおかしい。更なる反論はJackendoff(1972)が詳しい。

18　生じる含意は更に二種類あり、一つは「誰かが来ないのならば、たくさん来たのだろう」という上方含意、もう一つは「誰かが来ないわけではなく、そもそも誰も来なかった」という下方含意である。

19　量化子上昇(Quantifier Raising)については第五章3.2.1節を参照。また、c統御については第五章3.1.2節を参照。

20　本書では語否定(Negación de Palabra)ないしは形態的否定(Negación Morfológica)を、in-, des-, a- などがつくことで、語彙的に否定の意味を持つ語と定義する。こうした形態的否定は語彙単位のみでしか反映されず、（19a）のように統語構造にまで否定極性は及ばない。しかし、（19b）のように否定の環境を導入することがあり、語否定として解釈されるimposibleは、同時に否定極性誘因子(Inductores de Polaridad Negativa)として機能する。

21　その他の否定語との組み合わせで、否定の呼応として働かず二重否定となりうるものに、ni menosやni tampoco等の慣用句が挙げられる。Hernández Alonso(1982: 53)参照。

22　「概念構造」の呼称は影山(1996)に準拠する。項構造、概念構造、意味構造の三つの用語は時に混同されるが、本書では、項構造は動詞を中心に置いた上での項の振る舞い、概念構造はある命題に対する意味の関係、意味構造は語彙レベルも含む意味の特性に対する関係、とする(名称に関してはJackendoff(1990)、影山(1996)他を参照)。なお、動詞を命題の中心に置く考え方は既にAnderson(1971)らが提唱している。詳しい議論は第五章1.2.2節を参照。

23　(25b)における(26)は、以下の文の省略形ではないと思われる。
　（ⅰ）　No he matado nunca el tiempo.

（ⅰ）の位置にあるnuncaでは、単独で文として生起できず、必ず否定語noを伴わなければならない。即ち、以下が非文であるのと同様の理由により、(26)は（ⅰ）の省略形ではない。
　（ⅱ）*He matado nunca el tiempo.

24　多くの先行研究では、これらの語の他に否定語apenasを提示している(Bosque(1980: 104)、山田(1995: 216))。しかし、apenasによる否定で、全ての可能性が排

除ないしは反駁されているわけではない。Llorens(1929)の定義を参照。

(ⅰ) *Apenas* y las expresiones equivalentes pueden denotar <u>escaso margen de posibilidad o realización incompleta</u> en una acción o estado.

Llorens(1929: 183 一部改)

従って、apenas それ自体は他の否定語とは異なり、焦点となる語の内在的特性を全て否定することはできず、また、統語的振る舞いも他の否定語と異なる。

(ⅱ) Apenas no me esperasteis. Bosque(1980: 105)

通常、否定語は動詞に前置されると更に前置された他の否定語を取ることはできない。

(ⅲ) *Nada /*Nadie /*Ninguno /*Nunca /*Jamás /*Tampoco /*Ni no me esperasteis.

以上から、本節では apenas を他の否定語と一線を画すと主張する。

25 例外的に nunca y nadie、nunca jamás、ni tampoco という表現がある。これは *nunca y nada、*nunca nada などのように他の否定語の出現の存在を許さないことから、主に強調の意味を伴って語彙化された表現とするほうが正しい。以下の文を参照。

(ⅰ) a. Nunca nadie había dicho eso. Sánchez López(1999：2568)
　　 b. Ni tampoco se hizo caso alguno de los que intercedieron por él.

Bello(1980: 331)

更に、主に古風さを表現するために、主にドミニカやパラグアイのスペイン語では「否定語＋no＋動詞」の並びが観察される。これはパラグアイの原住民語であるグアラニー語の影響が大きい。以下はグアラニー語の語順とその字義通りのスペイン語訳である。

(ⅱ) a. Mba' eve ndarekoi.
　　　　lit. nada no-tengo.
　　 b. Arakaeve ndohoi che rógape.
　　　　lit. nunca no-va a mi casa. Sánchez López(1999: 2569)

26 寺崎(1998：148-149)は以下の例を挙げて否定語が否定極性項目としての機能を持つと説明している。

(ⅰ) a. ¡Nosotros nos divertimos aquí más que nadie en el mundo!
　　 b. ¿Crees que nadie lo sabe? 寺崎(1998: 148)

寺崎は(ⅰ)に出現する nadie は否定極性項目とみなすべきであるとしている。しかし、正確に述べるならば(ⅰ)の nadie は「否定極性項目として振舞う否定語」であり、他の否定極性項目、即ち un pepino, un comino, pegar ojo 等とは厳密に区別する必要がある。

27 中世スペイン語においては、この並びは必ずしも非文ではない。以下の文を参照。

（ⅰ）a. Nadie no me quiere.（Celestina） Llorens（1929: 120）
　　　b. Ninguno non puede conoscer al Fijo sino por el Padre.（Siete Partidas）
Wagenaar（1930: 26）
　（ⅰ）はともに否定語が動詞の前に二つ置かれている文であるが、適格であった。また、口語的な会話においては、この並びは現代スペイン語でも散見される。他言語との比較研究についてはMicusan（1969）はポルトガル語やルーマニア語との比較、Jespersen（1917）はフランス語やドイツ語との比較から、スペイン語の動詞に前置された否定語の単体性について議論を展開している。

28　中右（1994）は二重否定の解釈に三つの原理を用いて語用論的な説明を試みている。英語が二重否定を許す証左として、以下の文を参照。
　（ⅰ）a. I haven't done nothing.
　　　b. No one has nothing to offer to society.
　中右（1994）によると、（ⅰa）のhaven't及び（ⅰb）のNo oneはモダリティ否定、（ⅰa）のnothing及び（ⅰb）のnothingは命題否定となるが、この点については後述する。また、（ⅱ）のような黒人英語や否定を強調する（ⅲ）のような俗語用法では、否定語が複数存在しても同一命題内では否定解釈がなされる。
　（ⅱ）　He didn't give me no food.
　（ⅲ）　No one never said nothing about it.

29　以下の文は動詞に前置されるno以外の否定語が一つ（Nadie）で、後置される否定語が複数ある例である。
　（ⅰ）　Nadie me ayudó nunca en nada. Gili Gaya（1961: 52）
　（ⅰ）は（36c）と同様の分析が可能であり、ここでは繰り返さない。

第二章　否定語と否定環境

　本章では、主に EN 否定の出現条件と、他の否定語の出現条件とを比較しながら相違点を検証し、理論的枠組みから比較検討する。他の否定語とは一線を画す EN 否定の要因となる EN 前置詞句は第二部で考察する。

　第一節では従来の研究で言及される「否定語が動詞に前置すること」について一定の定義づけを行い、主題化とは異なることを見る。第二節では主題化と動詞への前置という操作が否定語とどのように絡んでくるのかを主に痕跡理論を用いて説明する。更に従属節の極性環境の決定条件などについても考察する。

　第三節以降は第二節で展開した議論の応用である。第三節では否定の移動 (Transporte de la Negación) という言語現象に焦点を当てる。第四節から第七節は痕跡理論を語彙単位、即ち、否定含意述語、語否定、前置詞 sin、副詞 incluso 及び siquiera へ応用する。第八節では語用論的な要素の強い修辞疑問及び修辞感嘆文の考察である。第九節は章結である。

1. 否定語が動詞に前置するということ

　本書では、第五章三節で述べるように、否定極性が発生する条件として、「否定語(ないしは否定要素)が、必要ならば量化子繰上げ(Quantifier Raising)を受け、他の要素をc統御する時、その要素は否定の作用域に入りうる」と提案する。スペイン語の否定語は動詞に前置する時とそうでない時の機能的差異が大きい。先行研究では、否定語が動詞に前置する(preverbal)、

ないしは動詞に後置する(posverbal)と呼称し、本書でもその用語を踏襲するが、基本的に「否定語が動詞に前置する」とは上記の否定極性の発生条件を全て満たすことを意味する。

2. EN 否定における主題化と否定語の動詞への前置

　第四章で述べる EN 否定には、以下の条件がある。

（1）　EN 前置詞句は主題化されなければならない。（第五章(1ⅲ)）
（2）　広範な範囲(主に時間経過)を指し示す選択的 EN 前置詞句が主題化された時、意味論的痕跡は否定極性を持ちうる。（第五章(27ⅰ)）

　主題化(Tematización)という用語は、既に Bosque(1980)が EN 否定を説明する際に用いているが、本節では、否定語が持つ「否定語が動詞に前置すると、単独で否定極性を持ちうる」という特性と比較検討し、(1)及び(2)が他の否定語にも有効なことを見る。なお、本書では主題化の大まかな定義を「ある要素を文頭、節頭ないしはそれに準ずる位置に左方移動させることによって強調の意を持たせる操作」とする[1]。
　まず、(1)について検討する。EN 否定では EN 前置詞句は主題化されなければならないのに対し、他の否定語は動詞の前に置かれれば否定極性を持つことは第一章で見た。以下、(3)及び(4)に再掲し、(5)及び(6)を検討する。

（3）a.　En toda la tarde él agarró una criatura.
　　　b.　Él en toda la tarde agarró una criatura.
（4）a.　¿Tampoco tú sabes nada?
　　　b.　¿Tú tampoco sabes nada?　　　　　　　　　山田(1995: 218 一部改)
（5）a.　En tu vida tú has trabajado.
　　　b.　Tú en tu vida has trabajado.

c.　No has trabajado en tu vida.
　　　d.　En tu vida no has trabajado.
　　　e.??No, en tu vida, has trabajado.
（6）a.　Nadie ha venido a esta reunión por su carácter.
　　　b.　A esta reunión nadie ha venido por su carácter.
　　　c.　No ha venido nadie a esta reunión por su carácter.

　(5a)は、EN 前置詞句が主題化され否定極性を持つが、(5b)は代名詞 tú が EN 前置詞句よりも前にあり主題化されていないため、動詞に前置されているものの、肯定極性しか持たない。(5c)、(5d)及び(5e)は((5e)はやや容認度が下がるが)EN 前置詞句の位置にかかわらず否定語 no が動詞に前置されているため、否定極性を持つ。一方、否定語は動詞に前置されることが否定極性を与える十分条件であり、主題化される必要がないため、(6)は全て否定解釈を持つ。しかし、Bosque は「EN 否定における主題化」の概念と「動詞への前置」のそれとを区別していない。本書では、① EN 否定においては動詞への前置だけでは痕跡[2]に否定極性が現れないので EN 前置詞句を主題化する必要があり、その際の概念構造を明らかにすること、②動詞の前に置かれた否定語の痕跡は、主題化された EN 前置詞句の痕跡と同様に否定極性を持つ可能性があること、の二点を議論したい。①は、上述したように、EN 否定における主題化と否定語が動詞へ前置することを区別すべきという主張であり、②は否定語の動詞への前置における概念構造の振る舞いを明らかにすることが目的となる。

2.1　Bosque(1980)の主題化の扱いについて

　Bosque は否定語の前置について、主題化の操作のみから説明しようと試みている。Bosque は新情報と旧情報の区別から、否定語動詞へ前置された文とされる前の文の意味的差異を提示している。

（7）¿Cómo resultó el experimento?

（8）a.　El experimento fracasó.
　　　b.　#Fracasó el experimento.　　　　　　　　Bosque（1980: 30–31 一部改）

　（8b）の el experimento は新情報、即ち陳述(rema)であり、(7)の返答には不適格である[3]。一方、主語が動詞に前置されている(8a)では、fracasó が新情報(即ち陳述)、el experimento が旧情報、即ち主題(tema)であり、el experimento の存在を前提としているため(7)の返答に適格な文となる。即ち(一時的に言語の構造性を脇に置くと)スペイン語では先に述べられた要素が主題であり、後に述べられた要素は陳述となる[4]。以上を踏まえた上で、以下の文を参照。

（9）¿Quién vino / llamó / era?
（10）a.　No vino / llamó / era nadie.
　　　 b.　#Nadie vino / llamó / era.　　　　　　　Bosque（1980: 31 一部改）

　(9)の返答として(10a)は適格であるが、(10b)は適格ではない。つまり、(10a)の nadie は陳述として機能し、(9)の疑問に新しい情報を付け加えている。一方、(10b)の Nadie は主題となっているため、新たに情報を付け加えるという機能は担いづらい。このように、否定語が動詞に前置された時とそうでない時では、強調の意味の他にも情報構造として違いが生じる。
　また、(9)の返答に対して(10a)のように否定語 no が先行し、[no + V + PN] の語順になるのは中世スペイン語で多く見られた。従って、情報構造だけで否定語が動詞に前置する場合と [no + V + PN] の語順の差異を説明できるわけではない[5]。
　Sánchez López(1999)は(9)における(10b)の返答が必ずしも不適格でないとして、以下の例を挙げている。

（11）¿Quién ha venido a la reunión?
（12）a.　#Nadie ha venido.

b.　No ha venido nadie.

　　c.　NADIE ha venido (pronúnciese con énfasis).

Sánchez López (1999: 2570)

　(12c) は新情報として否定語が音調的に強調されているため、(11) の返答として適格である。即ち、情報構造は語順だけではなく、卓立などの音声的・音韻的・語用論的文脈も考慮に入れるべきであり、Bosque が主張するように一義的に統語部門だけでは解決できない[6]。

　この情報構造の違いは、否定の作用域にも影響を与える。

(13) a.　Juan no vino tampoco.

　　b.　No vino Juan tampoco.

　　c.　Tampoco vino Juan.

　　d.??Tampoco Juan vino.

　(13a) は曖昧であり、二通りの解釈がある。即ち、①「フアンの他に来なかった人間がいる」という Juan が否定の焦点になる解釈と、②「フアンは来ないばかりか、何もしない」という vino が否定の焦点になる解釈である。しかし、(13b) は①の解釈しか取り得ない。これは、Juan が陳述という新たな新情報を担っていること、主題となっている vino は否定の作用域に入りづらいことが原因である[7]。(13c) も Juan という新情報が否定の焦点となる①の解釈しかない。(13d) はやや有標的であり、vino が焦点になる解釈しか取りえず、②の解釈しか取り得ない。

　Bosque は、(13d) の語順は、疑問文と同様に非文であると主張している。

(14) a.　*¿Cuándo Juan llegó?

　　b.　¿Cuándo llegó Juan?

(15) a.　*Nunca Venancio ve la televisión.

　　b.　*Nada don Fulgencio desea.

c. *En ningún momento Eloísa creyó las explicaciones de Alberto.

　(14a)は不適格だが、フアンが陳述的となる(14b)は適格となる。Bosque は疑問文と同様に(15)のような [否定語 + 主語 + 動詞] の語順は不適格としている[8]。つまり、情報構造において否定環境は主語を新情報として要求しやすいということである。

　以上から、Bosque は情報構造と絡めた上で、否定語の動詞への前置を否定極性項目の主題化(Tematización de Término de Polaridad Negativa)の操作及び否定の削除(Elisión de NEG)で解決できると主張する(第四章参照)。

(16)　*Tematización de TPN*(T-TPN)
　　　X －　NEG　　[V －　Y －　TPN －　W]　－ Z
　　　1　　 2　　　 3　　4　　 5　　　6　　　 7
　　　1　　5 + 2　　 3　　4　　 ϕ　　　6　　　 7　　　　　　Bosque(1980: 34)

　Bosque は(16)が EN 否定のみならず全ての否定語に適用できると主張し、その根拠に以下の事例を挙げている。

　まず、前置詞句が左方移動される状況(主題化、関係節、疑問等)では、前置詞だけでなく、それに付随する名詞句も移動させる必要がある((17)参照)。同様に否定語も前置詞と共に動詞に前置されなければならない((18)参照)。

(17) a.　¿Sobre quién escribiste el libro?
　　 b.　La película de la que te hablé ha ganado un Oscar.
　　 c.　Con Purita sale Ernesto.
(18)　De nada carece don Agapito.　　　　　　　　　　Bosque(1980: 35)

　更に、ある否定極性を持つ命題を受身文にすると、否定語の主題化と同様に否定の削除の操作を加えなければならない。

(19) a.　Pepito no recibió ningún premio.
　　　b.　*Ningún premio no fue recibido por Pepito.　　　　Bosque(1980: 35)

　だが、この操作は否定の移動(本章3.1節参照)と同様に、否定語は動詞にただ一つしか前置されえないとする定式化の方が説明力がある((19b)が非文なのは、動詞の前に否定語が複数置かれているからである)。
　第三に、スペイン語(及び多くの言語)では一般的に左方移動は強調の意を担うという傾向がある。強調される要素が左方移動することにより、修辞疑問や感嘆文などで本来ならば出現しなければならない否定語が現れないことがある。(20)及び(21)を参照。

(20) a.　El señor director *(no) está para monsergas.
　　　b.　*(No) está el horno para bollos.
(21) a.　¡Para monsergas está el señor director!
　　　b.　¡Para bollos está el horno!　　　　Bosque(1980: 37 一部改)

　(21)は強調される要素(この場合は皮肉的な意味を担う要素)が左方移動したことにより、否定語 no が出現しなくなった例である。しかし、Bosqueはある要素が左方移動する時に、義務的に否定語の出現を抑制する場合とそうでない場合を区別していない。

(22) a.　¡Para monsergas no está el señor director!
　　　b.　¡Para bollos no está el horno!
(23)　*Nadie no vino.

　(22)は強調される要素が左方移動(ないしは動詞に前置)しても他の否定語((22)では否定語 no)の出現を許すが、(23)は強調される要素である否定語 nadie が動詞に前置された時、他の否定語(no)の出現を許さない。従って、修辞疑問ないしは感嘆文の強調の意味をこめた左方移動、否定語の主題

化、動詞への前置の三つは、それぞれ明確に区別する必要がある[9]。

　第四は、やや文学的な表現ではあるが、ある命題の名詞化、形容詞及び不変化辞に対しても否定語の動詞(または動詞的要素)への前置は影響を与えるという点である。この時、否定語の後ろに来るのが動詞だけではなく、命題内における述部である点に注意。

(24) a.　Ninguna persona salió.

　　　b.　*La salida de ninguna persona.

(25) a.　La no llegada de ningún invitado preocupó al señor conde.

　　　b.　*La llegada de ningún invitado preocupó al señor conde.

Bosque(1980: 39)

　(24a)を名詞化した(24b)における否定語 ninguna persona は、統語的に命題の述部である salida に前置していないため非文となる。一方、(25a)が示すように、述部として機能する名詞の前に否定語が置かれている場合は適格となる。この時、否定語が述部として機能する名詞の前に置かれるか、否定語 no を伴うかのいずれかの操作で命題を適格にすることができ、そのいずれも満たしていない(25b)は非文となる。更に、命題が不変化辞の場合は否定語が動詞に前置されなければならず、否定語 no を伴って述部に否定語が後置されたままでは非文となる。

(26) a.　Nuestro nunca bien ponderado director general.

　　　b.　El nunca terminado puente de los Remedios.

　　　c.　Un nada diplomático caballero.

　　　d.　El por nadie ignorado maestro Gutiérrez.

　　　e.　Unos nada despreciables canapés de salmón.

　　　f.　Lo nunca visto.

(27) a.　*Nuestro no bien ponderado nunca director general.

　　　b.　*El no terminado nunca puente de los Remedios.

c. *Un no diplomático nada caballero.

　　d. *El no ignorado por nadie maestro Gutiérrez.

　　e. *Unos no despreciables nada canapés de salmón.

　　f. *Lo no visto nunca.　　　　　　　　　　　Bosque(1980: 42)

(27)の非文法性は、否定語の主題化(ないしは前置)に起因するものではなく、不変化辞の性質によるものだと Bosque は主張する。

(28) a.　Unos nada bien diseñados proyectos.

　　b.　Unos　　　bien diseñados proyectos.

　　c. *Unos　　　　　diseñados proyectos.　　　Bosque(1980: 42)

　命題が名詞句の時には、否定語の動詞的名詞句への前置及び [no + SN + PN] の語順の両者を許容するが((25a)参照)、命題がそれ以外の不変化辞(分詞など)の場合には否定語の命題要素への前置のみしか許容しない。その理由について、Bosque は(28)の例を挙げているが、明確な回答はしていない。

　結論として、Bosque は、主題化の概念と否定語の動詞への前置の概念を区別せず、一律に主題化という操作に否定の前置の説明原理を求めているという点で、主題化という操作を過剰に適用させている。本書ではこの二つの概念を明確に区別したい。

2.2　主題化の痕跡と否定語が動詞に前置した時の痕跡

　まず、以下の文を参照。

(29) a.　En toda la tarde él agarró una criatura.

　　b.　Él en toda la tarde agarró una criatura.

(30) a.　¿Tampoco tú sabes?

　　b.　¿Tú tampoco sabes?

EN 否定となる(29a)の概念構造は、おおよそ以下のようになる(分析手順については第五章で詳しく論じる)。

(31) [+ Tem: EN TODA LA TARDE] i [FUE EL CASO] [POL [EL AGARRAR UNA CRIATURA]] [+NEG trace$i$]

否定極性を持たない(29b)の概念構造は、EN 前置詞句が主題化されず、単に動詞に前置しているだけという点において(31)とは異なる。

(32) [FUE EL CASO] [EN TODA LA TARDE] i [POL [AGARRAR UNA CRIATURA]] [φ trace$i$]

本書では、第一章で定義した否定語は、動詞に前置されると同時に痕跡が否定極性を持つと仮定する。この仮定は、ちょうど EN 否定において主題化された EN 前置詞句の痕跡が否定極性を持つことと類似する。以下、本書では便宜上、no 以外の否定語が動詞に前置されたために、その痕跡が否定極性を持つ構文を「否定語前置構文」(Construcción de la Palabra Negativa Preverbal)と呼ぶことにする[10]。以下、否定語前置構文の概念構造と、EN 否定構文で応用する痕跡という理論的枠組みを用いて分析する。

(33) Tú no sabes tampoco la verdad.

(33)は否定語 tampoco が動詞に前置していないので、否定語前置構文ではない。Bosque や Rivero(1977)の分析に従うと、(33)は否定語 tampoco が動詞に後置しているために、否定の呼応として、動詞に前置する否定語(この場合は no)が要求されている。(33)の概念構造は以下の通りである。

(34) [ES EL CASO] [NO [TU SABER LA VERDAD]] [TAMBIEN]

(34)は否定語 no が極性位置（POL）で顕在化されているため、否定語 tampoco は概念構造内ではそれに対応する肯定極性項目である TAMBIEN として存在する。肯定極性項目 TAMBIEN は、否定極性の影響を受ける（即ち、TAMBIEN は否定語に（必要ならば QR した結果）c 統御されている）ため、否定の呼応の結果「否定極性項目として機能する否定語」tampoco として具現化される。

　次に、(33)の tampoco が動詞の前に移動した場合(37)を検討する。(34)の肯定極性項目 TAMBIEN は、否定語 no の影響を受けて tampoco として具現化されていたが、本書では否定語前置構文では概念構造の時点で既に否定語 TAMPOCO が出現すると仮定する。これが、否定語前置構文において否定ないしは否定的含意が強調される理由の一つである。即ち、Horn(1989)らが指摘するように、概念構造内で [NEG + 肯定極性項目] と示される命題と、直接否定語が現れる命題とでは否定の強さが違うということである。

　この現象は語レベルでは既に Horn(1991, 1992)で言及されている。Horn によると、not un A を論理式で表すと￢￢A となり、真理値は A と変わらないはずである。しかし、not un A と A は、明らかに話者に対して異なった解釈を強いる。

　まず、否定語前置構文において、否定語が動詞に前置する前の概念構造を示す。

(35)　[ES EL CASO] [POL [TU SABER LA VERDAD]] [TAMPOCO]

　(35)の概念構造がそのまま具現化されると、否定語が動詞の前に置かれていないために非文となる。

(36)　*Tú sabes la verdad tampoco.

　(36)が非文になるのを避けるために、動詞の前に否定語を移動させる操作が必要となる。その理由は、no 以外の否定語は命題を c 統御しなければ、

その作用域内に命題をとらえられないからである。否定語が移動した後に具現化する文は以下の通りである。

(37)　Tú tampoco sabes la verdad.

　(37)は動詞の前に否定語が置かれているために適格である。この概念構造は(34)と違い、以下のようになる。

(38)　[ES EL CASO] [+ Pnp: TAMPOCO] *i* [POL [TU SABER]][+NEG trace*i*]

　Pnp(Palabra Negativa Preverbal)とは、否定語の動詞の前への移動の操作を指す。(38)は、否定語 TAMPOCO が移動し、命題 TU SABER を適切にc統御しているため、結果として命題は否定極性を持つ。この時、移動した否定語 TAMPOCO は、その意味的痕跡に +NEG の要素を残す。この否定要素は EN 否定において EN 前置詞句が移動した結果生じた否定より強い。その理由は、否定語 tampoco は他の否定語である nadie、nada 等と同様の強さ、即ち動詞に前置さえすれば否定極性を命題に与えうる力を持っているのに対し、EN 前置詞句は単なる主題化という操作だけでは否定極性を持ちえず、他の周辺的条件を満たさなければいけないからである。以上が、本書で否定語と EN 否定における EN 前置詞句とを厳密に区別する理由である。
　もう一つ例を挙げる。

(39) a.　No vino nadie.
　　 b.　Nadie vino.

　(39a)は否定語前置構文ではなく [no + V + PN] の語順であり、(39b)は否定語前置構文である。この二つの概念構造は、それぞれ以下のようになる。

(40) a.　[FUE EL CASO] [NO [VENIR [ALGUIEN]]]
　　 b.　[FUE EL CASO] [+Pnp: NADIE] *i* [POL [VENIR [+NEG trace*i*]]]

　(39b)の否定語前置構文で否定の意味が強調されるのは、概念構造の時点で語彙項目として否定語 nadie が出現しているからである。一方、否定語前置構文ではない(39a)が(39b)よりも否定の意味が弱いのは、肯定極性項目 ALGUIEN が否定される形、即ち [NEG + ALGUIEN] の形で存在する概念構造が、表層に具現化される時に否定極性項目 nadie として生じるためである。従って、否定語前置構文での否定語と、そうでない場合の否定語(正確には動詞に前置した否定語の否定の呼応として出現し、否定極性項目として機能する否定語)とは、語彙に生じる意味が異なる。前者は純粋に語彙項目から生じる否定語であり、後者は呼応によって生じた半ば「偶発的な」否定語である。ここで付記しておかなければならないのは、[no + V + PN] の語順を持つ文の後置された否定語(即ち、呼応した否定語)が、表層で現れる [no + 肯定極性項目] と意味的に同じと言っているわけではないことである(しかし、[no + 肯定極性項目] はほぼ非文の扱いを受ける)。否定語 nadie が [no + alguien] と意味的に等価であることは、Rivero(1970)や Bosque でも示されているが、Horn(1989)や Kato(1985)らが指摘する否定の有標性を考えると、真理値は等価であっても正確に意味は同じではない。
　結論として、否定語前置構文は概念構造で既に否定語が出現しているので、概念構造内では肯定極性項目として表される(表層で否定語として具現化する)[no + V + PN] よりも、否定の意味が強いと考えられる[11]。
　否定語前置構文が [no + V + PN] の否定文よりも強い意味を持つもう一つの理由として、否定語に限らず、何らかの要素の動詞への前置、主題化及び左方移動は否定極性を与える力を(否定極性誘因子に対してのみでなく)持ちうるという点である。以下を参照。

(41) a.　Te interesará mucho ver lo que hago.
　　 b.　¡Mucho te interesará ver lo que hago!

c. ?¡ Te interesará mucho ver lo que hago!
(42) a. ¡ Me tienes contento hoy!
　　　b. ¡ Contento me tienes hoy!
(43) a. ¡ En dos horas vamos a llegar!
　　　b. ¡ Hasta las ocho voy a esperarte!　　　Bosque(1980: 107–108 一部改)

　Bosque によると、(41a)は皮肉の意味を持ちうるか否かが曖昧であり、真に話者が述べたいことに関する命題の極性決定に関して音声的な卓立や語用論的な文脈の助けを必要とする。しかし、(41b)は副詞 mucho が主題化されていることにより、反語としての解釈、即ち、肯定命題であるにもかかわらず言語の命題とは極性が反対の「私がしていることにあなたは興味なんか<u>ない</u>」という否定解釈を持つことになる。しかし、(41c)のように副詞が主題化されず単に動詞に前置された場合、皮肉の解釈は持ちえるものの、(41b)ほど強い否定の意味合いは持たず、解釈は(やや皮肉よりではあるが)曖昧である。

　この主題化の操作は、否定語が主題化されていなくとも否定を含意しやすい。(42a)は皮肉の解釈が入るかどうか曖昧であるが、否定語ではない contento が主題化された(42b)では、文脈や音声的卓立の助けなしに皮肉の解釈、即ち否定極性「今日私が満足していることは<u>ない</u>」が得られる。即ち、主題化ないしは左方移動という操作はそれ単独で修辞感嘆文や修辞疑問を作ることが出来るので、否定極性を持ちやすくなり、否定極性誘因子を作りうるための操作の一部と言うことが出来る。

　この傾向は(43)でも見られる。(43a)では、否定極性も持ちえず、かつ EN 否定の条件となる「広範な範囲」を指し示さない前置詞句 en dos horas が主題化されているため EN 否定とはならないが、皮肉ないしは感嘆という否定的含意を持ち、結果として話者の意図(含意)と言語の意味成分(語彙的な構成性)の間で極性が異なっている(文字通りの意味では「二時間以内に着くだろう」という肯定表現なのに対し、含意された話者の意図は「二時間以内に着くなんてできるはずが<u>ない</u>」という否定表現である)。また、(43b)

では選択的前置詞句 hasta las ocho が主題化されると、やはり同様に皮肉の解釈を持ちうる。この時、皮肉の解釈は単に否定極性が付加されるということではない。即ち、(43b)は以下と等価ではない。

(44)　No voy a esperarte hasta las ocho.

　(44)は単に肯定文 Voy a esperarte hasta las ocho. の否定というだけで、主題化による皮肉の含意を正確に表しえない。皮肉の含意はある段階的な命題の極限であり、「八時までは待たない(しかし九時までなら待つ)」という量化の尺度における上限の規定を破りうる表現ではなく、上限の規定を十全に守る否定である[12]。
　主題化による否定極性の付与ないしは強調は、否定含意語にも見られる。

(45) a.　¡Qué duda cabe (de) que tenemos razón!
　　 b.　*Cabe duda de que tenemos razón.　　　　　Bosque(1980: 107)

　(45a)では否定を含意する名詞 duda が主題化されているため皮肉的な含意を持ち、結果として話者の含意における否定的な要素が付加される。即ち「私たちが正しいということに何の疑いもない」という、(45a)内にある語の意味の集合だけでは存在し得ない否定極性が語用論的な文脈の中から生じることになる。主題化されないと皮肉の解釈を取ることができず、語彙の意味の総和から皮肉の含意が生じうる(45b)は、動詞が主題化されていないために非文となる。
　更に、選択的前置詞句又は副詞句が出現した場合の否定語前置構文について検討する。

(46)　En tu vida has trabajado mucho.
(47) a.　No aprendió nada en la primera edad.
　　 b.　Nada aprendió en la primera edad.

(46)は選択的副詞 mucho が出現し、EN 否定構文の条件に違反しているために肯定極性しか持たない。(46)の概念構造は(48)である。

(48)　[+Tem: EN TU VIDA] [HA SIDO EL CASO [POL [TU TRABAJAR]]] [MUCHO]

(48)は、主題化された EN 前置詞句である EN TU VIDA の痕跡が否定極性を持つものの、選択的副詞 MUCHO の参入によって消されている。しかし、EN 否定構文と違い、否定語前置構文は選択的前置詞句ないしは副詞句の参入によっても、否定極性を持った痕跡が消されることはない。

(49) a.　[FUE EL CASO] [NO [EL APRENDER [ALGO [EN LA PRIMERA EDAD]]]]
　　 b.　[FUE EL CASO] [POL [EL APRENDER [NADA [EN LA PRIMERA EDAD]]]]
　　 c.　[FUE EL CASO] [+Pnp: NADA] i [POL [EL APRENDER [+NEG trace$i$ [EN LA PRIMERA EDAD]]]]

(49a)は(47a)の概念構造であり、肯定極性項目 ALGO が否定語 NO の影響を受け、表層では否定の呼応をする。(49b)は否定語 NADA が既に概念構造内に現れている例であり、ここで否定の強調がなされる。しかし、(49b)がそのまま表層に現れることは出来ないので(*Aprendió nada en la primera edad.)、(49c)のように否定語前置構文として、否定語 NADA を動詞の前に置く必要がある。ここで EN 否定構文と異なる点は、主題化によって移動された EN 否定構文(48)においては選択的前置詞句又は副詞句の参入によって痕跡が消滅しているのに対し、否定語前置構文においては選択的前置詞句又は副詞句があっても、痕跡が消滅しないことである。(49c)では、選択的前置詞句 EN LA PRIMERA EDAD が存在するにもかかわらず、否定語前置構文の移動によって残された痕跡にはなんら影響しない。

否定語前置構文では、主語の位置によって非文となるケースがある。

(50) a. *A nadie Juan quiere ver.
　　b. A nadie quiere Juan ver.
　　c. A nadie quiere ver Juan.
　　d. Juan, a nadie quiere ver.　　　　Sánchez López(1999: 2568 一部追加)

(50a)は否定語前置構文として a nadie が動詞に前置されているが、主語 Juan の位置が動詞よりも前に来るため非文となる。一方、主語が動詞の後ろに来る(50b)及び(50c)は適格である。筆者が数名のインフォーマントにインタビューしたところ、必ずしも(50a)が非文というわけではないが、全員に違和感を覚えると判断された。(50a)が非文ないしは不適格なのは、情報構造における既知情報と新情報が、統語的に正しい位置に反映されていないためだと思われる。即ち、Bosque(1980: 30–31)及び本章 2.1 節で指摘しているように((13)を参照)、動詞よりも後に出現する項は基本的に新情報となる。(50a)では、新情報が動詞句 quiere ver であり、動詞句の内在的意味特性が新情報として焦点化される解釈は有標的である[13]。しかし、(50b)及び(50c)は主語 Juan が新情報として提示されており、無標的な解釈のために容認される。(50d)は、そもそも主語 Juan がコンマとして区切られ、a nadie 以下の命題とは独立している。従って、コンマで区切られた Juan が新情報として分析されるために適格となる[14]。

否定極性が現れうる状況での情報構造は、否定語のみでなく皮肉などの語用論的な要因からも同様に統語構造、即ち語順に影響を与える。以下の文を参照。

(51) a. ¡Mucho vas tú a estudiar esta tarde!
　　b. *¡Mucho tú vas a estudiar esta tarde!　　　Bosque(1980: 108 誤植訂正)

(51)には否定語が出現しないが、皮肉の意味を持つ修辞感嘆文によって

語用論的に否定を含意する。この時、(50)と同様に主語が動詞の後に置かれる必要があり、そうでない(51b)は非文となる[15]。

否定語前置構文は、BosqueやRiveroが主張するような単なる変形ではなく、Goldberg(1995)らが述べる構文とみなしうる理由は以下の通りである（逆に、[no + V + PN] は構成性の原理を破っていないので、構文とは言いがたい）。

まず、構文とはある言語表現において出現した構成素の意味の総和以上ないしは構成素の意味とは異なる意味が表出される際に取り入れられうる概念である。英語では、the more 構文やway 構文などが代表的であるが、否定語前置構文も、構成素の意味の総和以上の意味を持つ。

(52) a.　No ha venido nadie a la reunión.
　　 b.　Nadie ha venido a la reunión.　　　　Sánchez López(1999: 2569)

(52)の概念構造は、それぞれ以下の通りである。

(53) a.　[HA SIDO EL CASO] [NO [VENIR ALGUIEN [A LA REUNION]]]
　　 b.　[HA SIDO EL CASO] [+Pnp: NADIE] *i* [POL [VENIR [+NEG trace*i* [A LA REUNION]]]]

(53a)は構文（否定語前置構文）ではないため、概念構造において構成性の原理を守りうる。本書では極性判断のみに言及するが、(53a)において否定語は POL の位置に現れる NO だけである。従って全体としては否定極性を持ち、表層に出現する(52a)は（概念構造内で構成性の原理を守り）否定と解釈される。一方、否定語前置構文の概念構造である(53b)は、否定語 NADIE に加え、否定語の移動によって残された痕跡も否定極性 [+NEG] を持つ。従って、構成性の原理を守るならば、否定語と否定極性を持つ痕跡の二つの否定要素が現れているために、結果として二重否定となり肯定極性を

持たなければおかしい。しかし、(53b)の概念構造を具現化した(52b)は否定の解釈しか持たず、概念構造の極性と具現化した言語表現の極性とが一致しない。従って、否定語前置構文という構文が、二つある否定極性を剥奪ないしは妨害しているという仮定が立てられる。ある統語的、概念構造的配列が命題の意味変化(特に極性という大きな項目)に影響を与えているということが、否定語が動詞に前置する言語表現を構文(否定語前置構文)と考える理由である。

なお、否定語前置構文は、概念構造内で二重否定となっている言語表現に、さらに否定極性を加え、三重否定、すなわち論理式では否定と解釈されるとの分析も可能かもしれない。しかし、否定が幾重にも連なると言語処理にかかる負担が大きくなること、聞き手が(52b)を解釈するにあたり、概念構造で三重否定を想定しているとは考えづらいため、否定語前置構文は、「二つある否定極性のうち、ひとつを剥奪する」という意味的なアルゴリズムの機能を持っていると考えるのが妥当であろう。

また、そもそも否定語前置構文において、移動した否定語の痕跡に否定極性が付与されないのではないかという反論もされうる。しかし、第五章で見るように、否定語が移動する際に否定極性をその痕跡に残すとする分析の方が説明原理が少なくて済むこと、また、EN 否定構文や、後述する否定含意述語などにおいて痕跡に否定極性が付与されるという考え方を導入することで、他の説明原理を導入することなく説明することが可能なことを考えると、オッカムの剃刀の原則(より少ない説明原理で、より多くの現象を説明する経済性の原則)に即した分析だと思われる。

さて、EN 否定の主題化とは異なり、否定語前置構文での否定語の痕跡に付与される否定極性はその他の要素の影響を受けにくい。つまり、残された痕跡は他の修飾語句、即ち、動詞が要求しない項などによって極性判断に影響を与えられることはなく、その意味で制約が EN 否定における主題化の痕跡よりも緩やかである。従って、否定語前置構文は EN 否定構文よりも汎用性の高い、中核的な構文ないしはプロトタイプ的な構文ということが出来よう。更に、否定語前置構文と EN 否定構文は、共に移動によって意味的な否

定の痕跡を残すという点で共通点、即ちスキーマを持つ。

　否定語前置構文とEN否定構文の違いは、①否定語の移動の種類、②移動後に残る痕跡の特性、の二点に集約される。まず、①の否定語の移動の種類について検討する。

　否定語前置構文においては、否定語が移動する位置は動詞句よりも階層的に上位に来るだけであり、主題化されていなくとも問題はない(主題化されていても動詞句よりも階層的に上位に来る操作ならば問題はない)。一方、EN否定構文においては、否定語とみなされうるEN前置詞句は主題化されなければならず、単に動詞に前置しただけではEN否定構文にはならない。以下、再掲する。

(54) a.　En toda la tarde él agarró una criatura.
　　 b.　Él en toda la tarde agarró una criatura.
(55) a.　¿Tampoco tú sabes nada?
　　 b.　¿Tú tampoco sabes nada?

　(54a)はEN否定構文においてEN前置詞句が正しく主題化されているため否定極性を持つが、単にEN前置詞句が動詞の前に置かれている(54b)はEN否定構文にならない。一方、否定語前置構文である(55)は、両者とも正しく動詞の前に否定語tampocoが置かれているために否定極性を持つ。

　更なる説明として、以下を参照。

(56) a.　Nunca lo hago.
　　 b.　*Nunca no lo hago.　　　　　　　　　　　　出口(1997: 183)

　(56a)は適格だが、(56b)は否定語が二つ動詞の前に置かれているため非文となる。(56)の概念構造は以下の通りである。

(57) a.　[ES EL CASO] [+Pnp: NUNCA] *i* [+NEG trace*i* [YO LO HACER]]

b. *[ES EL CASO] [+Pnp: NUNCA] *i* [NO [+NEG trace*i* [YO LO HACER]]]

　(57b)は否定要素が同一命題に三つ出現している。否定語前置構文は、(57a)において二つある否定極性の一つを削除する働きを持つ。しかし、(57b)では削除するべき否定要素が三つ存在し、仮に一つを削除しても論理式では二重否定となり肯定の解釈を得てしまう。しかし EN 否定構文は異なる。

(58) a.　En mi vida había oído nada tan absurdo.
　　 b.　En mi vida no había oído nada tan absurdo.　　　出口(1997: 186)

　(58a)は EN 否定構文、(58b)は [no + V + PN] を基底とする文で、両者とも否定極性を持つ。(58)の概念構造は以下の通りである。

(59) a.　[HABIA SIDO EL CASO] [+Tem: EN MI VIDA] *i* [POL [YO OIR ALGO TAN ABSURDO]] [+NEG trace*i*]
　　 b.　[HABIA SIDO EL CASO] [+Tem: EN MI VIDA] [YO OIR ALGO TAN ABSURDO] [NO]

　(59a)は EN 否定構文の要件を全て満たすため否定極性を持つ。(58b)は否定語 no が既に動詞に前置しているため EN 否定にはならないが、否定語 no の存在により既に否定極性を持つ。この時、EN 前置詞句は単に主題化されているだけで、EN 前置詞句の時間指示の意味、即ち durante el período de mi vida を強調する以外、特別な意味を持たない。しかし、否定語 no は動詞 había oído を選択的に修飾する副詞句とみなされうる。EN 否定の発生条件として、選択的副詞句が存在してはならないことは既に見た。従って、否定語 no に限らず、副詞的に否定語(nunca 等)が介入すると EN 否定にはならない。

(60) a. En mi vida nunca había oído nada tan absurdo.
   b. [HABIA SIDO EL CASO] [+Tem: EN MI VIDA] [POL [YO OIR ALGO TAN ABSURDO]] [NUNCA]

（60）は EN 否定構文ではなく、単に EN 前置詞句が主題化されているに過ぎないが、選択的副詞句 NUNCA が否定極性を与えるため、結果として否定文になる[16]。

出口（1997: 186）は（58）と以下の文との興味ある比較を行っている。

(61) a. En mi vida había oído algo tan absurdo.
   b. En mi vida no había oído algo tan absurdo.
   c. En mi vida había oído nada tan absurdo.（＝(58a)）
   d. En mi vida no había oído nada tan absurdo.（＝(58b)）
   e. No había oído algo tan absurdo en mi vida.
   f. No había oído nada tan absurdo en mi vida.　　　　出口（1997: 186）
(62) a. Nunca había oído algo tan absurdo en mi vida.
   b. Nunca había oído nada tan absurdo en mi vida.
   c. Nunca había oído una cosa tan absurda.
(63) a. ＊En mi vida había oído algo.
   b. ＊No había oído algo en mi vida.

これまでの議論からすると、否定極性を持つ命題内で肯定極性項目は出現できない（e.g. ＊No vino alguien）。（61a）〜（61f）及び（62a）は（インフォーマントの判断に多少の差はあれ）全て否定極性を持ち、（62c）と真理値は等価であり、かつ（61f）ないしは（62b）として具現化することが期待される言語表現である。従って、（61a）、（61b）、（61e）及び（62a）における肯定極性項目 algo は概念構造内では ALGO として出現し、表層で否定語 nada として具現化されるはずである。しかし、（61a）、（61b）、（61e）及び（62a）は、否定極性を持ちながら肯定極性項目 algo が表層で具現化しているので、本来ならば EN

否定構文((63a))であっても、[no + V + PN]の語順((63b))であっても非文となるはずである。筆者が複数のインフォーマントにインタビューしたところ、(61a)及び(62a)は少々、(61b)及び(61e)はかなり違和感があるという返答を得た。私見では、①否定極性が強調される否定語前置構文((62a))や、もともと否定の強調の意味を持つEN否定構文((61a))のように強い否定環境内にあり、かつ② tan absurdo や tan sorprendente といった、否定語と語用論的に結びつきやすく、否定極性誘因子として働くこともある「極限の」強い感情ないしは叙実的な形容詞が肯定極性項目に後続すると、個人言語(idiolecto)内では否定環境にもかかわらず肯定極性項目が出現する可能性があると思われる[17]。更に、(61b)及び(61e)は単に [no + V + PN] の語順を持つ否定文で、強調の意味合いを持たないため、(61a)や(62a)に比べてやや容認度が低下したと判断される。

更なる否定語の移動後に残る痕跡の特徴として、前述したように否定語前置構文においては選択的前置詞句または副詞句が痕跡に入り込むことはできないという点がある。一方、EN否定構文においては選択的前置詞句または副詞句が痕跡に入り込むと、否定極性を妨害するので、否定極性は失われる。

さて、プロトタイプの構文である否定語前置構文が存在し、なおかつ共通のスキーマを持った構文(現段階ではEN否定構文)が存在するということは、構文同士でネットワークが形成され、拡張されたことを意味する。つまり、否定語前置構文からEN否定構文へと構文的拡張が可能になる。この構文的拡張は、構文間のネットワークを構築する際に要求される条件である。構文的拡張について、以下の文を検討する。

(64)　Joe kicked Bob black and blue.
(65)　Joe kicked the bottle into the yard.　　　　　　Goldberg(1995: 88)

(64)は英語の結果構文であるが、(65)の使役移動構文から「状態変化は場所変化である」という隠喩によって拡張されたと考えられる[18]。

以上、否定語前置構文と EN 否定構文の特徴、それに基づいたスキーマの共通性と比喩的拡張について概観した。本節では否定語前置構文と [no + V + PN] の差異を検証したが、次節以降では、否定語前置構文が更に他の構文へ拡張すること、前置された否定語が no 以外の場合の概念構造を見る。

2.3 否定の呼応と no 以外の否定語の前置

　否定語の位置に関するもう一つの先行研究として、Rivero(1970)を取り上げたい。Rivero は、①否定語が動詞に後置されている時は、動詞に前置されている他の否定語との否定の呼応として機能し、②後置されている否定語は深層構造から派生される時に否定の複写(Copia de NEG)及び否定の統合(Incorporación de la Negación)の二つの操作を受けて表層構造に出現する、と主張している。ここで注目すべきは、否定語はまず動詞に前置し、後、否定の複写の操作及び統合を経て動詞に後置された否定語が出現するという二段階の主張している点である。以下を参照(定式化は Bosque(1980)による)。

(66)　Copia de NEG
　　　X - NEG [Y - V - ALG = Z] W
　　　1　2　3　4　5　6　7
　　　1　2　3　4　2+5　6　7　　　　　　　　　　Bosque(1980: 45)

　Rivero は、(66)の二番目にある否定要素が五番目の位置に複写された後、no + alguien → nadie、no + algo → nada など、否定語 no と肯定極性項目が統合し、それに対応する否定語が出現すると主張している[19]。
　しかし、前節で述べたように、[no + V + PN] という語順において、後置された否定語は概念構造では否定極性を持ちえず、前置された否定語に対応する肯定極性項目が出現すると考えると、否定の統合の操作のみで説明することが可能であり、わざわざ否定の複写という説明原理を立てる必要がない。更に、否定の複写において動詞の前に置かれる否定語が no 以外の場合

だと、(67)を説明できない。

(67) Nadie hace nada.

Rivero の説明に従うと、(67)における否定の複写は以下のようになる。

(68) *Nadie hace nadie algo.

(68)の複写された否定語 nadie は nada の肯定極性項目 algo と否定の統合を起こさなければならないが、否定語 nadie は no + alguien として分析されているので、否定の統合を起こすと以下の文のうちどれかを生成せざるを得ず、そしてどれも非文となる。

(69) a. *Nadie hace no alguien algo.
　　 b. *Nadie hace nada alguien.
　　 c. *Nadie hace alguien nada.

つまり、Rivero の否定の複写及び否定の統合による説明では、動詞に前置する否定語が no 以外の場合、否定語が持っている否定極性以外の語彙素が否定の統合を阻害してしまう。以下、本書のアプローチから(67)の概念構造を分析する。

(70) [ES EL CASO] [POL [HACER NADIE [ALGO]]]

(67)は否定語前置構文なので、(70)から否定語 NADIE を動詞の前に置く。

(71) [ES EL CASO] [+Pnp: NADIE] i [HACER +NEG trace$i$ [ALGO]]

(71)が(67)の概念構造である。この時、肯定極性項目 ALGO は否定語が移動した後の痕跡の否定要素により、否定極性項目として機能する NEG + ALGO = nada として、(67)のように具現化される。

　更に以下の文の概念構造を分析する。

(72)　Nada hace nadie.

(72)の否定語前置構文も、(67)との意味的差異も含めて概念構造として視覚化できる。

(73) a.　[ES EL CASO] [POL [ALGUIEN [HACER [NADA]]]]
　　 b.　[ES EL CASO] [+Pnp: NADA] *i* [POL [ALGUIEN [HACER [+NEG trace*i*]]]]

(73a)は否定語 NADA が動詞へ前置する前、(73b)は動詞に前置した後の概念構造である。この時、ALGUIEN は否定の影響を受けて、(72)の概念構造において [NEG + ALGUIEN] の操作がかけられ、否定極性項目として機能する否定語 nadie として具現化される。

　更に no 以外の否定語が動詞の前に置かれ、かつ複数の他の否定語が動詞の後に置かれている例を見る。

(74)　Ningún amigo mío ha declarado nada a nadie.

(74)は no 以外の否定語が動詞に前置しているので否定語前置構文である。(74)の概念構造は以下の通りである。

(75) a.　[HA SIDO EL CASO] [POL [DECLARAR [NINGUN AMIGO MIO [ALGO [A ALGUIEN]]]]]
　　 b.　[HA SIDO EL CASO] [+Pnp: NINGUN AMIGO MIO] *i*

[DECLARAR [+NEG trace*i* [ALGO [A ALGUIEN]]]]

　(74)の概念構造は、(75a)を経て(75b)になる。この時、否定の複写の操作は必要なく、否定要素 NEG は二つの肯定極性項目 ALGO 及び ALGUIEN を否定の作用域内におさめている。結果、両者はそれぞれ対応する否定極性項目として働く否定語 nada 及び nadie として表層に具現化される。

　以上、否定の呼応に関して、Rivero が主張する否定の複写と否定の統合の二つの操作が不要であり、痕跡によって説明可能なことを見た。

2.4　従属節内の否定語と否定環境

　本節では、本書のアルゴリズムが従属節内の否定語にも拡張できることを見る。否定極性誘因子を伴って従属節内に現れる否定語は、動詞の前に置かれると主節の否定極性誘因子との呼応を見せることはできず、従属節内で独立して否定環境を作る。つまり、否定語が動詞に前置すると、基本的には主節であれ従属節であれ、節内で独立して極性が決定されると言うことである。

(76) a.　Dudo que lo sepa nadie.
　　 b.　Dudo que nadie lo sepa.
(77) a.　*Me satisface que lo sepa nadie.
　　 b.　Me satisface que nadie lo sepa.

　(76a)の従属節は独立して否定極性を持つことは出来ず、主節にある否定極性誘因子 dudar と呼応して従属節内に否定語 nadie が出現する。従って、(76a)の語順では、主節に否定極性誘因子(dudar)が出現しないと(77a)が示すように非文となる(動詞 satisfacer は否定極性誘因子ではない)。一方、(76b)の従属節内は、否定語が動詞に前置していることから単独で否定環境を持ち、主節にある動詞 dudar と否定の呼応をしているとは言えない。従っ

て、(76a)が「誰か知っているのではないかと疑う」と解釈されるのに対し、(76b)はそれに加えて「誰も知らないのではないかと疑う」という解釈も可能である[20]。(77b)は、主節に否定極性誘因子は存在しないが、従属節内で独立して否定環境(否定語前置構文)になっているため、適格である。しかし、同様の語順であっても語否定が主節に現れると曖昧性が生じるとBosque は指摘する。

(78) a.　Es imposible que nadie lo sepa.

　　 b.　Es imposible que lo sepa nadie.

(79) a.　Es imposible que lo sepa alguien.

　　 b.　Es imposible que no lo sepa nadie.

　Sánchez López(1999：2566)も指摘するように、語否定は否定極性誘因子として機能しうる。従って(78b)の従属節に出現した否定語 nadie は、主節の否定極性誘因子 imposible と呼応することによって、(78b)が(79a)の解釈を持つことが出来る。(78a)は複数のインフォーマント及び Bosque によると、(79)の両方の解釈を持つが、(76b)が一義的な解釈(従属節内は否定環境)しか持たないことを考えると、(78a)は(79b)の解釈しか許さないはずである。この点について Bosque は、従属節内で否定語である nadie が主語として働き、動詞の前に移動しただけであると説明しているが、もしそれだけが原因であるならば、他の否定極性誘因子にも同じ議論が可能である。むしろ語否定は否定極性誘因子として働くと同時に、単独でも否定極性を創る能力を持ち得るためと説明した方が説得力がある。つまり、同じ否定極性誘因子にも強弱があり、語否定や否定含意述語は強く、逆に比較構文などはそれほど強くない否定極性誘因子であるということができる。

　注意すべき点は、単なる語否定だけではなく、他の否定極性誘因子も時として曖昧性を生じさせるということである。

(80) a.　Antes de que nadie venga...

  b. Dudo que nadie lo sepa.(＝(76b))

  c. Se oponen a que nadie venga.

(81) a. Antes de que no venga nadie...

  b. Dudo que no lo sepa nadie.

  c. Se oponen a que no venga nadie.

(82) a. Antes de que venga alguien...

  b. Dudo que lo sepa alguien.

  c. Se oponen a que venga alguien.

　(80)の従属節内は全て否定語が動詞に前置しているため、本来ならば、それぞれ(81)の解釈しか持たないはずであるが、実際は(82)の解釈も持ちうる。(82)の解釈を持つ場合、出現した否定語は否定の呼応として必要があり、主節に強い否定極性誘因子が要求される。つまり、(82)の解釈を持つことができる接続詞 antes、動詞 dudar や oponer は強い否定極性誘因子であるということである。実際、主節に否定の要素が全くない時は曖昧性は生じないが、明示的に主節が否定の場合は(80)と同様に曖昧性が生じる。

(83) a. Me satisface que nadie hable.

  b. No me satisface que nadie hable.

　(83a)は「誰も話さないということに満足する」という従属節内が否定の解釈しかない。しかし、(83b)は明示的な否定が主節に生じているため、全てのインフォーマントは曖昧であると判断した。即ち、「誰も話さないということに満足していない」という従属節内が否定環境である解釈に加え、「誰かが話すということに満足していない」という従属節内が肯定環境である解釈も可能であるということである。

　従属節内の極性判断に複数の解釈を可能にするには、否定語ないしは否定要素が動詞に前置し、かつ主節に否定極性誘因子を伴うことが条件である。否定語が動詞に後置している場合、従属節内の否定語は、主節の否定語ない

しは否定極性誘因子との呼応(即ち否定極性項目)とする解釈しか持たない。

(84) a. Juan negó que hubiera / *había visto nadie a María.
 b. Ningún amigo mío ha declarado que haya / *ha estado jamás en esta reunión.
 c. Nunca he conocido a un periodista que cometiese / *cometió ningún delito.
 d. No se contrató a un estudiante para que explicase nada de matemáticas.
Sánchez López(1999: 2587)

(85) a. Juan negó que nadie hubiera / había visto a María.
 b. Ningún amigo mío ha declarado que jamás haya / ha estado en esta reunión.
 c. Nunca he conocido a un periodista que ningún delito cometiese / cometió.
 d. No se contrató a un estudiante para que nada de matemáticas explicase.

(84)の従属節内の否定語は全て動詞に後置しているため、主節の否定語ないしは否定極性誘因子と呼応とする解釈しか持たず、結果として従属節内は全て肯定環境となる(従属節内が全て接続法しか許さないのがその証拠である)。しかし、従属節内の否定語が動詞に前置している(85)の場合、従属節内は肯定極性と否定極性の両方の解釈を持ちうる。

さて、(80)が複数の解釈を持つということは、それぞれの文の主節には(ほぼ否定語に匹敵するほどの)強い否定極性誘因子が出現しているということを意味する。Bosque(1980: 81–82)も指摘しているが、接続詞 antes de は前置詞 hasta と同様に、まだ達成していない命題を指し示すため、否定環境を持ちやすい強い否定極性誘因子ということが出来る。また、動詞 dudar と oponer は否定含意述語であり、やはり強い否定極性誘因子である。

このように節を越えて否定の呼応を見せる現象も、痕跡の影響を受ける。

(86)　No es que venga nadie.

　前述したように、(86)の従属節内に出現している否定語 nadie は、主節に出現している否定語 no と否定の呼応をする。従って、従属節内は肯定環境であり、「誰か来るということは<u>ない</u>」という解釈を持つ。(86)の概念構造は以下の通りである。

(87)　[ES EL CASO] [[NO*i* [SER] [+NEG trace*i* [VENIR NADIE]]]]

　(87)に見られるように、従属節内の否定語 nadie と呼応するのは、主節に表層的に出現している否定語 no ではなく、概念構造内にある否定極性を持つ痕跡である。否定語 no は概念構造内では従属節内にあり、それが否定要素の移動を通じて主節に移動する。従って、(87)の真理値は以下と等価である。

(88)　Es que no viene nadie.

　(88)は「誰も<u>来ない</u>ということである」と解釈される。この時、否定語 no は従属節内にとどまったままであるため、従属節内のみで独立して否定の呼応が起こる。即ち、動詞((88)の場合は venir)の後に否定語 nadie が置かれた時、義務的に否定語((88)の場合は no)が動詞に前置する。(88)の概念構造は、以下の通りである。

(89)　[ES EL CASO] [[POS [SER] [NO [VENIR ALGUIEN]]]]

　痕跡については否定語だけでなく、否定の移動や否定含意述語、語否定についても適用される。第三節以降ではそれらを個別に分析する。

3. EN否定における痕跡と否定現象及び否定表現

本節では、第五章一節で述べる EN 否定の痕跡の振る舞いについて、他の否定語ないしは否定表現への拡張を試みる。

3.1 否定の移動（Transporte de la Negación）の概略

本節では、EN 否定の際に導入した「主題化された EN 前置詞句は否定極性を持つ痕跡を残」し、かつ「否定語は、必要ならば QR された結果、c 統御領域内にある要素を作用域として取る」という新たな考えが、否定の移動（Transporte de la Negación、以下 TN）現象へも応用可能なことを見る[21]。

TN については膨大な研究があり、萌芽的かつ普遍言語的なものとしては Fillmore(1963)、Cornulier(1973)、Horn(1975)、TN の動詞の性質の観点からは Halpern(1976)、Prince(1976)、スペイン語については Rivero(1970)、Bosque(1980)等が挙げられるが、根本の主張に大差はない[22]。TN とは、以下の①、②の条件が満たされた時に、従属節の否定語が主節に移動するという現象である。①主節の動詞が、他動詞 creer、desear、opinar、pensar、querer、recomendar 等のように、主節と従属節の主語が同じ（正確には、同一指示表示で結ばれうる）時、目的語の位置に補文標識 que によって導かれる名詞的文の出現を許さない動詞で、かつ②主節の主語が従属節の主語と同一指示表示で結ばれえない。

（1）a. *Quiero que yo coma una tostada.
　　 b. 　Quiero que él coma una tostada.
（2）a. *[ES EL CASO] [[POS [YO*i* QUERER] [POS [YO*i* COMER UNA TOSTADA]]]]
　　 b. 　[ES EL CASO] [[POS [YO*i* QUERER] [POS [EL*j* COMER UNA TOSTADA]]]]
（3）　Quiero comer una tostada.
（4）a. 　Repito que lo haces muy bien.

b. Repito que lo hago muy bien.

c. *Repito hacerlo muy bien.　　　　　　　　　Rivero（1977: 20–21）

　動詞 querer は①の条件を満たすので、(1a)は非文である。(2)は(1)の概念構造であり、主節の主語と従属節の主語が同一指示表示で結ばれてはならないことが観察される。従って(1a)は(3)のように表層に現れる必要がある。しかし、動詞 repetir は(4)が示すように、①の条件を満たしていないため、主節と従属節の主語が同じ場合でも(4b)のように補文標識 que を持たなければならず、(4c)のように一つの節とすることは許されない。そして、①の条件を満たす動詞は、②の環境において、TN を引き起こすことがある。

(5) a. Los jueces creen que el equipo ruso no ganará.

b. Los jueces no creen que el equipo ruso gane.　　Rivero（1977: 21）

(6) a. Repito que no lo haces muy bien.

b. No repito que lo haces muy bien.

(7) a. Lamento que no vengas.

b. No lamento que vengas.　　　　　　　Sánchez López（1999: 2611）

　(5a)は TN が起こる前の否定語が従属節に留まっている状態で、(5b)は TN の変形がかかった後の、否定語が従属節から主節に移動した言語表現である。そして、(5)の命題真理値は等価である[23]。それに対して、(6)や(7)の組み合わせはそれぞれ意味が異なるため、TN と呼ぶことは出来ない。Rivero は TN を説明するために、以下のような定式化を与えている。

(8)　Transporte de la Negación（TN）

　　　　　　X – $_O$[SN – V – $_{SN}$[NEG - O]$_{SN}$]$_O$ - Y

　　　IE:　　1　　2　　3　　4　　5　　6

　　　CE:　　1　　4+2　3　　∅　　5　　6　　　Rivero（1977: 23）

Rivero は、(8)を導入するのは本来従属節に否定語があるためと主張し、①点的な動詞と共起する副詞 hasta の振る舞い、② en absoluto の振る舞い、③ palabra de や gota de のような最小量を表す否定極性項目、④文の代名詞化（Pronominalización de Oración）を根拠にして説明している。まず、点的な動詞と共起する副詞 hasta の振る舞いから見る。

(9) a.　*El tren llegó hasta las siete de la tarde.
　　b.　El tren no llegó hasta las siete de la tarde.　　　　Rivero(1977: 25)

　(9)は、副詞 hasta は同一節内では否定環境を要求することを示したものである。これを踏まえたうえで、以下の文を参照。

(10) a.　Tu padre quiere que el tren no llegue hasta las siete de la tarde.
　　 b.　Tu padre no quiere que el tren llegue hasta las siete de la tarde.
　　 c.　*Tu padre quiere que el tren llegue hasta las siete de la tarde.
　　　　　　　　　　　　　　　　　　　　　　　　　　　Rivero(1977: 25)

　(10b)は(10a)のように同一節内に否定語が出現していないにもかかわらず、従属節内で副詞 hasta の出現を容認する。しかし、同じように同一節内に否定語が出現していない(10c)は、そもそも TN を起こしていないために副詞 hasta の出現を容認しない。従って、(10b)はもともと(10a)を基盤としているということが出来る。TN を許さない動詞句 tratar de は、同一節内に否定語がないと副詞 hasta は生起できない。

(11) a.　Tu padre trata de que el tren no llegue hasta las siete de la tarde.
　　 b.　*Tu padre no trata de que el tren llegue hasta las siete de la tarde.
　　　　　　　　　　　　　　　　　　　　　　　　　　　Rivero(1977: 26)

　次に②の en absoluto の振る舞いを見る。慣用句 en absoluto は、通常否定

環境でのみしか生起し得ないという点で、副詞 hasta と似る[24]。

(12) a.　Mi hermano cree que no como en absoluto.
　　 b.　Mi hermano no cree que coma en absoluto.
　　 c.　*Mi hermano cree que como en absoluto.
(13) a.　Me di cuenta de que el niño no cantaba en absoluto.
　　 b.　*No me di cuenta de que el niño cantara en absoluto.　　Rivero（1977: 27）

　TN を許す動詞 creer では、(12b)のように否定語が同一節内になくとも (12a)と同様に従属節内で en absoluto の生起を許すが、TN が適用されない動詞句 darse cuenta de は、(13)が示すように同一節内に否定語が出現していない状態で en absoluto の生起を許さない。同様に、③の最小量を表す否定極性項目について、以下の文を参照。

(14) a.　No probó gota de agua.
　　 b.　*Probó gota de agua.
(15) a.　No dijo palabra de lo ocurrido.
　　 b.　*Dijo palabra de lo ocurrido.　　Rivero（1977: 27）

　(14)の gota de 及び(15)の palabra de はともに否定の環境を要求する。以上を踏まえた上で、以下の文を参照。

(16) a.　Creo que no entiende palabra de inglés.
　　 b.　No creo que entienda palabra de inglés.
(17) a.　Creo que no probó gota de agua.
　　 b.　No creo que probara gota de agua.　　Rivero（1977: 27）
(18) a.　Quiero que no muevas un dedo por él.
　　 b.　No quiero que muevas un dedo por él.
(19) a.　Me parece que no tiene el menor interés en ello.

b. No me parece que tenga el menor interés en ello.　　Bosque(1980: 52)

　動詞 creer が主節にある(16b)及び(17b)は(16a)及び(17a)を基盤として TN が起こった文であり、同一節内に否定語がなくとも最小量を表す否定極性項目 palabra de 及び gota de の出現を許容する。(18)の mover un dedo 及び(19)の el menor interés も同様である。しかし、TN を許さない動詞 explicar は、同一接続節内に否定語と palabra de の出現を要求する。

(20) a.　Les expliqué que no hablara palabra de inglés.
　　 b.　*No les expliqué que hablara palabra de inglés.　　Rivero(1977: 27)

　(20b)は否定語と palabra de が同一節内にないため、容認不可となる。次に④の文の代名詞化について検討する。

(21) a.　Juan cree que María es guapa, pero no está seguro de ello.
　　 b.　Juan cree que María es guapa, pero no está seguro de que María sea guapa.
(22) a.　Juan cree que María no es guapa, pero no está seguro de ello.
　　 b.　Juan cree que María no es guapa, pero no está seguro de que María no sea guapa.
(23) a.　Juan no cree que María es guapa, pero no está seguro de ello.
　　 b.　Juan no cree que María es guapa, pero no está seguro de que María no sea guapa.
(24)　Juan no cree que María es guapa, pero no está seguro de que María sea guapa.　　　　　　　　　　　　　　　　　　　　　　　　Rivero(1977: 28)

　(21b)の que María sea guapa は、(21a)では文の代名詞化により ello として具現化されている。(22a)の ello は(22b)が示すように、que María no sea guapa を意味し、結果として(22)の命題真理値は同一である。注目すべきは

(23)であり、TN を適用した(23a)の ello は、(23b)が示すように、その従属節である que María es guapa を意味するのではなく、TN が適用される前の que María no sea guapa を意味する。従って、(23a)は(23b)と真理値が等価であり、(24)とは反対の真理値を持つことになる。

Ross(1969)は、更に省略文から TN の妥当性を説明している。

(25) a.　Creo que María no se va de vacaciones y te puedo decir por qué.
　　 b.　No creo que María se vaya de vacaciones y te puedo decir por qué.

(25a)は TN が適用される前であり、por qué 以下は命題 María no se va de vacaciones が省略されている。(25b)は TN が適用された後であるが、por qué 以下に省略された命題は否定極性を持つ María no se va de vacaciones であり、(25a)の省略箇所と等価である。

TN は循環的な適用が可能である。以下の文を参照。

(26) a.　Creo que Luis quiere que Fabián no hable en absoluto.
　　 b.　Creo que Luis no quiere que Fabián hable en absoluto.
　　 c.　No creo que Luis quiera que Fabián hable en absoluto.
Rivero(1977: 31)

(26)の真理値は等価である。Rivero は、TN は循環的に適用されるので、節間に TN を許容しない動詞が置かれてはならないと主張する。以下を参照。

(27) a.　Yo creo que Luis se enteró de que Juan no habla palabra de francés.
　　 b.　*Yo creo que Luis no se enteró de que Juan habla palabra de francés.
　　 c.　*Yo no creo que Luis se enterara de que Juan habla palabra de francés.
Rivero(1977: 34)

(27b)は動詞 enterarse が TN を許容しないため非文であり、(27c)は TN を許さない動詞 enterarse が主節と従属節の間に介入しているため、非文となる。

しかし、循環適用に関しても問題がある。以下の文の動詞は全て TN が適用可能であるが、循環適用することで非文となる。

(28) *No quiero que Juan crea que Pedro se vaya hasta el sábado.　　Horn(1971)

従って、TN には単に循環的な規則に従うだけでなく、動詞の性質も考慮に入れる必要がある。Bosque(1980)及び Sánchez López(1999)は Horn(1971: 120)からの引用として、TN が適用される動詞を信念、意図又は意志、認識的近似性に三分類しているが、その動詞の分類内に入るであろう動詞 odiar や detestar は TN を容認しないことを考えると、動詞の性質による包括化ないしは定式化は難しい。つまり、動詞の内在的意味特徴によって TN が適用されるかどうかは非常に重要であるが、その明確な線引きは一般化しにくい。動詞の性質による TN の先行研究では、Austin(1962)の発話行為からの分析、Bolinger(1950)、Horn(1975)、Halpern(1976)、Bosque(1980)などが挙げられるが、どれも決定的な論ではない。

以上が TN の骨子及び問題点であるが、本節では動詞の性質を基準にして TN の条件を調べることを目的とはせず、TN が適用された命題の概念構造を意味的痕跡で表示し、その意味的差異を明示化することを目的とする。

3.2　TN の本書の理論への応用

本節では、前述の痕跡に対する否定の作用域の考え方を導入した結果、TN が適用される前の概念構造と適用された後のそれとの相違点を比較し、結果として意味が異なることを見る。Rivero は TN が適用された文とそうでない文の意味は同じとしているが、厳密に言えば真理値は同一になりうると言うべきであり、意味は同じではない[25]。例えば、ある絵を描いた生徒が誇らしげに先生にその絵を見せている状況で、先生の生徒への反応が(29a)

は適格だが、TN が適用された(29b)は不適格となる。これは、(29b)が肯定文である creo que está mal を前提とした命題を否定しうるためである。

(29) a.　Creo que no está mal. Estoy de acuerdo contigo.
　　 b.　#No creo que esté mal. Estoy de acuerdo contigo.　　Bosque(1980: 61)

同様の例として、誰かに時間を訊かれた際に、たまたま時計を持ち合わせていなかった場合、(30a)は適格だが、(30b)は不適格であると Bosque は主張する。

(30) a.　Creo que no han dado (aún) las dos.
　　 b.　#No creo que hayan dado (ya) las dos.　　Bosque(1980: 61)

更に以下の例を参照。

(31) P.　¿Por qué se retrasa la boda?
　　 R.　Es que creo que no ha llegado la novia.
　　 R'. #Es que no creo que haya llegado la novia.　　Bosque(1980: 61)

(31P)の質問に対して、TN が適用された(31R')の返答は不適格となる。このように、返答という前提では、TN が適用されると否定の作用域が前提にまで及ぶことがあり、結果として文脈にそぐわないケースが見られることがある[26]。

Kleiman(1974)は、(32)の文は(33a)と等価であり、(33b)ではないという分析をしているが、TN は通常、主節の主語と従属節の主語が一致していないときに考慮されうるべきものであり、(32)はその制約を破っていること、(33)の分析は、主節と従属節の主語が同一と仮定した上でのものであることを考えると、本書のいう TN に当てはまらない[27]。

(32) Juan no cree saber matemáticas.
(33) a. Juan no cree que sepa matemáticas.
    b. Juan no cree que sabe matemáticas.

　Bolinger(1950)は TN が適用された文(即ち、否定語が主節に移動した文)の方が、可能性や確信性が下がると指摘し、また、著者がインフォーマントに意識調査した結果も同様であった[28]。以下の文を参照。

(34) ¿Ha venido Juan?
(35) a. Creo que no.
    b. No creo.　　　　　　　　　　　　　　　　　Bosque(1980: 51)

　(34)に対する返答は(35)の二つの可能性があるが、Bosque は(35a)は(35b)に比べて信念の度合いが高いとしている(Sánchez López(1999: 2613)の観察も同様である)。従って、主語を強調するために主格代名詞を明示化すると、(34)の返答に(35b)はふさわしくないと主張する。

(36) a. Yo creo que no.
    b. *Yo no creo. (gramatical en un sentido irrelevante aquí)
　　　　　　　　　　　　　　　　　　　　　　　Bosque(1980: 51)

　しかし、(36b)が適格である以上、Bosque の説明には説得力がない。むしろ、(35)で省略された文の法や、(19)及び(25b)の従属節の法を調べることで、この確実性の変化を読み取ることができる。

(37) a. Creo que Juan no ha venido.
    b. No creo que Juan haya venido.

　(37a)の従属節が直説法であるのに対し、(37b)の従属節は接続法である。

接続法は通例不確実さや仮現を示す指標であり、(37)の観察から、話者の不確実さの度合いや心的態度が推し量れよう。即ち、(37b)における No creo que は、(37a)の creo que no に比較して、和らげられた、話者の信念が弱い言語表現であると言える。更に、TN を適用すると言語の線状性の観点からは否定語が前置することになり、メタ言語否定的な解釈を聞き手に強いることになろう。

　TN の適用前と適用後の意味の差異については既に Cornulier(1973: 50)、Horn(1975: 287)、Bosque(1980: 62)や Sánchez López(1999: 2613)で指摘されているように、以下の文がある。

(38) a.　No quisiera ser alcalde.
　　 b.　Quisiera no ser alcalde.　　　　　　Sánchez López(1999: 2613)

　(38b)は「自分が既に市長である」という前提が強調され、市長という職から脱却したいと発話しているのに対し、(38a)は「自分が市長であること」を前提とはせず、市長という職などにはなりたくないと発話していると解釈できる。この説明はおおむね正しいように思われる。以下の文を参照。

(39) a.　No quisiera haber nacido en el siglo pasado.
　　 b.　#Quisiera no haber nacido en el siglo pasado.
(40) a.　No quisiera estar en su pellejo.
　　 b.　Quisiera no estar en su pellejo.

　(39a)は「前世紀に生まれた」という命題を前提としていないため適格であるが、(39b)は「前世紀に生まれた」という命題を前提としているため、非文ではないが、不適格である(なお、この例文が提示されたのが 1990 年代なので、前世紀とは 19 世紀を指す)。更に、(40a)はそんな立場に陥りたくないと他人事のように話しているが、(40b)は自分自身がその立場にいて、早く脱却したいと願っている表現である[29]。

以下ではTNを痕跡及び(必要ならば繰り上げられた結果の)c統御領域という概念を用いて説明する。第五章で示すように、否定環境において否定極性項目が出現した場合には概念構造で示す限りモダリティ否定の可能性があり、肯定極性項目が出現した場合には命題否定となりうる。

(41) a. I couldn't solve some of the problems.
　　 b. I couldn't solve any of the problems.
(42) a. [IT IS THE CASE] [SOME*i* [NEG [I COULD SOLVE trace*i* OF THE PROBLEMS]]]
　　 b. [IT IS NOT THE CASE] [SOME*i* [POS [I COULD SOLVE trace*i* OF THE PROBLEMS]]]

中右(1994)の階層意味論とQRを併用した結果、(41a)のcouldn'tは命題否定であり、someはcouldn'tの作用域に入らない解釈として、概念構造は(42a)のようになる(否定演算子NEGはSOMEを作用域として取らない)。一方、(41b)のcouldn'tはモダリティ否定であり、概念構造である(42b)の否定演算子NOTはSOMEを否定の作用域内に捕らえている。よって、SOMEは論理形式を通じてanyとして表層で具現化される[30]。

スペイン語において、主節が否定環境の場合の従属節の法の振る舞いも同様である。つまり、従属節が接続法になっている場合には主節の作用域外にあるためモダリティ否定の解釈が得られ、従属節が直説法の時は主節の否定語の作用域内にあるため命題否定の解釈が得られる。

(43) a. No me dijo que Pedro llegara.
　　 b. No me dijo que Pedro llegó.
(44) a. [NO FUE EL CASO] [EL DECIRME [PEDRO LLEGAR*i*] [POS [trace*i*]]]
　　 b. [FUE EL CASO][EL DECIRME [PEDRO LLEGAR*i*] [NEG [trace*i*]]]

(43)の概念構造は(44)である。(44a)では否定要素 NO が繰り上げられた命題 PEDRO LLEGAR を c 統御しているため、否定環境が命題全体にかかり接続法を取る。(44b)は命題 PEDRO LLEGAR が繰り上げられた結果、否定要素 NEG の c 統御領域にない。よって、従属節内は主節の否定環境の影響を受けず直説法になる。従って、前者はモダリティ否定の解釈、後者は命題否定の解釈を取ることになる[31]。

このように、繰り上げられるのはスペイン語では演算子だけだとは限らず、否定の作用域に入りうる要素は量化的・命題的な要素を持つ限り全て繰り上げられる可能性を持つ。スペイン語では不確実性や曖昧性といったモダリティ要素が、主に否定の作用域に入るか否かで文法的に明示化されるため、命題が QR されているかどうかの試験的なチェックが可能である。要約するならば、従属節の命題が接続法を取る場合には QR されても否定の作用域に入らないが、直説法を取る場合には、QR された結果、否定の作用域内に入る可能性があるということである。

更に、「移動した否定語は痕跡を残しうる」という本書の主張を導入すれば、TN による定式化を立てる必要がない。

(45) a.　Quiero que no salgas con Purita.
　　 b.　No quiero que salgas con Purita.　　　　　　Bosque (1980: 50)

(45b)は(45a)に TN を適用した後の表現である。本書の主張を取り入れるならば、(45)はそれぞれ以下のような概念構造を持つことになる。

(46) a.　[ES EL CASO][POS [YO QUERER [NO [TU SALIR CON PURITA]]]]
　　 b.　[ES EL CASO][POS [NOi [YO QUERER [trace$i$ [TU SALIR CON PURITA]]]]]

(46)では、否定語 no の痕跡は否定語と同一指示表示で結ばれるだけであ

り、それ以上の操作は必要がない。(45)の意味の違いは、(46)で見られるように、主節である YO QUERER が否定の作用域に入るか否かである。否定の作用域に入る(46b)では、あくまで否定しているのは動詞 querer であり、従属節以下の TU SALIR CON PURITA は独立した命題として機能する。従って、主節の動詞 querer が否定の影響を受けるだけで、従属節に対してはモダリティ否定の扱いを受ける。一方、主節が否定の作用域外にある(46a)では、否定語 no は従属節の命題否定として機能する。従って、主節の動詞 querer は否定の影響を受けず、従属節に対しては命題否定の扱いを受ける[32]。

極性を従属節に与える現象は、主節が否定語前置構文であっても起こりうる。

(47) a.　No creo que venga nadie.
　　　b.　Nunca creo que venga nadie.

(47a)の概念構造は(48a)である。(47b)の概念構造は、(48b)と(49)を経て(50)となる。

(48) a.　[ES EL CASO] [NO*i* [YO CREER [POL [φ trace*i* [VENIR ALGUIEN]]]]]
　　　b.　[ES EL CASO] [POL [YO CREER [NUNCA [POL [VENIR ALGUIEN]]]]]
(49)　　[ES EL CASO] [+Pnp: NUNCA*i* [YO CREER [+NEG trace*i* [POL [VENIR ALGUIEN]]]]]
(50)　　[ES EL CASO] [+Pnp: NUNCA*i* [YO CREER [φ trace*i* [POL [+NEG trace*i* [VENIR ALGUIEN]]]]]]

(47a)は(48a)が示すように、従属節から移動した否定語 no は否定極性を持つ痕跡を残し、従属節内に出現している肯定極性項目 ALGUIEN はその

作用域内に入るために、否定語 nadie として具現化する。(47b)の主節に出現している否定語 nunca は、(48b)が示すように概念構造内でも NUNCA として出現し、(49)のように主節の動詞に前置する。痕跡に残された否定素性は、(48a)と同じように従属節に留まり、(50)に見られるように肯定極性項目 ALGUIEN を否定の作用域内に収め、対応する否定極性項目 nadie として具現化する。従って、移動の順序は①否定語前置構文における否定語の移動、②TN における否定要素の移動、となる。

(47)の各文には(48a)と(50)の概念構造を見ても分かるように、否定要素は一つしか存在していない(否定語前置構文は否定要素が一つであることに注意)。従って命題は否定極性を持ち、(47a)は「誰か来るとは思わない」、(47b)は否定語前置構文のために否定が強調されていて、かつ否定語 nunca の意味特性である「決して」を考慮に入れると「誰か来るとは決して思わない」という解釈がそれぞれ可能である。

従属節が単独で否定極性を持っている場合も検討する。

(51) a.　No creo que no venga nadie.
　　 b.　Nunca creo que no venga nadie.

(51)と(47)はパラレルな関係にある。まずは(51a)の概念構造を示す。

(52)　[ES EL CASO] [NO [YO CREER [NO [VENIR ALGUIEN]]]]

(52)は TN を起こしていない。TN は、概念構造の従属節内に否定語があることが条件だが、否定語が二つ並ぶと非文になることは既に第一章(28c)で見た。

(53)　*Creo que no no venga nadie.

(53)の概念構造は、以下のようになる。

(54) *[ES EL CASO] [POL [YO CREER [NO [NO [VENIR ALGUIEN]]]]]

　（54）は否定語が二つ動詞に前置しているため、そのうち一つを移動ないしは削除しなければならない。否定要素を持つ痕跡が複数並んでも非文とはならないため、(53)の従属節にある否定語 no を一つだけ主節に移動させると(51a)のように具現化し、適格となる。その概念構造は以下の通りである。

(55)　[ES EL CASO] [NO*i* [YO CREER [NO [+NEG trace*i* [VENIR ALGUIEN]]]]]

　なお、Rivero(1977: 23)は以下の例を示して、TN に関してのみ新たに「否定語は二つ続いてはならない」という制約を立てている。

(56) a.　Los jueces no creen que el equipo ruso no gane.
　　 b.　*Los jueces no no creen que el equipo ruso no gane.　　Rivero(1977: 23)

　(56b)が非文である理由は、複数の否定語が動詞に前置しているためであり、Rivero の制約は冗長的である。従って、Rivero が主張する TN の「主節に否定語がある時は従属節における否定語が主節に移動することは不可能」という定式化は不要であり、TN のみならず、動詞に前置した否定語は原則として複数あってはならない、という制約だけで説明が事足りる。更に以下の文を参照。

(57) a.　No creo que nadie venga.
　　 b.　Nunca creo que nadie venga.

　(57a)は従属節が否定語前置構文になっている例、(57b)は主節と従属節が共に否定語前置構文になっている例である。(57a)の概念構造を表示する

ために(58)を参照。

(58) [ES EL CASO] [NO [YO CREER [POL [VENIR NADIE]]]]

　(58)の従属節は否定語が適格に動詞に前置していないので、否定語前置構文にする必要がある。従って、以下が(57a)の概念構造である。

(59) [ES EL CASO] [NO [YO CREER [POL [+Pnp: NADIE$_i$ [VENIR [+NEG trace$_i$]]]]]]

　(59)の主節の否定語 NO は、(53)と同様の理由により従属節内にとどまることが出来ない。(57b)も(57a)と同様に、第一章(28c)の制約を守るために TN を適用させなければならない((60)が示すとおり、TN を適用しないと非文となる)。

(60) a. *Creo que no nadie venga.
　　 b. *Creo que nadie no venga.

　次に、(57b)の概念構造を見る。

(61) [ES EL CASO] [POL [YO CREER [NUNCA [POL [VENIR NADIE]]]]]

　(61)は主節と従属節が共に否定語前置構文になっているため、それぞれ動詞の前に否定語を前置させないと表層に具現化できない。以下が(57b)の概念構造である。

(62) [ES EL CASO] [+Pnp: NUNCA$_i$ [POL [YO CREER [+NEG trace$_i$ [+Pnp: NADIE$_j$ [POL [VENIR [+NEG trace$_j$]]]]]]]]

(57a)の概念構造である(59)及び(57b)の概念構造である(62)を見ても明らかなように、否定要素は二つ存在している。従って、二重否定の解釈が残され、(57a)は「誰も来ないとは思わない」(即ち論理式では「誰か来ると思う」と意味的に等価)、(57b)は「誰も来ないとは決して思わない」(同様に論理式では「誰か来ると常々思う」と意味的に等価)と解釈される。更に以下の文を参照。

(63) a. ??No creo nunca que nadie venga.
　　 b. *No creo nunca que venga nadie
　　 c. ??No creo nunca que no venga nadie.

(63)はインフォーマントの判断が様々であったが、一様に戸惑いを見せたようである。これは否定語が一つの文に通常以上に多くあることから、極性の判断が容易に下せなかったためと思われる。以下、(63)の概念構造をそれぞれ図式する。なお、(63)は(59)や(62)と同じく、否定語前置構文と否定の移動の組み合わせである。(63)の主節は全て否定極性を持つため、同様に従属節内で複数の否定語が動詞に前置出来ない。

(64) a. ??[ES EL CASO] [NO [YO CREER [ALGUNA VEZ [+Pnp: NADIE*i* [POL [VENIR [+NEG trace*i*]]]]]]]
　　 b. *[ES EL CASO] [NO*i* [YO CREER [ALGUNA VEZ [POL [+NEG trace*i* [VENIR [ALGUIEN]]]]]]]
　　 c. ??[ES EL CASO] [NO [CREER [ALGUNA VEZ [NO [VENIR [ALGUIEN]]]]]]

(64a)は主節が [no + V + PN]、従属節が否定語前置構文の例、(64b)は主節が [no + V + PN]、従属節が主節に移動した否定語noと呼応する否定語が出現している例、(64c)は主節、従属節とも [no + V + PN] の例である。これらの容認度の低下ないしは非文法性は、畢竟、極性判断の曖昧さに帰結す

るものと思われる。

　さて、TNに関しても、否定語前置構文で導入した痕跡とその痕跡に残される否定語の特性の関係である程度の説明がついた。痕跡という否定語前置構文に共通する説明原理を用いたので、TNによる言語表現をここでは仮に「否定の移動構文」と呼ぶことにする。否定語前置構文と違い、TNに関しては構成性の原理を原則的に破っているわけではない。しかし、否定の移動構文を説明するのに否定語前置構文で使用した概念、即ち痕跡とその痕跡が否定極性を持ちうることから、否定語前置構文と共通のスキーマが摘出されよう。同様に、否定語前置構文が残す痕跡と否定の移動構文が残す痕跡は、前者は全ての動詞に適用可能なのに対し、後者はその性質によりTNを許さない動詞が存在するため、否定語前置構文の方がより汎用性が高い。従って否定語前置構文はプロトタイプとして機能し、否定の移動構文は否定語前置構文と比較すると、①痕跡という共通のスキーマを持つこと、②主節の動詞によって否定極性の移動が制限されること、の二点から、否定語前置構文と否定の移動構文は構文間でネットワークを持ち、否定の移動構文は否定語前置構文から比喩的拡張を経て形成されたものと考えられる。

4.　否定含意述語と理論的拡張

　本節では、否定含意述語が主節に現れて、その従属節内に否定語ないしは否定極性項目が出現した時の概念構造について考察する。否定語が出現するためには、同一節内で否定環境が生じなければならないことは既に見た。否定含意述語は否定極性誘因子として機能するため、その従属節内で否定語が出現しやすい。以下、否定含意述語が従属節に否定極性を持つ痕跡を残すと仮定した上で、その概念構造を示す。

　なお、本節における否定含意述語とは否定極性を潜在的に意味成分として持ちうる動詞的・形容詞的ないしは名詞的述語(predicados verbales, adjetivales o nominales)のことである。

4.1　否定含意述語の概略

　否定含意述語は強い否定極性誘因子のため弱い否定極性項目をその従属節内に出現させることが可能だが、述語ごとに差があり、統語的ないしは意味的な画一化は難しい。しかし、おおよそ以下のように大別できよう。

　A. 疑惑を表す述語(dudar, ser / estar dudoso, indeciso, reticente 等)
（1）　Dudo que haga el menor movimiento.

　B. 恐怖や恐れを表す述語(temer, tengo miedo de 等)
（2）　Tengo miedo de que le haya ocurrido nada.

　C. 反意、拒否または対立を表す述語(oponerse, ser opuesto, ser contrario a, estar en contra de, rechazar, declinar, ser reacio, ser / estar reticente, rehusar, negar, denegar, desestimar, resistirse 等)
（3）　Antonio estaba en contra de ir a ninguna parte.

　D. 剥奪、欠如を表す述語(carecer de, estar libre de, privar, falta de, ser incapaz de, ser independiente de, ser improbable, imposible, innecesario, inconcebible, ignorar 等)
（4）　Perdimos la esperanza de encontrar ninguna salida.

　E. 驚きまたは不快を示す感情的な叙実動詞(ser horrible, estúpido, ser sorprendente, ser una locura, una tragedia, molestar, indignar 等)
（5）　Me pareció extrañísimo que Juan moviera un dedo por él.

　F. 妨げまたは禁止を表す述語(impedir, prohibir, sancionar, dificultar, obstaculizar, poner un impedimento, ser un obstáculo para, vetar 等)
（6）　Prohibió que yo supiera nada sobre este asunto.

　これらの否定含意述語が持つ共通の特性は、Karttunen(1970)によると、

以下の定式が当てはまる点である。

(7) a.　V (S) ⊃ not S
　　b.　not V (S) ⊃ S

(7)のV(動詞)はS(文)の関数であることを示している。以下、(7)の妥当性を検証する。

(8) a.　Perdimos la esperanza de encontrar ninguna salida.
　　b.　No tenemos la esperanza de encontrar ninguna salida.
(9) a.　No perdimos la esperanza de encontrar alguna salida.
　　b.　Tengo la esperanza de encontrar alguna salida.

(8)及び(9)はそれぞれ等価ではなく、単に反駁ないしは反対の意味を含意しているに過ぎない。従って、(7a)のnot Sは¬Sではないことに注意しなければならない(もし¬Sならば(8)及び(9)のそれぞれの文は論理的に等価と言わねばならない)。この点はBosque(1980: 72)も主張しているように、動詞rechazarは反意語aceptarの否定ではなく、またその逆も然りである。即ち、両者は反意の関係(contrario)にあるものの、矛盾の関係(contradictorio)にあるわけではない。

4.2　否定含意述語と痕跡の応用

本節では、否定含意述語が後続する補語節に否定環境をもたらすことを概念構造を通して検証する。

(10) a.　Dudo que puedas comprenderme nunca.
　　 b.　Dudo que sea capaz de resolver el problema más simple.

(10)の主節内には否定語が出現していないにもかかわらず、従属節内に

動詞に後置する否定語 nunca が出現(10a)、ないしは否定極性項目である el problema más simple が出現(10b)している。以下、(10a)の概念構造を表す。

(11) [ES EL CASO] [POL [YO DUDAR [POL [TU PODER COMPRENDERME [ALGUNA VEZ]]]]]

　(11)のまま具現化することは、同一節内(この場合は従属節内)で否定語が動詞に前置していないので非文となる。従って、本書の今までの分析から、以下のような概念構造が成立しうる。

(12) [ES EL CASO] [POL [YO DUDAR trace*i* [POL [+NEG*i* [TU PODER COMPRENDERME [ALGUNA VEZ]]]]]]

　(12)における否定素性 NEG は、否定含意述語 dudar が内在的に持つ意味特性である。本章では、否定含意述語はその補語節内に否定要素を「分割する」という仮定を採用する。否定含意述語から分割された否定要素は従属節内で動詞に前置し、動詞に後置された肯定極性項目 ALGUNA VEZ を否定の作用域内に捕らえるため、(10a)のように表層で否定語 nunca として具現化される。従って、(10a)「私はあなたが私のことを理解できるかどうか疑う」の従属節内は(統語的には)肯定極性であるが、意味的には(10a)の従属節内が含意するのは「あなたは私のことを理解できないと思う」という否定極性を持つ命題である。この時、主節の dudar が持つ否定の含意は分割されて従属節に移動しているので、狭義の意味的には「疑う」から否定の意味を除いた「思う」と等価となる[33]。
　否定含意述語がその意味特性として内在的に否定極性を持つことに関して、以下の文を参照。

(13) a.　¿Tienes la duda de que yo pueda hacerlo?
　　　b.　En absoluto. Creo que lo haces bien.

(14) a. ¿Crees que yo puedo hacerlo?
　　b. #En absoluto. Creo que lo haces bien.

　(13a)の発話に対し、(13b)の返答は適格であるため、否定含意述語 tener la duda は否定の意味を内在的に持っていると判断できる。否定含意述語ではない creer では、(14)に見るように(13)と同様の返答は不適格となる。
　主節の否定要素に頼らずに従属節内が独立して否定環境となりうる場合がある。

(15) a.　Dudo que no puedas comprenderme nunca.
　　b.　Dudo que nunca puedas comprenderme.

　(15a)は従属節内が [no + V + PN] の語順、即ち否定語 no が動詞に前置している例、(15b)は従属節内が否定語前置構文となっている例である。以下、(15)の概念構造の図式化を試みる。

(16) a.　[ES EL CASO] [POL [YO DUDAR [NO [TU PODER COMPRENDERME [ALGUNA VEZ]]]]]
　　b.　[ES EL CASO] [POL [YO DUDAR [POL [+Pnp: NUNCA$_i$ [TU PODER COMPRENDERME [+NEG trace$_i$]]]]]]

　(16a)は同一節内で否定極性 NO が肯定極性項目 ALGUNA VEZ を否定の作用域内に収めている。従ってそれに対応する否定極性項目 nunca として (15a)のように具現化し、結果として従属節内は否定極性を持つ。また、(16b)は否定語前置構文であり、概念構造の段階で否定語 NUNCA が動詞に前置して出現している。両者とも否定含意述語 dudar が否定要素を従属節に分割するので、それぞれ以下のような概念構造になる。

(17) a.　[ES EL CASO] [POL [YO DUDAR trace$_j$ [NO [+NEG$_j$ [TU

PODER COMPRENDERME [ALGUNA VEZ]]]]]]
   b.   [ES EL CASO] [POL [YO DUDAR trace*j* [POL [+NEG*j* [+Pnp: NUNCA*i* [TU PODER COMPRENDERME [+NEG trace*i*]]]]]]]

　(17a)の従属節内は、否定含意述語 DUDAR の否定要素の分割と否定語 NO の存在により、二重否定になる。(17b) も同様に否定含意述語 DUDAR の否定要素の分割と否定語前置構文による否定要素によって二重否定になる。従って、(17) は「私は、あなたが私のことを理解していないということを疑う」という解釈が得られ、結果として「私は、あなたが私のことを理解していないとは思わない」という二重否定の解釈に帰結する。

　否定含意述語によって分割された否定要素と、否定語前置構文が与える否定要素はその性質上、明確に区別する必要がある。否定語前置構文の否定要素は強い否定極性誘因子として働く一方、否定含意述語によって分割された否定要素は、否定語前置構文のそれと比較して、若干弱い否定極性誘因子としてしか働かず、時として従属節内の否定語を拒絶することがある。

(18) a.   No creo que venga hoy ni mañana.
　　b.   *Dudo que venga hoy ni mañana.
(19) a.   Nunca creo que haya llegado todavía.
　　b. ??Dudo que haya llegado todavía.　　　　　Bosque (1980: 73 一部改)

　(18a) の主節は [no + V] の語順でかつ否定の移動構文であり、従属節内で否定極性項目 ni の出現を許容するが、否定含意述語 dudar が主節にある (18b) では従属節内で ni の出現を許さない。(19a) も同様であり、主節が否定語前置構文で、その従属節内で否定極性項目 todavía の出現を許容するが、否定含意述語 dudar が主節の (19b) では容認度が下がる[34]。従って、否定含意述語が従属節に分割する否定素性 (+NEG) と、否定語が移動した時に残す痕跡の否定要素、そして否定語 no が与える否定素性の三つは、提示した順に従ってより強くなっていくと考えられる。以下、(18) の概念構造を

示す[35]。

(20) a. [ES EL CASO] [NO*i* [YO CREER [POL [+NEG trace*i* [VENIR [HOY O MAÑANA]]]]]]
   b. *[ES EL CASO] [POL [YO DUDAR trace*i* [POL [+NEG*i* [VENIR [HOY O MAÑANA]]]]]]

即ち、(20a)の否定素性と(20b)の否定素性は、(20a)は否定語 no、(20b)は否定含意述語 dudar の意味的内在性から与えられたものであり、その供給元が違うために強さが異なるということである。

更に否定含意述語は、以下のような奇妙な振る舞いをすることがある。

(21) a. *Juan negó nada.
   b. Juan negó tener nada que ver con el escabroso asunto del robo.
   c. Juan negó su relación con ningún asunto escabroso acerca de un robo.
                                           Sánchez López(1999: 2607)
   d. Juan negó que hubiera visto nadie a María.

(21)の概念構造は、以下の通りである。

(22) a. *[FUE EL CASO] [POL [JUAN [NEGAR trace*i* [+NEG*i* [ALGO]]]]]
   b. [FUE EL CASO] [POL [JUAN [NEGAR trace*i* [+NEG*i* [JUAN TENER [ALGO [VER CON EL ESCABROSO ASUNTO DEL ROBO]]]]]]]
   c. [FUE EL CASO] [POL [JUAN [NEGAR trace*i* [+NEG*i* [SU RELACION [CON ALGUN ASUNTO ESCABROSO [ACERCA DE UN ROBO]]]]]]]
   d. [FUE EL CASO] [POS [JUAN NEGAR trace*i* [FUE EL CASO] [+NEG*i* [JUAN HABER VISTO ALGUIEN A MARIA]]]]

(21a) の否定含意述語 negar の補語は否定語 nada のみで、命題的ではない。それに対し、(21b) は関係詞 que に導かれる命題的な文、(21c) は関係節を伴う文ではないが、命題内容を表す言語表現が後続する。つまり、否定極性の作用域に入りやすい言語表現(即ちより強い否定極性項目)とは、命題的だということである。(21d) は定形節(oración flexiva)の従属節を伴うために従属節以下が命題的となり、否定要素が従属節内にとどまることによって、主節の否定含意述語 dudar が「節を超えて」否定極性を従属節に与える。そして否定の呼応の結果(22d)の肯定極性項目 ALGUIEN が(21d)では否定極性項目 nadie として具現化する。

(22a) の概念構造を見る限り、(21a) を非文にする理由は見当たらないが、推測できるのは「否定含意述語から分割された否定素性は、命題的な内容をその作用域内にとらえやすい」ということである[36]。つまり、[no + V + PN] における否定語 no や否定語が動詞に前置する時に残す痕跡に付随する否定要素(否定語前置構文における否定要素)と、否定含意述語から分割された否定要素を比較すると、後者の出現条件がより制約されているということである。

(23) a. No tengo nada.
　　 b. Nunca tengo nada.

(23) は命題的な内容が動詞の補語となっているわけではないが、適格である。以下、(23)の概念構造を示す。

(24) a. [ES EL CASO] [NO [YO TENER [ALGO]]]
　　 b. [ES EL CASO] [+Pnp: NUNCA$_i$ [YO TENER [+NEG trace$_i$ [ALGO]]]]

後続する補語が命題的な内容であれば否定極性の作用域に入りやすいという議論に関しては、以下の文を参照。

(25) a. La no llegada de ningún invitado que preocupó al señor conde...
　　b. ?La no llegada de ninguna persona...

　(25b)は本来ならば、適格に否定語 no が述語的名詞 llegada に前置し、否定の呼応として ninguna persona が出現しているのだから、どのインフォーマントにも容認されるはずである。しかし、若干の差こそあれ、違和感を覚えると主張するインフォーマントが複数存在した。一方、(25a)の述語的名詞 llegada に命題的な内容が後続する。従って、容認度は(25b)よりも高い。
　Bosque(1980: 74)は、否定含意述語には統語的な否定要素はないと主張し、Jackendoff(1976)が主張するように、動詞の語彙的内在要素に否定要素が組み込まれ、以下のような語彙概念構造を持っていると主張する[37]。以下の図式を参照。

(26)　[dudaR: +V, +[SN$_1$ – O], NO (CREER SN$_1$, O)]

　(26)の読み方は以下の通りである。即ち、dudar は音韻的に dudaR と表示され(つまり、dudaR と発音され)、動詞の特性を持ち、主語と目的語を取る二項動詞であり、かつ、「信じるという二項動詞」の否定を持っているという分析である。しかし、Jackendoff のこの分析方法は、言語事実を正しく反映していない(既に見たように、否定含意述語 dudar は no creer と等価ではない)。むしろ、[NO] という表示は、[+NEG] とした方が動詞 dudar が持つ否定の意味を内在的に含意する指標となると思われる。
　以上、否定含意述語に関する本章の分析とその概念構造の図式を試みた。動詞ではない否定含意述語のケース等も同様に分析されうるため、本書では省く。

5. 語否定と理論的拡張

　本節では、語否定を含む文の概念構造を表示する(語否定の定義について

は第一章を参照)。分析方法は前節の否定含意述語と同様である。

(1) a.　Es imposible que venga nadie.
　　 b.　Es imposible que nadie venga.

(1)の imposible は否定極性誘因子としても働く語否定であり、従属節内で否定語の出現を許容する。(1a)は主節の語否定が従属節と否定の呼応をしている例、(1b)は従属節が否定語前置構文になっている例である。以下、それぞれの概念構造を示す。

(2) a.　[ES EL CASO] [POL [SER IMPOSIBLE trace*i* [POL [+NEG*i* [VENIR [ALGUIEN]]]]]]
　　 b.　[ES EL CASO] [POL [SER [IMPOSIBLE [POL [+Pnp: NADIE*i* [VENIR [+NEG trace*i*]]]]]]]

(2a)は語否定 imposible に語彙的に内在する否定要素が分割され、従属節に移動したことを示す。従って「誰か来ることは不可能だ」のように従属節は肯定解釈を持つ(従って、全体としては否定解釈となる)。一方、(2b)は従属節内で否定語前置構文となっているために、従属節それ自体が否定極性を持つ。従って「誰も来ないことは不可能だ」のように従属節が否定解釈を受ける(従って、全体としては二重否定の肯定解釈である)。ここで注意すべきは、否定含意述語と同様に(2a)において以下の「誰も来ないことが可能だ」という解釈と等価ではないということである。

(3) a.　Es posible que no venga nadie.
　　 b.　Es posible que nadie venga.

(1a)と(3)の主節の論理式における極性は同じ(肯定)だが、可能という意味概念の否定に対する解釈が異なりうる。即ち、(3)は誰も来ないことが可

能であるため、仮に誰かが来たとしても(3)の命題と反したことを言っている事にはならない。しかし、(1a)は誰も来ることができないことから、誰かが来るという可能性は排除される。この比較は、以下の文からも明らかである。

（4）a.　Era posible que no viniera nadie, pero vino Juan.
　　 b.　Era imposible que viniera nadie, pero vino Juan.

(4b)は誰も来ることができないのにフアンが来てしまう事になり、反意の接続詞 pero によって命題をメタ言語的に否定する。一方、(4a)は誰も来なくてもいいのにフアンが来ると述べており、pero によって命題の内部にある可能性(posible)を否定する[38]。これは、no es posible と imposible の意味の相違にも起因しうる。

更に以下の文を参照。

（5）a.　No es imposible que venga nadie.
　　 b.　No es imposible que nadie venga.

以下、(5)の概念構造を示す。

（6）a.　[ES EL CASO] [NO [SER IMPOSIBLE trace$i$ [POL [+NEGi [VENIR [ALGUIEN]]]]]]
　　 b.　[ES EL CASO] [NO [SER IMPOSIBLE [POL [+Pnp: NADIEi [VENIR [+NEG trace$i$]]]]]]

(5a)の従属節は肯定極性を持ち、主節は語否定を否定する二重否定となっている。即ち、「誰か来ることは不可能ではない」という解釈になる。一方、(5b)の従属節は単独で否定語前置構文として否定極性を持つ。従って、「誰も来ないことは不可能ではない」という三重否定になる。なお、(5b)を

違和感があるとコメントしたインフォーマントがいたが、これは多重否定の有標性が強く、極性判断に時間がかかったためだと思われる。

しかし、Sánchez López(1999: 2588)は、(7)には解釈が二通りあると主張する。

（7） Es imposible que nadie lo sepa.
（8） a. Es imposible que alguien lo sepa.
　　　b. Es imposible que no lo sepa nadie.　　　Sánchez López(1999: 2588)

(7)の従属節は否定語前置構文であり、本書のこれまでの解釈からは(8b)しか許さないはずである(Bosque(1980: 44–45)は同様の例を挙げて、本章と同じく(8b)の解釈しか与えられないとしている)。Bosqueは(7)の聞き手が(8)の二通りの解釈を持ちうるのは、スペイン語の語順が原因であると主張する。即ち、(7)の否定語 nadie は、本来ならば動詞に後置されて否定の呼応として出現したものが、語用論的な理由により動詞に前置したという説明である。すると(7)が(8a)の解釈を持つのは、以下のような概念構造から生まれたと考えられる。

（9） ?[ES EL CASO] [POL [SER IMPOSIBLE*i* [POL [+NEG*i* [ALGUIEN [SABER]]]]]]

(9)の概念構造は、否定語前置構文の要件を満たしているのに否定極性が発生しないという点で疑問が残るため、Bosqueの理由付けは適切ではない。否定語が動詞に前置することは基本的に否定語前置構文の(従属節内はやや制約があるものの)必要条件であり、語順はスペイン語では極性決定条件に不可欠な要素である。むしろ、Laka(1990)が主張するように、否定環境にしか表れ得ない nadie が否定語として働いているか否定の呼応として働いているかの判断が、(7)だけでは捕らえきれないとする方が正確である。従って、(10)が示すように、frecuentemente のような副詞の存在により、nadie

が否定語として働いているか、否定の呼応として働いているかの区別が明確になされ、結果として曖昧性を解消することができる。

(10) a. Es imposible que nadie frecuentemente hubiera destruido documentos comprometedores.
 b. Es imposible que alguien frecuentemente hubiera destruido documentos comprometedores.
 c. *Es imposible que no hubiera nadie frecuentemente destruido documentos comprometedores.

(10c)が非文なのは、副詞 frecuentemente の立ち位置が原因であり、否定語の出現が原因というわけではない。

なお、寺崎(1998: 167)は、後置主語構文において、焦点が与えられる位置は主語が倒置された場所だとしている[39]。即ち、(11)の yo が情報構造においては新情報で、かつ焦点となっている。

(11) Aquí estoy yo.　　　　　　　　　　　　　　　寺崎(1998: 168)

後置主語構文で焦点化されているのが常に動詞の後かつ主語だとすると、Es imposible que venga nadie. という文においても nadie が主語かつ焦点化されてしまう。焦点化された否定語は否定極性項目として機能しづらく、否定極性を持ちうると判断されてしまうことがあるが、(5a)の nadie は否定極性を命題に与える否定語として機能していない。従って、寺崎の主張する後置主語構文では(特に否定環境では)常に後置された主語が焦点化されるわけではない。

Sánchez López(1999: 2565–2566)は、こうした語否定は語彙単位でしか否定極性を与えず、従って否定環境を作りえないとして以下の例を挙げている。

(12) a. *Este asunto es inmoral para nadie.
　　 b.　Este asunto no es moral para nadie.　　　　Sánchez López (1999: 2566)

更に、同じ語否定であっても種類により差が出る。

(13) a. ??Es inmoral que venga nadie.
　　 b.　Es inmoral que nadie viene.
　　 c.　?Es inmoral que nadie venga.

　語否定 imposible では容認可能だった語順が、(13a)の inmoral では不適格と判断される理由は、その語彙がもつ意味特性に求められうる。一方、(13b)のように従属節内で否定語前置構文が現れる例では、主節の極性に左右されることなく（否定語前置構文の性質により）従属節は否定環境を持つ。しかし、((13c)が示すように)同じような文でも不確かさや曖昧さを示す接続法が出現した場合、容認度はやや低下する。

(14)　Este asunto es imposible para nadie.

　(14)は(12a)よりは容認度が上がり、適格と判断された。更に(15)が示すように、否定語を伴う前置詞句 para nadie を主題化（ないしは動詞に前置）させても容認度に差は見られない。

(15) a. *Para nadie este asunto es inmoral.
　　 b.　Para nadie este asunto es imposible.

　従ってこの容認度の差は語否定である inmoral と imposible の語彙的特性によることは間違いないが、そればかりが原因ではない。例えば(16)が示すように主題化された前置詞句がコンマで区切られると容認度に差が出る。同じように主題化して否定極性を作る EN 否定((17))も、コンマで区切ら

れると否定極性を持たない。

(16) a. *Para nadie, este asunto es inmoral.
　　 b. ??Para nadie, este asunto es imposible.
(17)　En tu vida, has trabajado.

　(16b)は容認度が低下する。(17)はEN否定構文の条件を充足するように見えるが、EN前置詞句は命題であるhaber trabajadoと乖離（ないしは独立）してしまうため、EN否定構文とはならず否定極性を持たない。従って、コンマで区切るという言語表現は、命題を一時的に区切ることを意味する。以下、概念構造を図式する。

(18) a. *[ES EL CASO] [PARA NADIE] [ESTE ASUNTO ES INMORAL]
　　 b. ??[ES EL CASO] [PARA NADIE] [ESTE ASUNTO ES IMPOSIBLE]
(19)　[+Tem: EN TU VIDA] i [HA SIDO EL CASO] [TU TRABAJAR] [φtrace$i$]

　以上から、語否定にも否定含意述語と同様に否定環境を作る強弱が語彙ごとに設定されていると考えられる。以下、簡単に語否定 inmoral と imposible についての相違を概観する。語否定は接頭辞 des-、in-、a-、を伴いうる範疇であり、以下の四つに大別できる。

①反対 (oposición)：antiaborto、antideportivo 等。
②矛盾 (contradicción)：la no producción de aceite における no 等。
③対立 (contrariedad)：desleal、agramatical 等。
④欠如 (privación)：anovulación、asimetría 等。

　語否定 imposible は欠如 (Privación) の意味を持ち、inmoral は反意 (Contrariedad)の意味を持つと言える。即ち、imposible は可能性の欠如であり、inmoral は moral と対立ないしは反意の関係にある。更に imposible は no posible と同義であり、矛盾(Contradicción)の関係にあるが、inmoral は no moral と同義ではない。即ち、否定語 inmoral には、¬moral の意味に更に「下品な」「正直でない」といったコノテーションが加わり、inmoral と moral の関係はその間に中間領域(the Zone of Indifference)が存在することになる。この中間領域は語否定 imposible には見られない。

(20) a. Juan no es moral, pero no es inmoral.
  b. *Este asunto no es posible para todos, pero tampoco es imposible para todos.

(20a)は適格だが、(20b)は非文となる。従って、反意の関係を持つ語否定 inmoral は従属節内に否定極性を分割させる上で、矛盾の関係を持つ語否定 imposible よりも制約があると推測できる。

6. 前置詞 sin と理論的拡張

本節では内在的に否定要素を持つ前置詞 sin とその理論的拡張を試みる。前置詞 sin はもともと強い否定極性誘因子であり、ほとんどの否定語ないしは否定極性項目の出現を許す。

(1) a. Puede hacer el trabajo sin ayuda de nadie.
  b. Es mejor que te marches sin decir nada a nadie.
  c. Escuchó toda la conversación sin que palabra alguna le sorprendiese en ningún momento.
  d. Puedo hacerlo perfectamente sin nadie dándome la lata.
  e. No podemos ganar el partido sin nadie a nuestro favor.

Sánchez López(1999: 2617)

（1a）は前置詞 sin に名詞が後続し、否定語 nadie の出現を許容する。（1b）は不定詞、（1c）は定形節（oración flexiva）、（1d）は分詞、（1e）は小文（cláusula mínima）において、否定語ないしは否定極性項目の出現を許容する。しかし、前置詞 sin 自体は否定語としての力を持たない。

（ 2 ） *Sin gafas veo nadie.　　　　　　　　　　Sánchez López（1999: 2617）

　以上の事実から、前置詞 sin は否定語ではなく強い否定極性誘因子である。以下、概念構造の図式化を試みる。まず、（1a）の概念構造の出発点は、（3）である。

（ 3 ）　[ES EL CASO] [POL [PODER HACER EL TRABAJO]] [SIN [AYUDA [DE [ALGUIEN]]]]

　概念構造内では、（1a）の否定語 nadie は肯定極性項目 ALGUIEN として存在する。これは否定極性誘因子 SIN が持つ否定極性の影響で、否定語 nadie として具現化する。

（ 4 ）　[ES EL CASO] [POL [PODER HACER EL TRABAJO]] [SIN +NEG [AYUDA [DE [ALGUIEN]]]]

　（1a）の概念構造である（4）を見ると、前置詞 sin に後続する名詞句の扱いは、否定語に後続する名詞句のそれと同等であることが分かる。以下を参照。

（ 5 ） a.　No vino nadie.
　　　 b.　[ES EL CASO] [NO [VENIR [ALGUIEN]]]

　（5a）は [no + V + PN] の語順を持つ通常の否定の呼応が出現した否定文で

あるが、その概念構造は(5b)であり、前置詞 sin と同様に否定語 no の作用域内にある肯定極性項目 ALGUIEN は表層で否定語 nadie として具現化している。通常概念構造では POL の位置に生起した否定語に +NEG の素性を表記しないが、前置詞 sin も否定極性を与えうるという点では否定語と同等の機能を有する。従って、否定極性誘因子と否定語は、「否定環境を作りうる」という点で、共通のスキーマを持っていると考えられる。

次に、(1b)の概念構造を図式化する。

（6） [ES EL CASO] [POL [ES MEJOR]] [POL [TU MARCHARSE [SIN +NEG [DECIR [ALGO [A [ALGUIEN]]]]]]]

(6)も同様に、否定素性を意味特性として内在的に持つ前置詞 sin の影響により、肯定極性項目 ALGO 及び ALGUIEN は、否定語 nada 及び nadie として表層に具現化する。

(1c)は第二部で考察するが(第五章 3.2.2.3 節参照)、以下にその概念構造を表示する。

（7） [FUE EL CASO] [POL [ESCUCHAR TODA LA CONVERSACION [SIN +NEG] [HUBIERA SIDO EL CASO] [POL [ALGUNA PALABRA [LE SORPRENDER EN ALGUN MOMENTO]]]]]

(7)では否定極性を与える前置詞 SIN の否定要素が、その従属節に出現する肯定極性項目 ALGUNA PALABRA 及び ALGUN MOMENTO を適格に否定の作用域内に収めるために、以下のような操作が行われる。

（8） [FUE EL CASO] [POL [ESCUCHAR TODA LA CONVERSACION [SIN trace$_i$] [HUBIERA SIDO EL CASO] [POL [+NEG$_i$ [ALGUNA PALABRA [LE SORPRENDER EN ALGUN MOMENTO]]]]]

(8)は(7)の否定要素が従属節に移動したため、肯定極性項目 ALGUNA PALABRA 及び ALGUN MOMENTO を正しく否定の作用域内に収め、否定極性項目 palabra alguna 及び ningún momento として具現化される。この否定極性の移動は、否定語前置構文や否定の移動構文、語否定などと同様のプロセスを経て操作される。

(1d)は前置詞 sin の否定要素の影響を分詞が受けている例であり、その概念構造は(9)である。

(9) [ES EL CASO] [POL [PODER HACERLO]][SIN +NEG [ALGUIEN [DANDOME LA LATA]]]

(9)の前置詞 SIN は否定極性誘因子として、正しく肯定極性項目 ALGUIEN を作用域内にとらえるので、否定語 nadie として具現化する。

最後に、(1e)の小文の場合を見る。

(10) [ES EL CASO] [NO [PODER GANAR EL PARTIDO [SIN +NEG [ALGUIEN [A NUESTRO FAVOR]]]]]

(10)においても否定極性誘因子として働く前置詞 sin は、正しく肯定極性項目 ALGUIEN を作用域内に収めるため、否定語 nadie として具現化する。

Bruyne(1999: 690)、山田(1995: 168)や RAE(1973: 443)が指摘するように、前置詞 sin は時に fuera de や sin contar と等価であり、欠如、条件(〜がないと)、除外といった否定要素の意味の他に、no + sin の組み合わせになると、「〜がないということはなく」という和らげられた二重否定になるという点で他の肯定極性項目に対応する否定語とは異なる[40]。つまり、前置詞 sin は同じ前置詞 con の反意語として説明されるが(山田(1995: 168)他を参照)、肯定極性項目 con に対応する形で否定極性項目 sin があるのではなく、両者は異なる語彙項目である。前置詞 sin は否定の呼応として働くことは出来ず、独立して否定極性を命題に与えうるという点で、否定語 no の性質と

近い否定要素を持つ[41]。

(11)　Habló no sin reserva.（彼は遠慮して話した）= Habló con reserva.

山田（1995: 168）

(12) a.　No sin miedo.
　　 b.　No sin hablar.
　　 c.　No sin que ella lo supiera.　　　　Sánchez López（1999: 2619）

　(11)及び(12)に現れる no + sin の組み合わせは全て二重否定であり、和らげられた肯定極性を持つ。それぞれの概念構造を図式化すると、(12)のそれは以下のようになる。

(13) a.　[NO [SIN +NEG [MIEDO]]]
　　 b.　[NO [SIN +NEG [HABLAR]]]
　　 c.　[NO [SIN +NEG [POL [ELLA LO SABER]]]]

　(13)は全て否定語 NO と前置詞 SIN が持つ内在的否定要素 [+NEG] の存在により、二重否定となる。従って、前置詞 sin が残す痕跡の否定要素については否定語 no のそれと性質はほぼ同一である[42]。従って、no + sin の組み合わせは肯定環境を作り出すことになり、否定語の出現を許さない。以下の文を参照。

(14)　*Lo dijo no sin miedo ningún miedo.　　Sánchez López（1999: 2619）

　以上から、前置詞 sin は単独で否定環境を作りうるという点で、他の否定極性誘因子とは異なった振る舞いを見せる。更に、前置詞 sin は単独で否定語のように構成素否定として振る舞うこともある。

(15)　Hizo su tarea sin muchas ganas. (= con ganas, pero no muchas ≠ sin ninguna) Sánchez López(1999: 2618)

(15)の sin は muchas ganas の直前に現れて否定の作用域内に収めているが、その焦点は muchas である。従って、概念構造は以下のようになり、前置詞 SIN の否定要素 NEG は正しく MUCHAS を否定の作用域内に収めている。

(16) [FUE EL CASO] [POL [HACER SU TAREA [SIN +NEG [MUCHAS [GANAS]]]]]

更に、前置詞 sin は他の否定語と異なり、出現しただけで肯定極性項目の出現を制限するわけではない。

(17) a. No se marchó sin decirle algo / nada.
b. Nunca viene a casa sin traer algún / ningún regalo.
Sánchez López(1999: 2619)

(17)は、肯定極性項目が出現した場合(algo 及び algún)には条件的な文になるが、否定極性項目ないしは否定の呼応の結果による否定語が出現した場合(nada 及び ningún)には単なる提示ないしは伝達となる。この違いは(17a)の概念構造を図式化すると明らかになる。(18a)は nada、(18b)は algo が出現した場合の概念構造である。

(18) a. [FUE EL CASO][NO [EL MARCHARSE [SIN trace*i* [DECIRLE [+NEG*i* [ALGO]]]]]]
b. [FUE EL CASO][NO [EL MARCHARSE [SIN +NEG]]] [DECIRLE [ALGO]]

(18a)は単なる提示であり、肯定極性項目 ALGO と呼応して否定極性項

目 nada として具現化し、結果「何も言わずに立ち去ることはなかった」という解釈を持つ。一方(18b)は条件文であり、小文となっている DECIRLE ALGO 全てが前置詞 SIN の否定要素の作用域内に入っている。従って否定の呼応は起こらず「何かを言わずして立ち去ることはなかった」と解釈される。しかし、この二つはほぼ同義である。つまり、全称量化子の否定(∀¬)と否定の存在量化子(¬∃)は、(語用論的な差こそあれ)意味内容における真理値は同じである。また、肯定極性項目が出現した時に条件的な意味が発生しないこともある。

(19)　Siempre habla sin algún motivo aparente.　　Sánchez López(1999: 2618)

　(19)は前置詞 sin が適格に肯定極性項目 algún を否定の作用域内に収めているにもかかわらず、条件的な意味合いを持たずに sin nigún motivo aparente と同じ意味を持つ。これは、前述の全称量化子の否定と否定の存在量化子が同一の真理値を持っていることで、特定解釈の sin ningún motivo aparente と同義であり、前置詞 sin に後続する名詞句が段階的な解釈を許さないことが原因であろう。更に、(17)が(19)の algún motivo aparente のように肯定極性項目及び(1)の各文のように否定極性項目の両方の出現を許容するのは、主節の動詞が否定環境にあることが条件となる。

(20)　Se marchó no sin decirle algo / *nada.

　(20)の概念構造は以下の通りである。

(21)　[FUE EL CASO] [POL [EL MARCHARSE [NO [SIN +NEG [DECIRLE [ALGO]]]]]]

　(21)は否定語 no と否定極性を潜在的に持つ前置詞 sin の否定要素が重なって二重否定となり、結果として前置詞 sin に後続する環境は肯定環境とな

り、否定極性項目の出現を許さない。否定極性を作る前置詞 sin の強さは、否定極性慣用句を補語として取ることからも観察される(第三章参照)。

(22) a. Estoy sin un duro.
　　 b. *No estoy sin un duro.
　　 c. No es que esté sin un duro.

(22)は、本来ならば否定語を伴って出現することしか出来ない否定極性項目 un duro の出現を、前置詞 sin の否定要素によって容認する例である。一方、否定の操作を加えた(22b)では、命題が二重否定になり肯定環境となってしまうので非文となる。しかし、局所的に命題を否定環境に置くことが出来るメタ言語否定では、否定語 no などと同じく否定極性慣用句の出現を容認する(22c)。

以上から、前置詞 sin は基本的に否定極性誘因子と同等の機能を持ち、かつ制限はされているものの、否定語、特に否定語 no と似た振る舞いを見せることが観察される。

7. 副詞 incluso、ni siquiera と理論的拡張

本章で導入した考え方を、ni siquiera と incluso の関係にも応用したい[43]。Incluso と ni siquiera の萌芽的研究は、初期の変形文法の観点からは Baker(1970)、Rivero(1970)、意味的な側面からは Horn(1969)、Gordon & Lakoff(1971)、Fillmore(1971)、Fauconnier(1975)などが挙げられるが、未だ統語と意味のインターフェイスが構築されていないのが現状である。

(1)　Incluso Antonio votó a Adolfo.

(1)では「アントニオがアドルフォに投票した」という断定の他、「アントニオ以外の誰かが投票した」及び「アントニオがアドルフォに投票したの

は驚きである」という二つの含意を持つ。この含意を incluso のみの語彙特性に結びつけることはできず、語用論的な文脈も考慮に入れなければならない。Horn(1969)は incluso の含意を以下のように定式化している。

（2） Incluso (x = a, Fx)
　　　Presup: ($\exists$y) (y ≠ x and Fy)
　　　Afirm.: Fx.

しかし、Bosque(1980: 114)も正しく指摘しているように、これだけでは incluso と también 及び también によって生じる含意との区別がつかない。更に、Fauconnier(1975: 364)も指摘しているように、「アントニオがアドルフォに投票した」という断定に加え、アントニオはある任意のグループにおける「極限」または「最後の人物」の意味を持ち、量化子の最上級的な含意を含む(Horn の定式化では、この極限の概念を表すことはできない)。また、Rivero(1970)は TN の観点から説明を試みようとしているが、否定の呼応と TN を混同しているために、この説明原理は妥当ではない。本節では、肯定極性項目 incluso とそれに対応する否定語(ないしは否定極性項目として機能する否定語)ni siquiera との関係から分析する。まず、以下の文を参照。

（3） Incluso Antonio no vino a la fiesta.　　　　　　　　Bosque(1980: 115)

通常 incluso は肯定環境を好むため、否定語を伴った否定環境に生起することはできない。しかし、(3)に出現する Incluso は否定語 no の作用域外にあるために容認される。以下が(3)のおおまかな概念構造である。

（4） [FUE EL CASO] [INCLUSO] [NO [ANTONIO VENIR A LA FIESTA]]

それに対し、否定の作用域に incluso があると非文となる。

（5）*No vino a la fiesta incluso Antonio.

　(5)は肯定環境を好む incluso が否定の作用域に入っているため、それに対応する否定語(ないしは否定極性項目)ni siquiera として具現化されなければならない。

（6）　No vino a la fiesta ni siquiera Antonio.

　(6)の概念構造を分析すると、以下のようになる。

（7）　[FUE EL CASO] [NO [INCLUSO [ANTONIO VENIR A LA FIESTA]]]

　(7)の INCLUSO は否定の作用域内に入っているため(6)では ni siquiera として具現化される。なお、(8)は否定語 ni の後に incluso が来ているため、概念構造内で否定の作用域にある incluso が siquiera として具現化されていないために非文となる[44]。

（8）*Ni incluso Antonio vino a la fiesta.

　Incluso と ni siquiera の対応は、否定語前置構文にも見られる。

（9）　Ni siquiera Antonio vino a la fiesta.

　(9)の概念構造は以下の通りである。

（10）　[FUE EL CASO] [+Pnp: NI SIQUIERA*i* [POL [+NEG trace*i* [ANTONIO VENIR A LA FIESTA]]]]

(7)と(10)を比較すると、(6)と(9)の意味の違いが明示されていることが分かる。即ち、(6)は否定の呼応として ni siquiera が具現化されただけで、概念構造内では INCLUSO が出現しているために、否定の強さは(9)より弱い。一方、(9)は否定語前置構文であり、概念構造内で既に否定語 NI SIQUIERA が出現しているために(6)よりも否定の意味が強い。

　なお、siquiera は否定環境では、ni を伴わず単独で否定極性項目として出現することもできる。

(11) a.　Dudo que llame siquiera. (cfr. *Creo que llamará siquiera.)
　　 b.　Pocos /*Muchos se enteraron siquiera de qué trataba la reunión.
　　 c.　¿Vino siquiera a verte? (cfr. *Vino siquiera a verte.)
　　 d.　Esta es la última /*cuarta vez que te hablo siquiera de ello.
　　 e.　Me molesta /*agrada que hables siquiera con él.
　　 f.　Apenas pude siquiera hablar con él.
　　 g.　Si lo intentas siquiera estás perdido.　　　　Bosque (1980: 116–117)

　(11a)及び(11e)は否定含意述語、(11b)は副詞 pocos、(11c)は修辞疑問、(11d)は量化的最上級を表す表現、(11f)は副詞 apenas、(11g)は si 節が、それぞれ否定極性誘因子として働いている文である。これらはいずれも否定極性項目 siquiera の出現を許容する。ここでは例として(11a)の概念構造を分析する。

(12)　[ES EL CASO] [POL [YO [DUDAR trace$i$ [POL [+NEGi [LLAMAR [INCLUSO]]]]]]]

　(12)は否定極性誘因子として働く否定含意述語 DUDAR が否定要素と分割し、否定要素が従属節に移動する。結果として、肯定極性項目 INCLUSO は(11a)では対応する否定極性項目 siquiera として具現化する[45]。siquiera は ni siquiera と違って、否定語ではなく否定極性項目であり、

否定語は動詞に前置することで否定極性を命題に与えることができるが、siquiera にはそれが不可能である。

(13) *Siquiera Antonio vino a la fiesta.

　このことから、以下の仮説を立てることが出来る。即ち、語彙化された ni siquiera は否定語であり、nadie、nada などの否定語と同等の振る舞いを見せるが、否定極性項目にはならない(これは *Dudo que no llame ni siquiera. が非文であることからも裏付けられる主張である)。否定語であるがゆえに否定語前置構文においては正しく否定極性を命題に与える。更に、動詞に後置された(6)のような [no + V + PN] の文では、概念構造内ではそれに対応する肯定極性項目 INCLUSO として出現し、表層では否定環境の影響を受けて、否定語 ni siquiera として具現化する。一方、siquiera は否定極性項目ではあるが、否定語ではない((13)のように、動詞に前置しても否定語前置構文にはならない)。siquiera は否定極性項目ないしは否定の呼応の結果として生じることが出来るが、siquiera という語彙特性単独では内在的に否定要素を持たない。従って、両者は相互補完的な関係にあり、否定語及び否定極性項目として機能する nada、nadie とは違い、否定語(及び否定極性項目として働く否定語)として機能する場合には ni siquiera、否定極性項目ないしは否定の呼応として機能する場合には siquiera として出現すると思われる[46]。

8.　修辞疑問及び修辞感嘆文と理論的拡張

　本節では、修辞疑問及び修辞感嘆文の持つ意味的機能(反語、驚き、依頼・命令など)から生じる含意的な否定要素も潜在的に否定極性誘因子として働き、否定環境を命題に与えうることを見る(第二章 2.2 節、第五章 3.2.2.3 節参照)。修辞疑問及び修辞感嘆文とは、①話者が既に持っている情報を間接的に聞き手に伝え、②聞き手が間接的に伝えられた情報を認知しうる程度

の背景知識を持つ時に含意された情報が伝わる、という語用論的特性を持つ。従って、話者は聞き手に明確な回答を要求するのではなく、間接的な伝達という行為を行っていることになる[47]。

修辞疑問及び修辞感嘆文の否定極性誘因子としての機能は、純粋に語用論的側面から生じた極性であるが、それが統語的に否定極性項目の出現を許す現象も観察される[48]。

（1）a. ¿Cómo la voy a dejar?
　　　b. ¿Quién puede desear ir a la cárcel?
　　　c. ¿Cuándo me has ayudado?
（2）a. ¿Qué hombre no desea feliz?
　　　b. ¿Por qué no pintas el coche de blanco?
（3）a. ¿Por qué te voy a regalar yo a ti nada?
　　　b. ¿Quién sino Francisco puede ser el culpable?　　　山田(1995: 252)

(1)は肯定環境における修辞疑問であり、字義通りの解釈も可能である[49]。例えば(1a)において、彼女を単に疎ましく思っていて、どうやって離れようかと思っている場合には、彼女を捨て去る方法はないかと純粋に質問していることになる。しかし、デフォルトな解釈では、「どうやって彼女を捨てられようか(捨てられるはずがない)」という反語形式として理解され、「彼女を放っておけない」という否定の含意が生じる。(1b)も同様であり、一般的な刑務所についての知識がないか、あるいは刑務所よりもひどい環境に話者が置かれている場合には文字通りの返答が可能であるが、デフォルトでは、「刑務所に行きたくない」という否定の含意がなされる。(1c)は「君が私を助けたのはいつか(一度もない)」という否定の含意が生じる。

(2)は否定環境での修辞疑問であり、やはり字義通りの解釈が可能である。しかし、(1)と同様にデフォルトな解釈では(2a)は「幸せを望まない人間はどんな人だろうか(誰もが幸せを望まないはずはない)」という二重否定の解釈を持ち、結果として肯定極性を持つ。(3)は修辞疑問に否定語ないし

は否定極性項目が出現している例であり、後述する。

　本章のアプローチを用いて語用論的含意を持つ修辞疑問の否定要素を表すと、(1a)及び(2a)の概念構造はそれぞれ(4a)及び(4b)になる。

（4）a.　[+NEG] [ES EL CASO] [COMO] [POL [YO IR A DEJARLA]]
　　　b.　[+NEG] [ES EL CASO] [NO [QUE HOMBRE [DESEAR FELIZ]]]

　(4a)及び(4b)の先頭に出現している否定要素 NEG は、語用論的含意、即ち修辞疑問の卓立ないしは文脈によって与えられた要素である。含意によって出現した否定要素は、概念構造内では常に文頭に現れ、Yes-No 疑問文においては部分否定の解釈を許さない。しかし、(1)〜(3)で見るように、WH 疑問文として修辞疑問が出現した場合、基本的に否定の焦点はその部分疑問詞になる。(1b)、(1c)及び(2a)はその典型であり、それぞれ出現する疑問詞 Quién、Cuándo、Qué hombre は、それぞれ Nadie、Nunca、Todo hombre を含意する[50]。(1a)の Cómo や(2b)の Por qué は、それぞれ方法(ないしは様態)及び原因を訊いているのではなく、否定の含意を強調しているだけである。なお、(1b)、(1c)及び(2a)の疑問詞も単に否定の含意を強調しているだけだと考えることもできるが、対応する否定語が(1a)や(2b)に比べて明確であり、[no + todo = nadie] という量化的な要素を否定の焦点として取ると可能性もある。

　スペイン語の修辞疑問はしばしば不定形節(oración no flexiva)で用いられる。

（5）a.　¿Cómo saberlo? (= No hay modo de saberlo.)
　　　b.　¿A qué preocuparse? (= No hay motivo para preocuparse.)
　　　c.　¿Decírselo yo? (= Yo no se lo dire.)
（6）¿Por qué no pintarlo de blanco? (= Píntalo de blanco.)　　山田(1995: 252)

(5)は(1)と同様に、肯定環境にある不定形節(不定詞)が修辞疑問になっている例であり、それぞれ否定極性を含意として持つ。(6)は(2)のように否定環境にある不定形節が修辞疑問になっている例であり、二重否定の解釈、即ち肯定極性を含意として持つ。ここで注目すべきは、(5)及び(6)の不定形節における疑問文の場合、字義通りの疑問文として聞き手に返答を要求することはできないということである。

(7)　Lo sabe / sé en esta manera.

　(5a)に対して(7)の返答は適格ではない(むしろ、如何なる返答も適格ではない)。つまり、(5)及び(6)はその不定形性ゆえに修辞疑問としての解釈しか持ち得ないということである。不定形節(ないしは不定語)の修辞疑問におけるもう一つの共通点は、原則として明示しない限り、対象となる聞き手が既に語用論的文脈の中に組み込まれているということである。(5a)、(5b)及び(6)は対象となる聞き手が言及されていないため、話者も含めたその場の会話の参加者全てに影響を及ぼしうる。一方、(5c)は強調の意味として主格の人称代名詞 yo が出現している。基本的に修辞疑問の場合、対象は一人称ないしは二人称に限られることが多いが[51]、(5c)では対象(この場合は一人称)が明示されているため、聞き手は語用論的文脈に頼ることなく談話(発話)の曖昧性を回避しうる。

　次に、修辞疑問に否定極性項目(ないしは否定極性項目として機能する否定語)が出現している現象を検討する。修辞疑問は否定極性項目が出現しなくとも否定を含意する可能性があることは既に見たが、否定極性項目が出現している場合、基本的に否定を含意することが原則となる。

(8) a.　¿A quién puede interesarle que yo sea doctor de nada? [Ramón Tamames, 1976: Historia de Elio: 9]

　　 b.　…, hablan de que están inventando una vacuna, ¿pero quién ha vacunado nunca a las abejas? [Carmen Martín Gaite, 1992: Nubosidad

　　　　variable: 49]
　c. ¿Por qué iba a defender a nadie cuando no le defendían a él? [Pío Baroja, 1966: Cuentos: 72]　　　　　　　　　　　　出口 (1997: 185)
（9）a. ¿Has estado tú nunca en Nueva York?
　　b. ¿Le has dicho nada a tu padre de este asunto?
　　c. ¿Cómo puedes tú saber nada de este asunto?
　　d. ¿Cuándo he insultado yo a nadie?
　　e. ¿Quién ha dicho nada acerca de ese asunto?

　　　　　　　　　　　　　　　　　　　Sánchez López (1999: 2607)

　(8a)、(8b)及び(8c)には nada、nunca、nadie が動詞に後置するが、主動詞は否定されておらず、動詞の前に否定語はない。出口は、これらは反語形式により、quién ha vacunado = nadie ha vacunado、por qué iba a defender = no iba a defender の等式が背後に成立する（即ち含意される）からだと説明する[52]。出口の説明は妥当性があり、筆者も賛同するが、単なる事実の記述に終始している点で難がある。本節では(9)はそれぞれ以下のような概念構造を持つと提案する。

(10) a.　[+NEG] [HA SIDO EL CASO] [POL [TU ESTAR [ALGUNA VEZ [EN NUEVA YORK]]]]
　　b.　[+NEG] [HA SIDO EL CASO] [POL [DECIR [ALGO [A TU PADRE [DE ESTE ASUNTO]]]]]
　　c.　[+NEG] [ES EL CASO] [COMO] [POL [TU PODER SABER [ALGO [DE ESTE ASUNTO]]]]
　　d.　[+NEG] [HA SIDO EL CASO] [CUANDO] [POL [YO INSULTAR [A ALGUIEN]]]
　　e.　[+NEG] [HA SIDO EL CASO] [POL [EL DECIR [ALGO [ACERCA DE ESE ASUNTO]]]]

ここでは、否定語 nunca に対応する肯定極性項目を alguna vez と仮定する。すると、概念構造では(10a)に示すように肯定極性項目 ALGUNA VEZ が出現し、修辞疑問によって付与された否定要素 NEG の作用域内に入り、表層で否定の呼応の結果否定極性項目として働く否定語 nunca として具現化する。なお、(9a)、(9c)及び(9d)は強調の意味を表現するために一人称及び二人称の人称代名詞が出現しているが、これは(5)及び(6)で述べたように「会話の参加者」が明示されている例である。(10b)～(10e)の分析も同様である[53]。

寺崎(1998)は、修辞疑問に出現する否定語が否定極性項目として機能すると正しく位置づけている点で、出口や Sánchez López よりも洞察に富む。以下の文を参照。

(11) a. ¡Nosotros nos divertimos aquí más que nadie en el mundo! [Pemán, José María, 1970, Tres testigos.]
　　 b. ¿Crees que nadie lo sabe?　　　　　　　　　　　　寺崎(1998: 148)

寺崎によると、否定語は常に否定の意味を表すわけではないとし、否定文を構成するには真の否定語が存在することが必要なので、(11)に出現する否定語 nadie は否定極性項目とみなすべきであると主張する[54]。寺崎の主張の真意は、明示的な否定語が出現していないのだから(11)に出現する nadie は否定語ではなく否定極性項目であるということであろう。しかし、本書の立場では、(11)の nadie が否定極性項目として出現しているのは明示的な否定語が出現していないからではなく、修辞疑問が既に否定要素を含意して概念構造に出現し、否定の呼応の結果否定極性項目として機能しているからである。

修辞疑問によって概念構造に出現する否定要素は、否定語だけでなく純粋な否定極性項目も出現させることができる。

(12) a. ¿Quién de vosotros ha podido pegar ojo?

b. ¿Existe posobilidad alguna de encontrarlo?　　　　Bosque(1980: 95)
　　c. ¿Cuándo has movido un dedo por alguien? ¡Dime!

　　　　　　　　　　　　　　　　　　　Sánchez López(1999: 2608)

(13) a. ¿Has visto a Ramón en toda la tarde?
　　b.　He visto a Ramón en toda la tarde.

　(12)は否定極性項目(それぞれ(12a)は pegar ojo、(12b)は posibilidad alguna、(12c)は mover un dedo)が明示的な否定語がないにもかかわらず出現している。ここでは(12c)の概念構造を以下に示す。

(14)　[+NEG] [HA SIDO EL CASO] [CUANDO] [POL [TU MOVER UN DEDO [POR ALGUIEN]]]

　(14)では否定要素 NEG の出現により、否定極性項目 MOVER UN DEDO が出現することができる。(12c)を文字通りに解釈した場合、文法的ではあるが、文脈にそぐわない表現となる。

(15) #¿Cuándo has movido un dedo por alguien? – En 2007 he movido un dedo.

　ここで注意すべきは、(12c)には肯定極性項目 alguien が出現し、概念構造内でも(14)に見るように肯定極性項目 ALGUIEN が出現しているにもかかわらず、否定の呼応をしないということである。この理由は二通り考えられるが、一つは否定要素 NEG が既に焦点として CUANDO を捕らえているため、否定の作用域が ALGUIEN まで届かないという考え方である。しかし、もしそうだとするならば以下の文が容認されることを説明できない。

(16)　¿Has movido un dedo por alguien?

　もう一つの考え方は、否定の焦点は否定極性項目である mover un dedo を

焦点にしているため、やはり否定の作用域が alguien まで及ばないという分析である。しかし、それでも以下の文が容認されることを考えると説明不足である。

(17) ¿Has movido un dedo por nadie?

　従って、やや消極的ではあるが、本書では修辞疑問から出現した否定要素は、時として否定の呼応を起こさないことがある、という言及だけにとどめておきたい[55]。
　(13a) も同様に分析可能であるが、Bosque は広範な範囲を指し示す EN 前置詞句は否定語とみなしていることから、(13b) を非文としている。しかし、字義通りに解釈すれば、例えば Ramón に好意を寄せている人物が(13b)を発話すれば違和感がない。従って、広範な範囲を指し示す EN 前置詞句は、EN 否定の条件を守り得れば否定極性を命題に与えるが、完全に否定語と等価というわけではないことがここでも示唆される。
　以上、修辞疑問は否定の呼応を起こしうるほどの強さを持つ否定要素を概念構造に出現させ、否定極性項目として機能する否定語の出現を認可することを見た。この点について、Bosque(1980: 95) は常に否定語の出現を認可するわけではないとして、以下の例を挙げている。

(18) ¿Has visto a nadie?

　Bosque は(18)を非文としているが、若干の問題が残る。(18)が「どうせあなたは誰も見てはいないだろう」という含意を込めて発話されたとすると、概念構造は以下のようになり、否定語 nadie の出現を許すと同時に(18)が適格となるからである。

(19) 　[+NEG] [HA SIDO EL CASO] [POL [TU VER [A ALGUIEN]]]

従って、疑問文が何らかの文脈で修辞疑問の解釈を持ちうる限り、否定極性誘因子として機能し否定語ないしは否定極性項目の出現を許容すると言うことができる[56]。

更に修辞感嘆文について検討する。検討方法は修辞疑問と同様である。修辞感嘆文は修辞疑問と同じく反語的な意味を持ち、しばしば統語的にも等価とみなされることがある[57]。

(20) a. ¡Cualquiera entiende esto!

b. ¡Qué sé yo! / Yo qué sé. / ¿Quién sabe? (= no lo sé.)

山田(1995: 554–555)

c. ¡En dos horas vamos a llegar!

d. ¡Las historias de Antonio me voy a creer!

e. ¡Hasta las 8 voy a esperarte! Bosque(1980: 37 及び 107)

(20)はそれぞれ反語的な意味を持ち、否定が含意されている。しかし、この含意は感嘆文で強調される要素((20c)～(20e)では、それぞれ en dos horas、las historias de Antonio、hasta las 8)の左方移動が直接の原因ではなく、強調文が持つ皮肉の語用論的メカニズムによるものであろう。(20a)の概念構造は以下の通りである。

(21) [+NEG] [ES EL CASO] [POL [CUALQUIERA [ENTENDER [ESTO]]]]

(21)の先頭に出現している否定要素 NEG は、修辞感嘆文における語用論的に付加された要素である。修辞疑問と同様、修辞感嘆文における含意された否定要素も統語的な影響を持ち、否定極性項目の出現を認可する。

(22) a. ¡Qué excursión al campo ni que narices!

b. ¡Qué duda cabe de que tenemos razón!

c. ¡Qué sabrás tú de los problemas de nadie! 　Sánchez López(1999: 2608)

（22）は明示的に否定語が動詞に前置していないにもかかわらず、否定極性項目として機能する否定語が出現している。（22）の概念構造は、それぞれ以下の通りである。

(23) a. [+NEG] [POL [QUE EXCURSION [AL CAMPO [Y [QUE NARICES]]]]]
 b. [+NEG] [ES EL CASO] [POL [QUE DUDA [CABER [DE QUE TENEMOS AZON]]]]
 c. [+NEG] [SERA EL CASO] [POL [QUE TU SABER [DE LOS PROBLEMAS [DE ALGUIEN]]]]

（22a）はやや特殊であり、動詞を伴わずに命題的な内容、いわゆる小文が出現している修辞感嘆文である。（22a）の概念構造である（23a）では、修辞感嘆文の影響による否定要素 NEG が先頭に出現し、肯定極性項目 Y を否定の作用域内に収めている。従って、肯定極性項目 Y は否定環境の影響を受けて否定語 ni として具現化する。（23b）に出現している RAZON は裸の名詞句であり、否定語と異なり否定極性項目としての価値しか持ち得ない。しかし、修辞感嘆文によって出現した否定要素 NEG の影響により、一見肯定文に見える（22b）において、否定極性項目として機能する裸の名詞 razón として表層に具現化する。（23c）も同様に、否定語 nadie は概念構造内では肯定極性項目 ALGUIEN として出現しているが、修辞感嘆文によって出現した否定要素の影響を受けて、表層では否定語 nadie として具現化する。

9.　章結

　以上、第二章では否定語と否定極性項目の差異から、否定語の従属節での振る舞いや否定の移動、否定含意述語、語否定、前置詞 sin、副詞 siquiera、

修辞疑問及び感嘆文について検討した。否定極性を与えて否定環境を作りうる最も生産的かつ経済的な要素は、①如何なる位置にあっても否定極性を持ちうること、②統語的・意味的制約が最も緩いこと、から否定語 no であり、他の全ての否定要素を持つ語彙(または文脈)のプロトタイプである。

　否定語 no は否定の移動や従属節から主節への移動などによって痕跡を残しうるが、その痕跡は時に否定極性を持つ。No 以外の否定語の場合、基本的に動詞の後から動詞の前に移動した時に痕跡を残して否定語前置構文となる。否定語と否定極性項目のほぼ中間に位置する en modo alguno などの(半ば語彙化した)後置された alguno は、否定語前置構文の否定語として現れうるが、基本的に否定極性項目としての機能を持つ。EN 否定の広範な範囲を指し示す EN 前置詞句は、en modo alguno と似た振る舞いを見せるが、単に動詞へ前置する否定語前置構文ではなく、主題化という操作を設けないと否定語として機能しないこと、主題化された EN 前置詞句の否定極性を持つ痕跡は他の否定語とは違い、選択的前置詞または副詞句が入ることで消滅することなどから、プロトタイプからやや逸脱した否定要素とみなされる。更に、否定含意述語及び語否定においては、否定の分割という操作を考慮しなければ否定の呼応として働かないため、やはりプロトタイプから逸脱する表現になる。副詞 siquiera は、それ単体では否定極性項目としてしか機能せず、特殊な要件、即ち否定語 ni を伴って ni siquiera とした場合に否定語として機能する。しかし、ni siquiera は否定極性項目としては機能せず、否定語としての価値しかないため、否定語の時は ni siquiera、否定極性項目として機能する時は siquiera というように、機能ごとに相補分布的な出現を見せるため、やはりプロトタイプから逸脱した表現である。前置詞 sin は単体で否定極性を与えること、sin に導かれた項目内に否定語があった場合、独立して否定語として機能するため、no と近い性質を持ち、ややプロトタイプに近い。修辞疑問は語用論的文脈に非常に依存した用法であり、明示的に否定語が出現していないために痕跡を残すこともできず、また、他の如何なる項目にも局所的に作用を及ぼさず命題全体に否定環境を提供するだけなので、最もプロトタイプから逸脱している。即ち、スペイン語の否定は、①否

定語 no をプロトタイプとして持ち、②共通の特性として否定要素を持つという点で、語彙(ないしは要素)間でネットワークを形作っているということができる。以下に大まかなリスト及び視覚的なネットワークを提示する。

	英語	スペイン語	日本語
否定語	no, not, nobody, nothing, never 等	no, nadie, nada, nunca 等	助動詞「ない」
否定極性項目として働く否定語	φ	nadie, nada, nunca, ninguno 等	φ
否定極性項目	any, lift a finger 等	pegar ojo, mover un dedo 等	「誰も」「何も」「全然」等 [58]

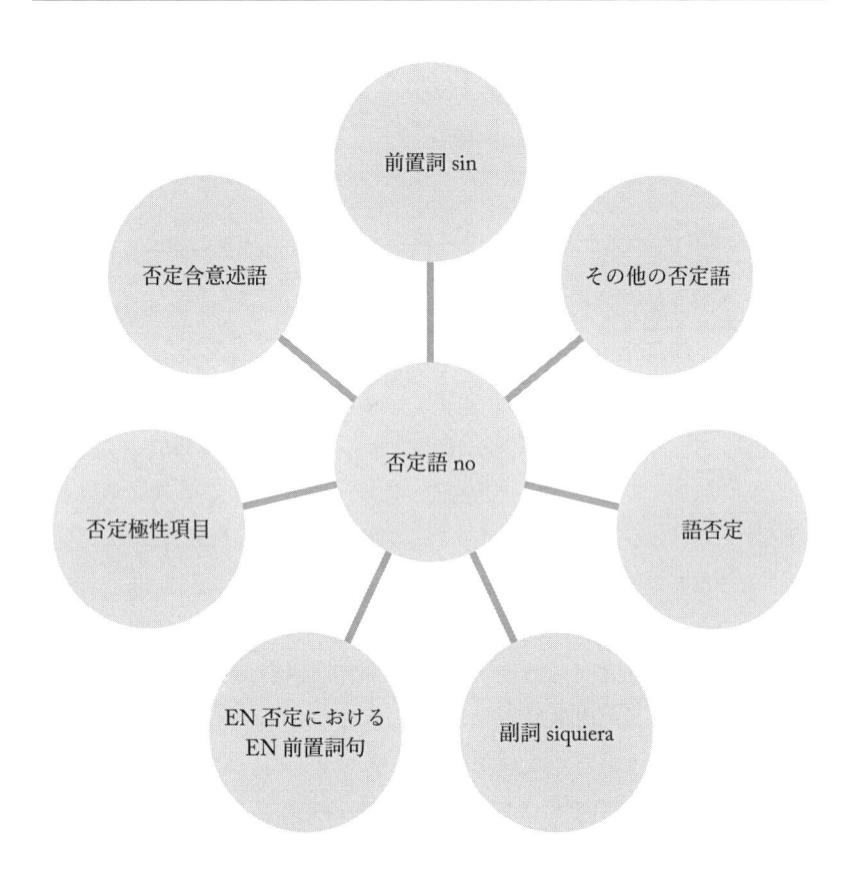

上記の図はあくまで便宜的なものであり、更なる否定要素間、ないしは構文間のネットワークが構築されていると思われる。

更に、否定に関する構文もネットワークを形成している。最も典型的な語順は [no + V + PN] だが、これをプロトタイプとして、より汎用性の高い否定語前置構文、それよりはやや逸脱した表現である EN 否定構文、否定の移動構文や修辞疑問構文などがネットワークを形作っている。

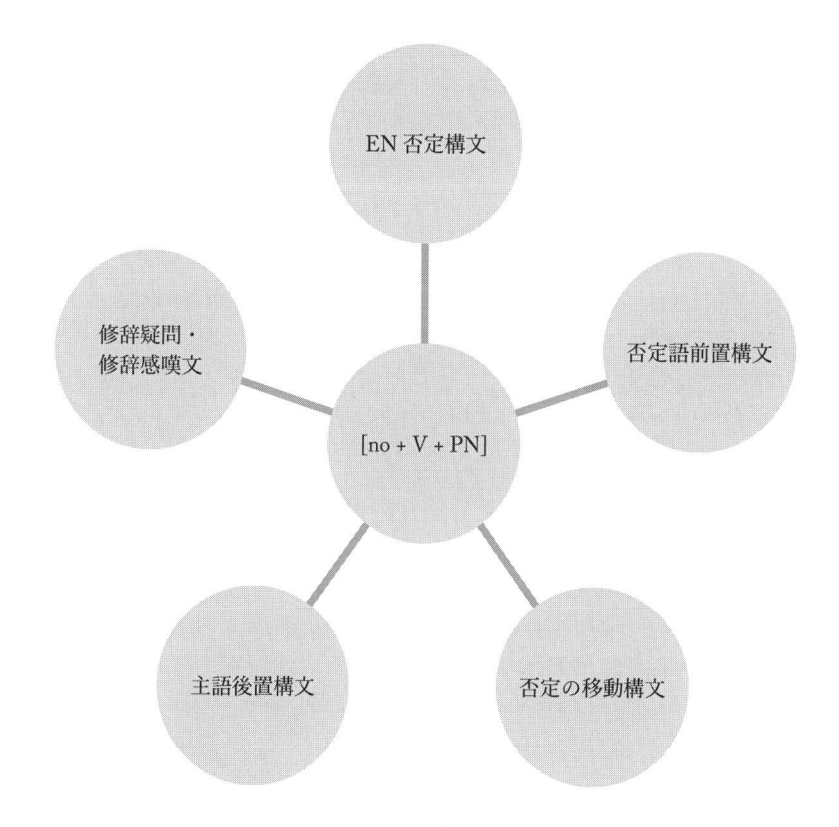

```
            EN 否定構文

修辞疑問・                  否定語前置構文
修辞感嘆文

            [no + V + PN]

    主語後置構文          否定の移動構文
```

要約すると、スペイン語の否定は no を中心として、相互にネットワークを持ちながら存在しているということである。この時、プロトタイプ理論とスキーマ理論を充足させているという点で、お互いの要素には拡張関係が見られ、放射状のネットワークとして機能していると思われる。

注

1. 本書における主題化とは、例えば以下のような文に見られる現象を指す。
    (ⅰ)　The baby, John likes.
    (ⅱ)　John likes the baby.
    デフォルトでは(ⅱ)の位置にある目的語 the baby が、(ⅰ)では左方移動されて強調の意を持つ。なお、主題化は常に文頭への移動とは限らない。以下の文は目的語 the baby が主題化されているが、文頭には来ていない。
    (ⅲ)　I think, the baby, John likes.
    なお、寺崎(1998: 166)は主題化を「通常は主語前置となる文型の構文で主語以外の文要素が文頭に移動して主題となる現象」と定義しているが、移動する場所が必ずしも文頭でなくとも主題化が成立する言語表現があるという点でやや正確さに欠ける。
2. 痕跡の議論については次節を参照。
3. (8b)の el experimento は強調の意を表す転置法(Hipérbaton)とは少々異なる。
    (ⅰ) a.　Pidió las llaves a la sobrina del aposento. [Cervantes]
    　　 b.　Pidió las llaves del aposento a la sobrina.　　　　坂東・堀田(2007: 90)
    (ⅰa)は名詞句である las llaves del aposento を破って a la sobrina を強調するが、後置された del aposento が新情報というわけではなく、寧ろ新情報は転置が行われる前の(ⅰb)における強調の意を持つ a la sobrina である。従って、必ずしも後置された要素が陳述的な情報というわけではない。
4. 情報構造は定性と関連することがある。
    (ⅰ)　No salió el sol.　　　　　　　　　　　　　　　　　Contreras(1976: 56)
    (ⅰ)は「現れたのは太陽ではない」という解釈と「現れなかったのは太陽だ」という二つの解釈が許される。このように、el sol のように定性を持つ事物に関しては、真理値及び語順が同一であっても情報構造が異なる場合がある。
5. Wagenaar(1930)は、中世スペイン語では否定語 no が動詞に前置する場合だけでなく、弱い否定環境しか作りえない否定極性誘因子 apenas や poco でも、否定語が否定の呼応として動詞に後置するケースがあると指摘している。
    (ⅰ) a.　Apenas quel pobre viejo falla njngud amigo. [Libro de Buen Amor]
    　　 b.　Poco vos cumple a vos saber de mi fidalguía nada. [Primera Crónica General]　　　　　　　　　　　　　　　　　　　　Wagenaar(1930: 35 及び 53)
6. Longobardi(1987)は論理式から否定語の動詞への前置によって生じる意味の違いを説明しようとしている。
    (ⅰ) a.　Nadie vino. $\forall x, x = persona, \neg x\ vino.$
    　　 b.　No vino nadie. $\neg \exists x, x = persona, x\ vino.$
    しかし、普遍量化子の関数の否定と存在量化子の否定の真理値は等価であり、

この違いが情報構造に影響を与えているとは考えにくい。更に、否定される要素は常に量化的な解釈を持つことを考えると、普遍量化子の関数の否定という解釈は退けられうる。更なる反論として、Laka(1990)、Suñer(1995)他を参照。

7　Kiparsky & Kiparsky(1970)は「前提は否定の影響を受けない」と主張するが、これは(13b)に対してのみ有効な論である。即ち、主題は前提的な性質を持つため、(13b)で主題の位置、即ち前提的な扱いを受けている動詞 vino は否定の作用域に入らないからである。しかし、もし前提が否定の作用域に入らないのであれば、(13a)は陳述である動詞 vino しか否定の作用域に入らないはずであるが、実際は他の要素(Juan)も否定の作用域に入ることがあり、曖昧性が生じる。これは、動詞の内在的特性自体は否定の作用域に入りづらいという性質と、陳述は動詞の作用域に入りやすいという性質が抵触したためであろう。このため(13a)の vino が否定の焦点になる解釈及び(13d)は有標的(時として容認不可)となる。

8　しかし、筆者が複数のインフォーマントに尋ねたところ、違和感があるものの、非文ではないという返答が多かった。これについては今後の課題となる。

9　主題化と左方移動に関しては Hatcher(1956)や Contreras(1976)らが様々な分析を行ってきたが、おおむね、(ⅰ)は主題化、(ⅱ)は左方移動と分析される。

　　（ⅰ）a.　Dinero no φ tengo.
　　　　　b.　John, Mary kissed φ.
　　（ⅱ）a.　El dinero*i* no lo*i* tengo.
　　　　　b.　John*i*, Mary kissed him*i*.

　一方、Zubizarreta(1999: 4215-4244)は、主題化と左方移動の区別を明確にせず、情報構造と音韻的側面からの分析にのみ焦点を絞っている点で、やや不足がある。

10　否定語前置構文には、本書のアプローチとは別に Kany(1945)の主張する、前置詞 hasta の化石化した用法とみなす研究もある。Kany は、もともと [PN + no + V] の語順が歴史的に [PN + V] の否定語前置構文に変わったとみなしている。Carrasco(1991)も以下の hasta の振る舞いから、Kany の仮説を支持している。

　　（ⅰ）a.　Yo te certifico, hasta oy vi tan sentido vizcayno como este. [G. Gómez de Toledo, *III Parte de la tragicomedia Celestina*, XVI, 190; tomado de Carrasco 1991: 460]
　　　　　b.　Hasta oy vi a persona hablar tan cerrado como tu. [G. Gómez de Toledo, *III Parte de la tragicomedia Celestina*, IX, 140; tomado Carrasco 1991: 460]

　（ⅰ）と関連して、否定語前置構文を作りうる時間を表す否定語に entodavía がある。

　　（ⅱ）　Entodavía ha venido.　　　　　　　　　　　　　　　Kany(1945: 318)

　（ⅱ）では entodavía が否定語として機能し、todavía no の意味を持つ。

11　寺崎(1998: 150)は、否定語前置構文よりも [no + V + PN] の語順の方が否定の意味が強調されるとして、以下の例を挙げている。
　　（ⅰ）a.　Nada admiro yo tanto como la belleza femenina.
　　　　　b.　No hay nadie aquí.　　　　　　　　　　　　　　　　寺崎(1998: 150)
　寺崎は（ⅰa）よりも（ⅰb）の方が否定の意味が強いと主張する。しかし、否定語が直接概念構造に出現している（ⅰa）の方が否定の意味は強く、また、諸々のスペイン語の否定研究でも、否定の意味は [no + V + PN] の語順より否定語前置構文の方が強いと結論付けられていることから、この分析は以下のように否定の呼応をした箇所が強調されて発話された場合におけるものであろう。大文字の箇所は卓立が置かれて発話された語である。
　　（ⅱ）　No hay NADIE aquí.
12　上限の規定に関する議論は Horn(1989)、加賀(1997)が詳しい。
13　詳しい議論は第一章を参照。
14　出口(1997: 163–172)は、直接目的語が主題化された時、主語が動詞の後に置かれやすいことをコーパスから摘出している。出口によると、間接目的語や直接目的語が主題化されるには、談話の文脈でいち早くそれを確認する理由があるなどの語用論的要素を考慮することが必要だとしている。筆者も概ねこの意見には賛成である。
15　萌芽的な議論に関しては、Jespersen(1917: 30)を参照。
16　より正確に述べるならば、(60a)の概念構造は（ⅰ）である。
　　（ⅰ）　[HABIA SIDO EL CASO] [Tem: EN MI VIDA] i [Pnp: NUNCA] j [POL [YO OIR ALGO TAN ABSURDO]] [+NEG trace$j$] [φtrace$i$]
17　出口(1997: 187)は、否定表現と不定語 algo の共起は時折見られるが、nada と明確な対立は示しているようには見えないと指摘している。更に、出口はインフォーマントのインタビューの中で「algo を用いた文では話し手は、実際に耳にしたあることを念頭に置いているのに対して、nada の文ではこれまでに聞いたこと全ての中でそんなに馬鹿げたことは一つもないことを表明している」と指摘されたと述べている。しかし、否定表現と algo との共起を許すのは、不定語に何らかの否定極性誘因子となりうる形容詞が後続していることが条件となり、かつインフォーマントによって容認度に若干の揺れが見られるため、単に否定語 nada と比較検討するだけでは不十分である。
18　状態変化は場所変化である、という隠喩については、以下の文を参照。
　　（ⅰ）a.　John went to Tokyo.
　　　　　b.　John went mad.
　（ⅰb）の状態変化は、（ⅰa）の場所変化から拡張されている。この時、どちらが先に表出されうるかという問題は、言語獲得の観点から物理的な移動から抽象的

な移動へ拡張されることが既に指摘されている(Tylar & Evans(2002)他参照)。
19　Rivero は、各否定語に対応する量化子について、例えば否定語 ninguno は以下の二つの可能性が示唆されると指摘する。
　　（ⅰ）　Ningún hombre vino.
　　（ⅱ）a.　TODOS los hombres no vinieron.
　　　　　b.　No vino algún hombre.
　　（ⅰ）の論理式は（ⅱa）の [∀(x) ¬P(x)]、または（ⅱb）の [¬∃(x) P(x)] 両方の可能性があるが、Rivero は歴史的観点及び以下の事実から、（ⅱa）の可能性、即ち否定語 ninguno は量化子 todo の否定という立場を取る。
　　（ⅲ）　Su honradez está fuera de toda / cualquier / ninguna duda.
　　（ⅳ）a.　Ningún profesor cree que María no estudie.
　　　　　b.　Todos los profesores creen que María no estudia.
　　　　　c.　Todos los profesores no creen que María estudie.　　　Bosque(1980: 47)
　　（ⅲ）は否定語 ninguna が量化子である toda や cualquiera と置換可能である。（ⅳ）はいずれも意味的に等価であり、（ⅳa）に出現する否定語 Ningún は（ⅳb）及び（ⅳc）に出現している量化子 Todos によって表現できる。本書では否定語に対応する量化子の議論は扱わないが、自然言語では量化子は否定の焦点になりやすいことから、ninguno は alguno の否定という可能性も同時に採用する。なお、スペイン語の量化子の否定に関する歴史的な観点からの研究は、Llorens(1929: 20)及び Wagenaar(1930: 51)他を参照。
20　Bosque(1980: 33)は(76b)の従属節内は否定の解釈しか持ち得ないと指摘しているが、その後で、(76b)は曖昧性が生じる(ibid: 45)と矛盾した説明をしている。筆者が 12 人のインフォーマントにインタビューした結果、(76b)は曖昧であると答えた割合がやや多い程度(12 人中 8 人)で、実際はその場の状況に応じた判断がされると思われる。なお、ここで注目すべきは、(76b)において「誰か知っているのではないかと疑う」という解釈のみしかないと明言したインフォーマントはいなかったことである。従って、(76a)と(76b)は明らかに極性要素に違いがあり、(76b)の従属節内では否定語が動詞に前置していることから、否定極性を単独で持ちやすいと同時に曖昧性も残るという解釈が妥当であろう。なお、この曖昧性はイタリア語では Rizzi(1982)、スペイン語では Picallo(1984)でも言及されている。
21　否定の移動(Transporte de la Negación)は、既に Jespersen(1917)、Llorens(1929)ら、生成文法の枠組みからは Fillmore(1963)、太田(1980: 499–550)らがその存在を指摘しているが、Sánchez López(1999)らが採用しているように、伝統的に先取りの否定ないしは先行の否定(Negación Anticipada)と呼ばれてきた。本書では意味的概念の議論を目的としており、統語的な意味での移動(Transporte)は扱わ

ないが、痕跡を論じる際に意味的な移動の概念を取り入れているため、上記の術語を用いる。なお、術語については文献によって様々であり、太田(1980)は「否定辞繰り上げ」、大塚(1982)は「否定要素搬送変形」や「否定要素繰上げ変形(Neg-Raising)」、山田(1995: 553)は「否定の上昇」という術語を用いている。

22 伝統的な生成文法では、TN は統語部門における生成過程か意味部門における解釈過程かの議論が繰り返されているが、本書では生成文法を土台にせず、あくまで概念構造を基盤とした説明を試みたい。

23 (5b)と(5c)の命題真理値は等価であるが、含意される意味は異なる。後述。

24 慣用句 en absoluto が否定の環境にしか生じ得ないのは、以下の文から証明できる。

   (ⅰ) a.　No me gusta tu casa en absoluto.
       b.　*Me gusta tu casa en absoluto.　　　　　　　　　Rivero(1977: 27)

しかし方言的な用法では、時に en absoluto は肯定環境にも生起しうる。更に田林(2003)が指摘するように、応答としての en absoluto は否定の意味しか持ち得ない。以下の文を参照。

   (ⅱ) a.　¿Hoy mataste el tiempo durante el trabajo? – En absoluto.
       b.　¿Hoy mataste el tiempo durante el trabajo? – Absolutamente.

田林(2003: 56)

(ⅱa)の応答は否定の解釈しか持ちえず、(ⅱb)の応答は肯定の解釈しか持ち得ない。本章では方言的な用法の存在を認めた上で、規範的とされる en absoluto の否定環境のみの生起を議論の柱としたい。

25 Cornulier(1973)の観察によると、以下のような返答が可能なことから、TN の適用前と後では意味が異なると主張するが、これは語用論的な差異であり、狭義の意味論的差異(即ち、真理値の差異)ではない。これは、Cornulier が生成文法の立場を否定し、語用論的な議論を土台としたことに起因する。

   (ⅰ) a.　¿Te gusta ir con él?
       b.　No, no me gusta ir con él. Es más, me gustaría no ir con él.

26 前提が否定の作用域に入るという本書の分析は、Kiparsky & Kiparsky(1970)が主張する「前提は否定の影響を受けない」とする主張の反例になりうる。

27 但し、(32)がモダリティ否定ないしは外部否定という主張には異論はない。なお、(33b)は、話者が「Juan は数学を知っている」と信じているが、当の Juan 本人はそう思っていない場合に発話されうる。

28 チェックには、スペイン語ネイティブインフォーマント10名(スペイン出身6名、メキシコ、ペルー、チリ、パラグアイ出身それぞれ1名)に(5)の文の真理値が等価であることを確認した上で、(35a)と(35b)のうちどちらがより信念が強いかを文脈を考慮に入れず選んでもらった。このうち、スペイン人1名が「どちら

も同じ」と答えた以外、全員が(35b)の方が不確実、ないしは比較的不確実であると回答した。このことから、TN の操作及び TN における判断基準は、出身地域に左右されない、スペイン語圏に共通の現象であるように思われる。

29　これらの TN の意味変化は、主節の主語が有生であるという共通点がある。
　　（ⅰ）a.　Este clavo no quiere entrar.
　　　　 b.　?Este clavo quiere no entrar.
　　（ⅱ）a.　Hoy no quiere llover.
　　　　 b.　*Hoy quiere no llover.
　　（ⅰ）及び（ⅱ）には有生の主語がないため、従属節を前提とする解釈は容認度が低下するか、非文となる。これは意味成分による容認度の低下であり、統語的な観点からは議論しづらい。応用的な議論は Jackendoff(1997) が詳しい。

30　否定極性項目 any の振る舞いについては、第三章 1.4 及び註を参照。

31　Kleiman(1974) は本書の主張と同じく、(43b) を動詞 decir で構成された主節の否定の作用域内に従属節があるとする内部否定的な解釈、(43a) を外部否定的な解釈として捕らえているが、明確な理由付けをしていない。

32　以下が非文なのは、極性の問題ではなく動詞 querer が持つ意志、強制力、願望などの内在的意味特性によるものであろう。
　　（ⅰ）*Quiero que no sales con Purita.
　　動詞 querer はその意味特性のため、従属節の主語が主節の主語と一致しないならば、従属節は基本的に接続法を取る。

33　否定含意述語 dudar が内在的に否定の意味特性を持つという証左として、以下も参照。
　　（ⅰ）a.　Dudo que llame siquiera.
　　　　 b.　*Creo que llame siquiera.
　　　　 c.　*Creo que llamará siquiera.　　　　　　　Bosque(1980: 116 一部改)
　　（ⅰ）が示すように、否定含意述語ではない creer は従属節内に接続法の出現も、否定極性項目 siquiera の出現も許さないが、否定含意述語 dudar は両者を容認する。

34　5 名のインフォーマント(スペイン人 2 名、ペルー人 3 名)に確認したところ、そのうち 3 人(スペイン人 1 名、ペルー人 2 名)が (18b) も (19b) も容認可能であると回答した。しかし、全インフォーマントが違和感を覚えたことを考えると、やはり否定語と否定極性項目には否定の強弱があり、諸々の先行研究が示唆するように「強い否定語には弱い否定極性項目、弱い否定語には強い否定極性項目がそれぞれ対応する」(van der Wouden(1997)、奥野・小川(2002)他参照)という図式は崩れていないと考えられる。

35　(20) の概念構造に肯定極性項目 Y の代わりに O が出てくるのは、ド・モルガン

の法則による。
36 命題的な要素は否定の作用域に入りやすく、また、否定極性項目としても機能しやすいことは続けて検討する。更に 2.1 節(26)、(28)及び第三章 1.4 を参照。
37 Jackendoff(1990)はこの分析方法を更に推し進め、生成文法の視野に立った概念意味論を確立した。本書では概念意味論の立場を基本的に認める。
38 あるインフォーマントによると、(4a)は「誰も来て欲しくないと思っているのにフアンが来てしまった」というニュアンスがある一方、(4b)は誰かが来て欲しいという願望が込められていて、「(嬉しいことに)フアンが来てくれた」という感じがすると回答した。もしこの感覚がある程度普遍的ならば、以下のようになると思われる。
   (ⅰ) a. #Era posible que no viniera nadie, pero afortunadamente vino Juan.
       b. Era imposible que viniera nadie, pero afortunadamente vino Juan.
39 後に現れる要素が新情報を担うという談話的定理は、英語の倒置構文にも見られる。
   (ⅰ) a. Up went the BALLOON.
       b. *Up went it.　　　　　　　　　　　　　　　　　岸本(2001: 142)
   (ⅰa)は BALLOON が新情報として後に現れているが、(ⅰb)が示すように代名詞 it は後に出現させることができない。これは、代名詞は本来的に意味の軽い旧情報であり、新情報として後に持ってくるに値しないことを意味する。
40 Gili Gaya(1961: 52–53)は、Habló no sin dificultad. または No sin dificultad habló. において、no sin dificultad が con dificultad と意味的に等価であるとしている。更に、no + sin が二重否定になることから、むしろ前置詞 sin は語否定と同じような機能を持つと説明する。
   (ⅰ) a. Una casa no deshabitada.
       b. Una fama no intachable.
       c. Un niño no anormal.　　　　　　　　Gili Gaya(1961: 53 一部改)
   前置詞 sin は時として語否定の接頭辞になることを考えると(e.g. sinfin、sinsabor、sinnúmero、sinrazón、sinsentido、sinsustancia、sinvergüenza、sinvivir)Gili Gaya の視点はかなり当を得たものであると思われる。
41 Bello(1980: 331)は前置詞 sin に否定語 no が前置すると肯定極性を持つことから、前置詞 con は sin の肯定極性項目と述べている。しかし、もし前置詞 sin が他の否定語と同様に対応する肯定極性項目 con を持つとするならば、否定の呼応をするはずであるが、sin や con では否定の呼応は起こらない。
   (ⅰ) a. No hablo sobre este asunto con él.
       b. No hablo sobre este asunto sin él.
       c. Hablo sobre este asunto sin él.

(ⅱ) a.　Hablo sobre este asunto no sin él.
　　　 b.　Hablo sobre este asunto con él.

　もし厳密に con が sin に対応する肯定極性項目であるならば、(ⅰa)は(ⅰb)として具現化されなければおかしい。更に、意味的に見ても(ⅰa)が必ずしも(ⅰc)と意味的に等価というわけではない。但し、本書では(ⅱ)が語用論的には異なるが意味的に等価であることから前置詞 sin の否定と con が全く異なった意味内容を持つと主張するわけではない。(ⅱa)と(ⅱb)の概念構造の違いから、語用論的差異が観察できる。

(ⅲ) a.　[ES EL CASO] [POL [YO HABLAR [SOBRE ESTE ASUNTO [NO [SIN +NEG [EL]]]]]]
　　　 b.　[ES EL CASO] [POL [YO HABLAR [SOBRE ESTE ASUNTO [CON [EL]]]]]

42　前置詞 sin が否定極性を持つもう一つの証左として、否定の接頭辞として機能する時も否定の意味を語に付与することが挙げられる。名詞 sinfin は、否定の意味を持つ接頭辞 sin + fin の結果、「終わりがない」＝「無限」の意味を持つ。山田(1995: 550)も参照。

43　Incluso には形容詞的な用法もあるが、本節では副詞的な機能のみに限定して分析する。

44　否定語 ni siquiera と siquiera の関係は、ここでは深く取り上げない。暫定的に、ni siquiera という組み合わせが否定語として語彙化し、機能すると仮定する。

45　(11a)では Dudo que llame siquiera. が何故 *Dudo que llame no siquiera. として具現化されないのかについては、今後の課題としたい。

46　副詞 siquiera は単に否定極性項目として振る舞うだけでなく、肯定文で al menos ないしは por lo menos としての意味を持つ。

(ⅰ) a.　Siquiera bebe agua.
　　　 b.　Quiero ir, siquiera sea por pocos días.

　肯定文に現れる siquiera と否定文に現れる siquiera では意味の相違があるが、これがどのような過程を経て生じた意味的差異なのかは興味ある問題である。

47　修辞疑問(Rhetorical Question, Oratorical Question)は、形式上は疑問文だが、意味上は平叙文にほぼ等しく、反語の要素がある。修辞疑問はスペイン語のみならず他の言語でも出現する普遍的な構文であり、文語でも口語でも用いられる(なお、ここで「構文」と呼ぶのは、修辞疑問が表出された語の意味的総和以上の意味を持つからである)。以下の文を参照。

(ⅰ) a.　Who knows? (= No one knows.)
　　　 b.　誰が知ってるっていうの？(＝誰も知らない)

　(ⅰ)が示すように英語や日本語も修辞疑問の出現を容認する。また、修辞疑問

では驚きや不満など強い感情が表れるので、英語では感情の should(emotional should)が出現しやすい。修辞疑問の詳しい議論は Jespersen(1933)、Quirk, et al (1995)他、否定との関連からは太田(1980: 634–640)他を参照。

48　修辞疑問及び修辞感嘆文は、文体論における反語とほぼ同義である。即ち、話し手、聞き手、発話の場、文化的コンテクストによって容易に極性に与える影響が変化する。特に重要視されるのが聞き手(ないしは観客)であり、話し手が反語の含意を込めて発話しても、聞き手が話し手の背景知識を理解しない限り、伝達は達成されない。修辞疑問の萌芽的研究は Jespersen(1917)、スペイン語に関しては Contreras(1974)、生成文法の視点からは Borkin(1971)他を参照。普遍言語における詳しい議論は Turner(1973)、Leech(1983)、小泉(2001)他を参照。また、語用論的伝達に関して関連性という興味深いアプローチからは、Sperber & Wilson(1986)、今井(2001)他を参照。

49　山田(1995: 554–555)は「見せかけの肯定」としてこれらの修辞疑問をとらえ、非現実的条件文と対比して分析しているが、この二点に共通するのは命題の否定的価値ないしは非現実ということだけであり、並列して扱うには慎重な姿勢が必要であろう。

50　(2a)において Todo hombre を含意するのは、否定の焦点が量化的要素を好むことの一つの証左となりうる。

51　¿Quién sabe? という半ば慣用句化した言い回しは定形節であるが、Yo no sé. と同義である。従って、修辞疑問は会話の参加者が対象になることが多い。

52　出口は同様に定形の疑問表現に ¿Quién sabe? = No sé. なる代替が使われたのと機を一にすると説明するが、やや冗長的である。修辞疑問と修辞感嘆文が同様の含意を経て命題に否定を与えうるのならば、わざわざ定形の疑問表現に対して異なった説明の枠組みを立てる必要はない。

53　なお、修辞疑問は「一度もしていないだろう」という含意を持つため、完了相を取ることが多い。

54　寺崎の術語では「否定極性語」であるが、否定極性項目と同等とみなして差し支えない。しかし、否定環境に好んで現れる言語表現を「否定極性項目」と定義するならば、寺崎の「否定極性語」という術語には問題がある。否定極性慣用句やその他の否定環境に好んで出現する表現は pegar ojo、mover un dedo などのように、語単位だけではないからである。

55　あるインフォーマントは、(16)よりも(17)の方が有標的であると回答した。このことから、否定の焦点となるのは先に出現した否定極性項目であり、それ以後の否定極性項目には作用域が及ばないという仮説が考えられるが、更なる検討が必要である。

56　基本的に修辞疑問ないしは感嘆文は個別言語にとらわれない普遍的な現象である

と述べたが、修辞疑問が否定文の形を取って出現した時や否定極性項目の出現については言語間に多少の差異があるように思われる。以下の文を参照。

(ⅰ) a. Who knows? (= Nobody knows.)
　　 b. Who doesn't know? (= Everyone knows.)
(ⅱ) a. Did he ever really exist! [Bolt, Flowering Cherry: 103]
　　 b. Isn't he pretty good at chess?　　　　　　　　太田(1980: 635–636)
　　 c. #Doesn't he ever really exist!
(ⅲ) a. 誰が知ってるの？(＝誰も知らない)
　　 b. 誰が知らないって？(＝誰もが知っている)
(ⅳ) a. びた一文やるものか！(＝一円もやらない)
　　 b. *びた一文やらないものか！

(ⅰ)及び(ⅲ)から、英語や日本語は否定文でも修辞疑問として機能することが分かる。(ⅱa)では、肯定文の修辞疑問(含意される命題は否定極性)内に否定極性項目 ever が生起されるが、否定文の修辞疑問(含意される命題は肯定極性)である(ⅱb)は、肯定極性項目 pretty の出現を許し、否定極性項目 ever が出現する(ⅱc)ではやや容認度が下がる。一方、日本語では(ⅳ)が示すように、否定文の修辞感嘆文では、否定極性項目「びた一文」は生起しにくい。

57　本書では、意味的に等価であるが統語形態は異なりうると分析する。Quirk, et al (1995)、第四章2.2節及び第五章3.2.2.3節参照。
58　日本語の「全然」という否定極性項目は、最近では「全然いい」のように「相手の予想に反して」という含意を持つ時に肯定環境でも使用される傾向にある。

第三章　その他の否定要素

　本章では否定極性を持たないが、否定と関連するその他の否定要素について検討する。第一節では、否定環境に好んで出現する否定極性項目について分析する。否定極性項目は、基本的に極限ないしは量化的な意味を持ち、更に否定極性慣用句も否定極性項目と同様の特性を持つことを見る。第二節では虚辞の否定と呼ばれる言語現象を扱う。虚辞の否定とは、否定語が明示的かつ統語的に出現しているにもかかわらず、意味的に否定的な解釈を持たない現象であるが、その出現要件についても考察する。第三節では暗黙的に否定の解釈を持つ比較構文について言及する。

1. 否定極性項目について

1.1 否定極性項目の若干の考察

　否定極性項目は、否定環境での出現を好む言語表現と定義され、日本語では「決して」、「全く」などのように否定語を「〜ない」を伴って現れる言語表現か、「やむを得ない」のように独立した否定文で現れる言語表現を指す[1]。スペイン語や英語にも否定極性項目が存在し、前者は todavía、mover un dedo、後者は any や lift a finger のような否定極性項目がある[2]。しかし、否定極性項目は否定環境のみならず、疑問文、比較構文、si 節などにも出現するため、厳密に否定環境のみに出現すると規定することはできない。また、否定極性誘因子が出現している環境で必ず否定極性項目が出現すると一般化することもできない[3]。だが、否定極性項目の強弱と否定極性誘因子の

強弱には相関関係があり、強い否定極性項目には弱い否定極性誘因子、弱い否定極性項目には強い否定極性誘因子が要求されるという法則は普遍的と思われる[4]。更に、否定極性項目は、否定語ないしは否定要素が(必要ならば QR した結果)c 統御されている環境に加え、肯定環境にも現れうることに注意する必要がある。つまり、「否定極性項目」という術語は、必ずしも否定環境だけに出現することを意味するのではなく、あくまでも否定環境を好む言語表現と定義付けられねばならない[5]。

否定極性項目と否定語は厳密に区別されなければならないが、重要な先行研究である Bosque(1980)は否定語と否定極性項目を混同しているように思われる[6]。

(1) a.　Margarita no ha llegado todavía.
　　 b.　No hay la más mínima relación entre lo que dices y lo que haces.
　　 c.　No me llevas nunca al cine.
　　 d.　Eso no nos lo concederán hasta dentro de unos prudentes cinco años.
　　 e.　Fulgencio no trabaja más que cuando le apetece.
(2) a.　*Margarita ha llegado todavía.
　　 b.　*Hay la más mínima relación entre lo que dices y lo que haces.
　　 c.　*Me llevas nunca al cine.
　　 d.　*Eso nos lo concederán hasta dentro de unos prudentes cinco años.
　　 e.　*Fulgencio trabaja más que cuando le apetece.　　Bosque(1980: 19–20)

(1)は適格だが、(2)は非文である。Bosque によると、(2)が適格でないのは、肯定環境にそれぞれ(2a)には todavía、(2b)には最上級、(2c)には nunca、(2d)には hasta、(2e)には más que という否定極性項目が出現しているからであると説明される。

(3) a.　No he visto cosa igual.
　　 b.　No he podido pegar (un) ojo.

c.　Juan no movería un dedo por ti.

　　d.　No he visto un alma en la calle.

（4）a. *He visto cosa igual.

　　b. *He podido pegar（un）ojo.

　　c. *Juan movería un dedo por ti.

　　d. *He visto un alma en la calle.（En el sentido no literal）

（5）a. ?Yo sí he visto cosa igual.

　　b. ?Federico sí que ha podido pegar（un）ojo.

　　c. ?Juan sí movería un dedo por ti.

　　d. ??Yo sí he visto un alma en la calle.　　　　　Bosque（1980: 20–21 一部改）

　（1）では否定語を省略することで（2）が示すように必ず非文になるが、（3）の環境で現れる表現は、基本的に（4）が示すように否定語を省略することで非文になる一方、（5）のように主に反復の場面では（有標的ではあるが）許容される。従って、否定極性項目とは、必ずしも否定環境のみに出現するのではなく、「否定環境に好んで現れる」と定義する必要がある。

　更に Bosque は否定極性項目を九つに分類している（Bosque（1980: 21-23））。しかし、それぞれの分類が重複している箇所もあり、また、記述的ではあってもそれぞれの語彙特性による分類はなされていない[7]。

　Sánchez López（1999: 2591）は否定極性項目を、①否定極性が否定の一致を引き起こすもの（nada, nadie, ninguno, nunca, jamás）ないしは否定よりも小さい作用域として解釈される不定量化子、②否定を強化する語彙的単位（最小化された表現ないしは尺度的解釈を含む要素、不定名詞句である alguno の後置等）、③述語の継続相と完了相に関係する語彙的単位（前置詞 hasta、副詞 todavía と ya）の三つに分類しているが、やはり否定語との混同が見られる。即ち、否定の呼応を引き起こす語は、動詞に前置または（必要ならば QR された結果）動詞を c 統御する時、必ず単独で否定極性を作る否定語として機能する。本書で重視するのは、否定の呼応によって出現した否定語と、それ単独では如何なる位置でも否定環境を作りえない否定極性項目を厳

密に区別することである。従って、①の前半は否定語として区分けする必要があり、否定語の中にも否定の呼応の結果、否定極性項目と同等の機能を有することがあると説明されなければならない。

　更に寺崎(1998: 148–149)にも否定語と否定極性項目の混同が見られる。寺崎は、否定語が常に否定の意味を表すわけではないと指摘し、筆者もその意見に賛同するが、否定極性項目に ni pizca、ni un pelo、en mi / la vida、en caso alguno、en absoluto をカテゴライズしているのは問題である。Ni pizca 及び ni un pelo は否定語 ni の影響であり、en mi / la vida は(動詞に前置されることでではなく)主題化されることで否定語を伴わずとも否定極性を作り出す(詳しくは第二部を参照)。更に、en caso alguno は [no + V + PN] の語順における否定の呼応としても、また、否定語前置構文と同様に動詞に前置することで否定語を伴わずとも否定極性項目を持つことがある。(6a)は [no + V + PN]、(6b)、(7)及び(8)は否定語前置構文である。

(6) a.　Tal actitud no se puede tolerar en modo alguno.
　　　b.　En modo alguno se puede tolerar tal actitud.　　　　　Bosque(1980: 34)
(7)　　En parte alguna se le puede encontrar.　　　　　　　　田林(2006b: 47)
(8)　　En modo alguno te permitiré hacer tal cosa.　Sánchez López(1999: 2598)

　従って、en caso alguno は否定極性項目というより、半ば語彙化された特殊な否定語句とみなされうる(詳しくは本章 1.5 節参照)。最後に挙げられた en absoluto は、応答以外ではあまり使用されず、(応答として)単独で出現した場合は否定極性を持つため、むしろ語彙化された否定語という位置づけの方が正しい。

(9) a.　¿Hoy mataste el tiempo durante el trabajo? – En absoluto.
　　　b.　¿Hoy mataste el tiempo durante el trabajo? –Absolutamente.
　　　　　　　　　　　　　　　　　　　　　　　　　　　　　田林(2003: 56)

(9a)は否定的な返答、(9b)は肯定的な返答である。従って、En absoluto は命題内で単独で否定極性を作りうるため、否定極性項目と一概に呼ぶことはできない。

また、山田(1995: 551)も en absoluto 及び EN 否定構文における EN 前置詞句を否定極性項目(山田は否定対極表現という術語を用いている)に分類している。続けて「否定対極表現の中のあるものは、動詞よりも前置されると no を省略できる」と記載されているが、これも厳密には(EN 前置詞句を指しているならば)、「動詞よりも前置されると」ではなく「主題化されると」が正しい。

否定語が否定の呼応の結果否定極性項目として働く例と、単に否定環境を好む否定極性項目は、以下のように区別されよう。

(10) a.　No vino nadie.
　　 b.　Nadie vino.
　　 c. *Nadie no vino.
(11) a.　No tolera la menor intromisión en su trabajo.
　　 b. *La menor intromisión tolera en su trabajo.
　　 c.(?)La menor intromisión no tolera en su trabajo.

(10a)は [no + V + PN] の語順であり、概念構造内では否定語 nadie は対応する肯定極性項目 ALGUIEN として出現している。即ち、否定語 nadie は (10a)では否定環境を好む否定極性項目として働き、基本的に否定語である nada、nadie、ninguno、nunca、jamás、tampoco、ni は否定の呼応の結果、否定極性項目としての機能を自動的に持つ傾向にある。

否定語は、動詞の前に置かれるとその文は否定語前置構文となり、否定極性を持つという特徴がある。(10b)は否定語前置構文として正しく機能しているため、nadie は否定語であるということができる。

否定語の最後の特徴として、第一章(28c)でも述べたように、唯一つの否定語のみが動詞に前置し、その他の否定語は動詞の後に来なければいけない

ことが挙げられる。(10c)は nadie と no が二つ動詞に前置しているために非文となる。結果、nadie 及び no は否定語であるということができる。

　否定極性項目については否定語が持つこれらの制約がなく、(否定の呼応の結果かそうでないかを問わず)否定環境に生起しやすいことが否定極性項目として働くことの条件となる。(11a)は否定環境の中に la menor intromisión という否定極性項目が出現し、適格な文となっているが、否定語とは違い、la menor intromisión が動詞に前置するだけでは否定語前置構文として否定環境を作ることができず、結果として(11b)のように非文となる(なお、La menor intromisión la tolera en su trabajo. のように、目的語のマーカー la を入れれば字義通りの解釈が可能ではある)。更に、否定語と違い、(11c)のように否定語と同時に動詞に前置したとしても完全に非文にはならない[8]。

　否定語と否定極性項目の違いは以上の通りである。要約するならば、否定語は否定の呼応として否定極性項目として振舞うことはあるが、それはあくまでも否定語が持つ一機能に過ぎない。一方、否定極性項目はそれ単独では否定環境を作りえず(siquiera については例外。第二章七節を参照)、(11a)のように否定語が現れるか、(12a)のように否定極性誘因子が出現して否定環境になる場合を除いて、否定極性項目が出現することはない。

(12) a.　A Juan le molesta el menor ruido.
　　 b.　A Juan le agrada el menor ruido.

　(12a)は動詞 molestar が否定極性誘因子として出現しているために、否定極性項目 el menor ruido が正しく出現する。一方、(12b)は動詞 agradar が出現しているものの、el menor ruido は否定極性項目として量化的に働くことはなく、単に「フアンは最も小さな音が気に入っている」という否定要素が全く入らない表現となる。否定語と否定極性項目の違いは、前者が義務的に否定環境を要求するのに対し、後者は(12b)が示すように、単なる叙述として機能することである[9]。

(13) *A Juan le agrada ningún ruido.

　(13)が非文の理由は、否定語 ningún が、それ以外の否定語ないしは否定要素が動詞の前に置かれることなく動詞に後置されていること(これは否定語の要件に違反している)、動詞 agradar が否定極性誘因子ではないため、否定極性項目が現れてはならないということである(これは否定環境を好むという否定極性項目の特性に反する)。否定極性項目が否定環境を伴わずに現れる例もあるが、その場合は量化的な解釈はなく単なる叙述であるか、ないしは非文になる。

(14) a. *Esta noche he podido pegar ojo.
　　 b. Esta noche no he podido pegar ojo.

Sánchez López(1999: 2564 一部改)

　以上、否定語と否定極性項目の違いを概観した。次節以降では、否定極性項目の特徴について、先行研究と絡めながら論じる。

1.2　段階的な極限を表す否定極性項目

　段階的な極限(extremo)が否定極性項目として機能することを分析した最初の体系的な研究は Fauconnier(1975)である。Fauconnier は、最小量ないしは最大量を表す言語表現は量化的意味を持つ否定極性項目としての機能を果たすとして、以下の例を挙げている。

(15) a. A Federico le sienta mal el traje más elegante.
　　 b. Me sorprendería que tuviera el menor interés en este asunto.
　　 c. No tiene (ni) un duro.

　(15a)は否定環境を表さないが量化的な表現であり、el traje más elegante は量化的表現 cualquier traje に置換可能である。また、(15b)は否定極性誘因

子 sorprender の働きにより、否定極性項目 el menor interés が出現可能であり、それ以上の興味はないという量化的な解釈を含意する。更に(15c)は否定語 no の存在により否定環境が与えられているため、否定極性項目として un duro が出現し、「一円もない」という量化的な解釈が可能となる。

　最上級が否定極性項目として機能するかどうかは、極限が表されているか、即ち、最上級が量化的か絶対的かで決定される。量化的な最上級の場合は否定極性項目として振舞うことができるが、絶対的な最上級の場合はその限りではない。従って、(12a)は el menor ruido が量化的か絶対的かによって解釈が異なるために曖昧となる。

(16) a.　A Juan le molesta el menor ruido, aunque curiosamente no otros ruidos más fuertes.
　　 b.　A Juan le molesta el menor ruido, y por consiguiente cualquier ruido que sea mayor.　　　　Sánchez López(1999: 2592 一部改)

　(16a)はやや有標的な解釈であるが、「フアンは最も小さな音が気になるが、奇妙なことにより大きな騒音は気にならない」という絶対的な解釈を持つ。一方、(16b)は無標の解釈であり、「フアンは小さな音さえ気にする、従って、より大きな音も気にする」という量化的もしくは段階的な解釈を持つ。

　(16b)が示す量化的な解釈は、論理的含意によって発生するものではなく、一般的知識に根ざした語用論的含意によるものである。即ち、ある音 x1 がフアンにとって気になるものである時、それより大きな音 x2、x3、x4 …xN もまた、フアンにとって気になるものであるという推論が可能である[10]。つまり、ある階層ないしは段階における極限の状態が真である場合、極限でない状態もまた（論理的ではなく語用論的に）真であるということができる。従って、(16b)の el menor ruido は量化的な意味を持ち、(17)のように量化的な表現である cualquier ruido と置換することが可能となる[11]。

(17) A Juan le molesta cualquier ruido. (= A Juan le molesta el menor ruido.)

以上が量化的最上級の概略である。以下、量化的最上級は否定環境では否定極性項目として機能することを見る。

(18) a. Onassis no podría pagar este lujo.
　　 a'. Ni siquiera Onassis podría pagar este lujo.
　　 b. Federico no confía en su propio padre.
　　 b'. Federico no confía ni siquiera en su propio padre.
　　 c. Cuando estudio no puedo oír el zumbido de una mosca.
　　 c'. Cuando estudio no puedo oír ni siquiera el zumbido de una mosca.
(19) a. Onassis podría pagar este lujo.
　　 a'. Incluso Onassis podría pagar este lujo.
　　 b. Federico confía en su propio padre.
　　 b' Federico incluso confía en su propio padre.
　　 c. Cuando estudio puedo oír el zumbido de una mosca.
　　 c'. Cuando estudio puedo oír incluso el zumbido de una mosca.

Bosque(1980: 119 一部追加及び改)

(18)の否定文はそれぞれ(19)の肯定文と対応している。(18a)は、文脈なしでは最上級的な意味特性を持つ語彙はない。しかし、(18a')のようにni siquieraを伴うと、Onassisはお金持ちであるという含意が成立する。この意味するところは統語的(ないしはmejor / peorなどの場合は形態的)な量化的最上級や語彙特性から生じる量化的最上級(後述)の他に、談話文脈からの量化的最上級も存在するということである。つまり、(18a)は「オナシスはお金持ちである」という背景知識が前提となっている場合に量化的最上級としてOnassisが機能するだけであり、単に(18a)を文脈なしで提示されても、Onassisが量化的最上級かどうかを見分ける術はない。その背景知識を明示的に表すには、ni siquieraを伴って出現させるか、Onassis es un famoso millonario. のような意味を持つ文(要は Onassis がお金持ちであるという文)を先行させて文脈を付加するか前提とする必要がある。一方、(18b)及び(18c)は、それぞれ(18b')及び(18c')の ni siquiera の意味的補助がなくとも、それぞれ propio padre 及び el zumbido de una mosca が量化的最上級として機能しているように見える。しかし、両者とも社会的・文化的な側面を含む語用論的な背景ないしは ni siquiera のような統語的・意味的補助が必要である。

　Fauconnier や Bosque は、(18)のそれぞれの文を語彙的意味での極限を表す量化的最上級としているが、(18a)における固有名詞 Onassis はその内在的意味特性に「極限」の意味を持たないため、語彙的な側面のみによってある段階的尺度における極限を表すという説明は妥当性がない。また、(18b)の propio padre、(18c)の el zumbido de una mosca も同様である。(18b)の propio padre は、ある文化圏において実の父を信じることが当然という状況でしか発話されず、従って(18b')の ni siquiera は propio padre が内在的に持つ意味特性を強調するのではなく、実の父を信じることが当然という文化的ないしは社会的背景を強調しているに過ぎない。そのため、仮に実の父を尊敬しない文化圏や社会的状況(実の父がどうしようもない人間である時など)があるとすると、(18b')は違和感を感じる言語表現となる。また、(18c)も蠅の音が小さいと一般に思われている環境でしか(18c)の ni siquiera の強調の意味の存在意義がない(強調されるのは、蠅の音が小さいのが当然という地域的な側面ないしは共通意識である)。蠅の音が非常にうるさい地域では、(18c')は奇妙な発話に聞こえるであろう。

　総括すると、(18a)は談話的、(18b)は社会的ないしは文化的、(18c)は社会的ないしは地域的な原因で、それぞれ極限を表す量化的最上級となり、否定極性項目として出現できると考えられる。つまり、量化的最上級と判断され否定極性項目となるには、統語的・形態的側面、語彙的側面及び語用論的側面の三つの条件のうち、一つ以上を満たす必要があるということになる。(18)は、語用論的側面を満たした量化的最上級の意味を持つ否定極性項目を含んでいるということができる。

　さて、(18)に対応する肯定文(19a)、(19b)及び(19c)を見ると、それぞれ

量化的な最上級の意味は持たず、単なる平叙文となる。しかし、(19a')、(19b')及び(19c')のように、肯定環境に現れる incluso を伴うと、量化的な最上級を持つ文に変化する。しかし、その理由はそれぞれの語用論的特性の強化ではなく、単に incluso の意味が量化的な最上級を表すからに過ぎない。従って、(19)には語用論的に量化的最上級の意味を持つ語彙は存在しない。

量化的最上級が否定極性項目として機能するのは、その極限性ではなく、量化的な性質を持つからである。即ち「ある極限以外の全て」が最上級の否定であり、量化的な性質を持たない絶対的最上級では「ある極限以外の全て」が量化的ではなく、一義的になる。

(20) a. No tolera la menor intromisión (siquiera) en su trabajo.
　　 b. No tolera la intromisión relacional (??siquiera) en su trabajo.
　　 c. No tolera la intromisión presidencial (?siquiera) en su trabajo.

(20a)は否定極性項目として量化的最上級が現れているため、否定の強調の意を表す siquiera が出現しても非文にはならない。一方、関係形容詞である relacional が出現した場合、量化的な解釈は得られないため、(20b)のように siquiera が出現するとやや有標的な表現となる。しかし、同じ関係形容詞である presidencial が出現すると、有標性は低くなる[12]。これは、形容詞の性質ではなく、形容詞 presidencial が持つ意味的な「極限性」にあると思われる。つまり、関係形容詞の機能自体に極限性を表す要素はないが、形容詞 presidencial には内在的に「学長のでさえ」という極限の意味が語用論的に存在する。もし「学長」という地位が(ある組織のトップではあるものの)なんら権力も影響力もない状況で(20c)が発話されたのならば、やはり語用論的に不適格な表現となろう。一般的に背景知識として「学長」がある力ないしは組織の極限を占めているという認識があるからこそ、(20c)は否定極性項目として機能し、強調の副詞 siquiera の出現を認可する。

量化的最上級、即ち、最上級が todo、cualquier などの量化的な表現と(場合によって)置換可能であり、かつ否定環境に出現し否定極性項目として機

能するのは、Fauconnier が指摘し、Horn (1984) が定式化した上限の規定 (upper-bounding) が存在するからである (詳しくは Horn (1984)、Tabayashi (2003) 他を参照)。従って、上限の規定が出現しないような意味特性を持つ語彙を含む言語表現内では、量化的最上級が現れても否定極性項目として解釈されないことがある。

(21) a.　Pepe es capaz de resolver el problema más complicado.
　　 b.　Pepe no es capaz de resolver el problema más complicado.
(22) a.　Pepe es capaz de resolver el problema más simple.
　　 b.　Pepe no es capaz de resolver el problema más simple.

　(21) の量化的最上級 el problema más complicado は、厳密にいうと否定極性項目とは呼べない。なぜなら、(21a) において「最も複雑な問題すら解ける」のならば、「それより簡単な問題も解ける」と語用論的に推論される一方、(21b) において「最も複雑な問題は／が解けない」ならば、「それより簡単な問題は／が解けない」かどうかは含意または暗示されていないからである。即ち、(21a) は Horn のいう下限の含意 (lower-implicature) を満たすものの、否定環境に出現した (21b) ではこうした含意は働かず、結果として単なる叙述文に終始している。それに対し、(22) の量化的最上級 el problema más simple は否定極性項目と呼びうる。なぜなら、(22a) において「最も簡単な問題は／が解ける」ことはあっても、それより複雑な問題に対しての含意または情報は存在しないため、量化的な解釈は得られない[13]。一方、(22b) は「最も簡単な問題すら解けない」のならば、上限の規定に従って「極限である el problema más simple も解決できないのならば、それ以上の<u>全ての</u>難しい問題も解けないだろう」という量化的な含意が成立するからである。

　更に量化的最上級が含意と直接関係がある例として、以下が挙げられる。

(23) a.　Einstein no podía resolver este problema.　Sánchez López (1999: 2593)

b. Ni siquiera Einstein podía resolver este problema.

　(23a)は話し手ないしは聞き手に「アインシュタインは二十世紀最大の天才である」という背景知識が存在しなければ、(23b)のように極限を表すことができず、量化的な意味を持つことができない。しかし、アインシュタインを知っていてオナシスを知らない人にとっては、(18a)のOnassisは、完全に個別の文脈ないしは個別の背景知識に委ねられるのに対し、(23a)は話し手と聞き手の間にある程度共通の理解、即ち「アインシュタインの天才という極限性」が一般的知識として存在しやすい。従って、(23a)の極限性は、(18a)が完全に個別の文脈に依存する状況なのに対し、(23a)は文化的・社会的な文脈も含みうる[14]。

　以上、量化的最上級は先行研究では統語的な観点から議論されることが多かったが、根本的には語用論的推論、特に下限の含意が関係していることを論じた。

1.3　慣用句としての否定極性項目

　前節では、[定冠詞 + más + 形容詞] という統語的側面から生じる量化的最上級の他に、社会的・文化的側面及び語用論的側面を持つ量化的最上級が否定極性項目として機能しやすいことを見た。本節では、主に語彙的な慣用句としての否定極性項目も、最終的には量化的かつある段階の中で極限を表すことを論じる。もしこの仮説が正しいのであれば、Sánchez López や Bosque が提唱するように否定極性項目を慣用句や個別な表現に分類する必要がなくなる。なお、先行研究で否定語と否定極性項目が混同されていることは既に見たので、本書における否定極性項目とは、否定語を除いたもの、即ち①（慣用句も含めた）量化的最上級、②述語の継続相と完了相に関連する語彙単位、つまり前置詞 hasta や副詞 todavía と ya、③限定辞が欠落した裸の名詞句及び alguno の後置、の三つを指す[15]。なお、ここでは「慣用句としての否定極性項目」の中に、否定語 ni を伴う表現を取り入れることは避けることにする。何故なら、否定語を伴った慣用句はそれ以外の語彙項目の性質に

ついては否定極性項目に直接の影響は及ぼさない可能性もあるからである。以下がその例である。

(24) a. *(No) tener arte ni parte / oficio ni beneficio / pies ni cabeza / …
    b. *(No) dejar a sol ni a sombra / verde ni seco / …　　Bosque(1980: 124)

　本節では、慣用句の簡単な概略を述べた後、否定極性項目としての慣用句（以下、否定極性慣用句(Modismos de Polaridad Negativa)と呼ぶ）について検討する。

1.3.1　慣用句についての若干の考察

　慣用句自体は構成性の原理を超えた「化石化した」言語表現であるが、1910年代から心理現象の全体性を強調するゲシュタルト心理学(Gestalt Psychology)が慣用表現の研究に大きな影響を与えた。ゲシュタルト心理学における慣用句とは、形には形の法則があり「全体は部分の総和以上のもの」という原理に基づいたもので、各要素が有機的に関わり合い、一つの単位を構成して機能を果たすまとまった全体像という規定ができる。これは、①全体的構造の方が部分的構成構造よりも知覚されやすい、②部分は全体を踏まえて概念化される、という二点に還元できる。この考えは当時心理学で主流だった要素主義に逆行するものである。しかし、仮現運動(Wertheimer(1923))の実験以来、言語現象を含む様々な認知現象がゲシュタルト知覚によって説明づけられるようになった。古典的意味論の世界の主流である部分の意味の総和が全体の意味であるという構成性の原理が要素主義であるとすれば、認知言語学的視点に立ったものがゲシュタルト心理学であるという事が言えよう。更にゲシュタルト心理学は、「心理学的体制は常に条件が許す限り最も良くなろうとする傾向がある」という、現在の体制がより安定した、より簡潔な状態になる傾向としてプレグナンツの原理(Prägnanzgesetz)という概念を提唱している[16]。

　ゲシュタルト知覚から言語現象を捉えてみると、構成性の原理が提唱する

ほど、全体が部分の総和ではない事が分かる。ここでは、英語の kick the bucket という慣用句を例として検証する。kick the bucket はその語彙集合単位として「くたばる」という俗語的な意味があるが、古典的意味論では「バケツを蹴飛ばす」という解釈しか成され得ない。しかし、kick the bucket は以下のような連想形式で「部分以上の意味」を想起させる(なお、kick the bucket は語源的には狩りで捕獲された鹿が棒で吊り下げられたことから来ている)。

バケツを蹴飛ばす→首吊り自殺をする時の動作→自殺の代名詞→くたばる

スペイン語にも同様に morir を意味する estirar la pata という慣用句が存在することから、連想による慣用句は個別言語を超えた普遍的なものである可能性がある。従って、語源的に見ても言語現象におけるゲシュタルト知覚は自由連想形式と無縁ではない。更に、語用論的な推論から各要素の全体以上の意味が類推される事もある。

(25)　I sent a letter to my boyfriend.

(25)の I はおそらく女性で、かつ boyfriend に少なからぬ好意を寄せているという推測ができるであろう(但し、事実がそうであるかはまた別問題である)。これはプロトタイプ的に「ボーイフレンドに手紙を送るのは女性で、そして手紙を送るという行為はその受け取り手に何らかの情報ないしは感情を伝達しうる」とする連想ならびに状況的なプロトタイプ効果が働くからである。

文や慣用句に限らず、語彙レベルでもこのゲシュタルト知覚及び連想は働いている。これは、全体の型から入ってその中で初めて語句の意味が位置付けられるような例が多い。

(26) a.　topless bar

b. a raw presentation of several varieties of fish　　　　　　河上(1996: 4)

　(26a)では topless と bar の意味が理解できても、単純に意味の総和だけで topless bar の意味は導き出され得ない。「トップレスの女性が働いている(特別な)酒場」という意味が摘出されるには、連想、社会的及び文化的な知識がなければならない。その全体像を見るという点で、(26a)はゲシュタルト知覚が必要な言語表現である。また、(26b)でも、raw という意味は presentation にかかるのではなくて、更に遠くの、統語的にある一つのまとまりを持った構成素から逸脱した別の構成素である fish にかかるので、構成素のみを取り出した a raw presentation では意味を成さない。これは全体を見て初めて全ての意味が分かるという点でも、ゲシュタルト知覚が必要な語彙項目の例であろう。これは②の「部分は全体を踏まえて概念化される」という顕著な顕れである[17]。

　慣用句の特徴は普遍的であり、スペイン語の語彙研究でも既に Coseriu (1964)などで指摘されている。慣用句の特徴は大まかに言って、構成性の原理への違反に加え、①変形規則の違反、②語彙化の程度差、③慣用句のみに生起しうる語の存在、などが挙げられる。①の例は慣用句 en resumidas cuentas(要するに)及び語句としての cuentas resumidas は容認する一方、*resumidas cuentas は非文となる。②の例は poner por las nubes(褒め称える)において、受動変形を容認するが(cf. Juan es puesto por las nubes.)、meter la pata(へまをする)においては、受動変形を容認しない(cf. *La pata es metida por Juan.)。これは慣用句がどこまで語彙化されているのかの程度差を表すもので、poner por las nubes よりも meter la pata の方が語彙化が進んでいると見るべきである。③の例は最も特徴的なもので、sin ton ni son(訳もなく)、a troche y moche(手当たり次第に)、que si patatín que si patatán(のらりくらりと)などの慣用句において、それぞれ語彙と考えられる ton、troche、patatín などは慣用句のみにしか出現し得ない。

　こうした問題を解決しようと Weinreich(1969)、Fraser(1970)や Newmeyer (1974)が、前者は慣用句を語彙と同等とみなし、後者は慣用句を変形の結

果と解釈する提案を示しているが、いずれも全ての問題を解決しているとは言えない。

以上のように慣用句の分析は、伝統的な生成文法でも、その対極に位置する生成意味論や認知言語学でも、その統語的、形態的及び意味的側面の不一致から、確立した理論を打ち立てることが困難な領域である。

1.3.2　否定極性項目としてのスペイン語の慣用句

スペイン語の否定極性慣用句は多岐に渡るが、1.3 節で論じたように、それぞれが何らかの形で量化的ないしは極限の意味を持つことを見る[18]。スペイン語の否定極性慣用句は、Bosque(1980: 124) や Sánchez López(1999: 2594)などで、かなりの程度リストアップされている。

(27)　*(No) ver {un alma / tres en un burro / más allá de las narices de uno / ...}.

　　*(No) ser {moco de pavo / santo de la devoción de alguien / trigo limpio / manco / cosa del otro jueves / ...}.

　　*(No) estar {el horno para bolos / el santo para fiestas / para monsergas / para gaitas / para tonterías / para muchos trotes / ...}.

　　*(No) andarse {con remilgos / tonterías / chiquitas / pequeñeces / ...}.

　　*(No) caber {en sí de algo / -le a uno el corazón en el pecho / -le algo en la cabeza / duda / explicación / ...}.

　　*(No) tener {algo nombre / -las todas consigo / pelos en la lengua / un pelo de tonto / dos dedos de frente / sangre en las venas / dónde caerse muerto / ...}.

　　*(No) saber {de la misa la mitad / dónde tiene la mano / derecha / ...}.

　　*(No) costar un {duro / céntimo / real / ...}.

　　*(No) valer {un pimiento / un real / un higo / ...}.

　　*(No) dejar {títere con cabeza / piedra por mover / piedra sobre piedra / palillo sin tocar / ...}.

　　*(No) llegarle a uno {la camisa al cuerpo / a la suela del zapato / ...}.

* (No) dar {a uno vela en este entierro / abasto / pie con bola / una a derechas / un palo al agua / ...}.
* (No) parar en {varas / mientes}.
* (No) descubrir la pólvora.
* (No) mover {un dedo / una pestaña}.
* (No) soltar prenda.
* (No) decir esta boca es mía.　　　　　　　Sánchez López(1999: 2594)

　本書ではこれら全ての慣用句について検討する余裕はないが、(27)は概ね共通して極限の意味を持っていることに注目したい[19]。例えば、no mover un dedo / pestaña(指一本・眉一つ動かさない)という慣用句では、指や眉すらも動かさないのであれば、それ以外の大部分は当然動かさないという上限の規定及び下方の含意が生じる。指及び眉を動かすという行為は、行動の中でも最も小さなものの一つであり、極限を表す。よって、それ以外の大部分は量化的な意味合いを持つ。物理的な極限を表す表現は、他に no ser moco de pavo(侮れない、かなりのものである)等の慣用句がある。字義通りに解釈すれば「七面鳥の肉垂ではない」であるが、この慣用句の意味は以下の推論から成り立つ。即ち、七面鳥の肉垂には、人間にとっては何ら価値がない、取るに足らないものである。つまり、人間にとっての価値という段階的尺度において、最下位の極限に位置する。最下位の極限を敢えて否定することによって、それ以上のものであるという緩叙法(litotes)が成立し、結果として量化的な解釈を持つことになる[20]。慣用句 no ver más allá de las narices de uno や no ver un alma、no costar un duro / céntimo / real、等も価値ないしは物理的な下位の極限を含意し、量化的な意味が生じる。また、no soltar prenda という否定極性慣用句も、「服(すらも)緩めることはないのだから、それ以外(口)も緩めない」という量化的な極限の含意が発生し、「沈黙を守る」という意味になる。同様に、no valer un pimiento、no llegarle a uno la camisa al cuerpo、no ser manco、no andarse con chiquitas 等も、物理的ないしは価値的な極限を表すことで、量化的な意味を持つと分析することができよ

う。

　物理的な極限を指し示す慣用句が否定極性項目として機能しやすいことは上記の通りであるが、同時に精神的ないしは抽象的な極限、あるいは文化的・社会的な極限を指し示す慣用句も否定極性項目として機能する。例えば、否定極性慣用句 no enterarse de la misa mitad は、キリスト教のミサの中盤(例えば credo の章)が儀式の中でも重要な役割を果たし、中盤を知らないことは即ち何も(特にミサのことを)知らないことを意味する。従って、ミサの中盤は儀式の中でも最大限に重要な極限を表しうると言える。このことから、no enterarse de la misa mitad は「全く知らない」という量化的な解釈として使用される。また、no saber dónde tiene la mano derecha も同様に「全く知らない」という量化的な意味を持つ。右手を知らないのであれば、最も簡単なこと(即ちある出来事ないしは考えにおける最大限の状態)も知らないという下方の含意が成立し、no saber dónde tiene la mano derecha は最大限を表す否定極性慣用句として機能する[21]。

　Lindholm(1969)は、慣用句の極限要素が存在量化子として置換可能な場合にのみ生起しうると主張するが、上記の議論からも明らかなように、単に統語的ないしは狭義の意味的な視点からでは分析できない、語用論的な背景知識を考慮に入れる必要がある。仮に否定慣用句 mover un dedo を語彙として語彙部門(Léxicon)に登録したとしても、そこから全ての文脈においてmover un dedo は含意する存在量化子 cualquiera cosa / ninguna cosa と置換可能というわけではない。

(28) a.　Juan no mueve un dedo para María, sino hace todo lo que pueda.

　　 b.　#Juan no hace ninguna cosa para María, sino hace todo lo que pueda.

　(28a)は「フアンはマリアのために指一本動かさないわけではなく、(むしろ)できること全てをしてあげる」というメタ否定的な解釈が可能であるが、(28b)は「フアンはマリアのために何もしてあげないのではなく、(むしろ)できること全てをしてあげる」というメタ言語的な解釈は容認しづら

い。これは、(28b)の ninguna cosa と todo が相補分布的な関係にあること、指一本動かさないということは「語用論的に」何もしないことを含意するが、この含意は否定によって取り消し可能であることなどが原因と思われる[22]。

　Sánchez López(1999: 2594-2595)は、否定極性慣用句の大部分は最小要素または最小の意味内で使用される単語を含むと説明するが、厳密には最小要素のみならず最大限の要素も否定することによって量化的な含意が生じるため、正確に述べるならば上記のように「大部分は極限要素を持つ」と規定するべきである。Sánchez López は否定極性慣用句 no valer gran cosa や no haber descubierto la pólvora、no darle vela en este entierro 等をある段階の下位要素の否定として解釈することが不可能であると指摘しているが、最小要素のみならず極限の否定が量化的な解釈を持ちうるため、これらを例外として扱う必要はない(なお、Sánchez López はこれらの表現が極限の意味を持つという点には同意している)[23]。Bosque(1980: 128-129)も同様に、段階的な原則と極限の原則を区別しているが、極限を表すためには段階的な尺度は必要不可欠なものであるため、極限の原理の前提として段階的な尺度を考慮に入れさえすれば、わざわざ段階的な考え方を別個に扱う必要はない[24]。

　更に、Sánchz López は動詞の種類によって個々の慣用句を説明しているが、動詞に後続する語彙ないしは何らかの要素が極限の含意を持っている以上、それらの区分けは動詞の個々の内在的意味特性に準じた単なる慣用句の下位分類に過ぎない。従って、最小要素という概念と極限という概念を分割する必要はなく、極限を表すからには最小要素も考慮に入れられるべきで、敢えて最小要素という説明原理を立てる必要はない。要約するならば、Sánchez López 及び Bosque は、否定極性慣用句において、①極限の意味または含意を持つ、ないしは、②最小量の意味または含意を持つ、と区別をしているが、そもそも最小量が極限を表している以上、①の定式化だけで否定極性慣用句を説明することができるということである。

　極限の意味で否定極性慣用句を説明できる原理は、最小量だけでなく最大量の否定でも発揮される。例えば否定極性慣用句 no ser santo de la devoción de alguien や no ser gran cosa、no ser cosa del otro jueves 等は、上限を否定することによって、それより上位のものは存在しないという含意を導き出すことができる。つまり、上限を否定することはそれより上位のものは存在せず、下位のものを含意し、下限を否定することはそれより下位のものは存在せず、上位の事象を含意するという定式化が成り立つ。両者とも、ある段階における極限から他方の極限を含意することで、量化的な意味を(語用論的ないしは意味的に)持ち、結果として否定極性項目として働きやすくなる。

Bosque は、①語用論的な背景知識に根ざした否定極性項目((18a)に見られる Onassis 等)、②否定極性慣用句、③統語的に明示された量化的最上級、の三つは区別するべきであると主張する。しかし、極限の意味または含意が発生する原因が、①は語用論的かつ話者と聞き手の間で共通な背景知識、②は一般的な背景知識と慣用句によって使用される語の意味特性、③は明示的な統語ないしは形態、と異なるだけであり、本質的には①～③が否定極性項目として機能するのは、語用論的ないしは意味論的な「極限」の存在があるからである。従って、区別すること自体に異論はないが、区別したからといって①～③の否定極性項目となる要因が異なるわけではない[25]。

当然のことながら、最小量ないしは極限を表す表現が常に否定極性項目になるというわけではない。

(29)　No tengo una peseta.

(30)　No tengo una peseta, pero tengo un real.

(31) a.　No tengo un duro.

　　b.　No tengo un real.

　　c.　No tengo un céntimo.

(32)　?No tengo un duro, pero tengo una peseta.

(29)は実際の金額にすると(31a)よりも安い(ドゥーロ＝5ペセタ)。しかし、(29)は単に一ペセタを持っていないと叙述しているだけで、それより高額のお金を持っているかどうかは情報として与えられていない。また、否

定極性慣用句として働くこともないので、「全くお金を持っていない」という意味も持ちえないため、(30)は容認可能な文となる。一方、(31)は金額の多寡にかかわらず、全て否定極性慣用句として働いた結果「お金を全く持っていない」という情報が上限の規定の含意から導き出される。従って、(32)は「お金を全く持っていないが、一ペセタは持っている」と解釈されることになり、有標的または不適格な表現となる[26]。このことから、否定極性慣用句は、極限の含意を(論理的ないしは語用論的に)持つことが基本とされているが、全ての極限を表す言語表現が否定極性項目として働くわけではなく、半ば語彙化ないしは慣習化されたものだということができる。

　否定極性慣用句は否定語のみならず否定極性誘因子または他の否定要素の影響内にも生起する。

(33) a.　Estoy sin un duro.
　　 b.　*No estoy sin un duro.
　　 c.　No es que esté sin un duro.

　(33a)は否定環境を作る前置詞 sin が極限を表現する un duro を否定することにより、「一銭もない」という否定極性慣用句として働いている。否定環境を更に否定する(即ち二重否定により結果として肯定環境となる)(33b)は否定極性慣用句 un duro の出現を容認しない。しかし(33c)のようなメタ言語否定では、(論理形式では肯定環境を与えるが)局所的な従属節内の命題は否定環境にあるため、un duro は否定極性慣用句として機能する。日本語でも「びた一文ないというわけではない」という表現が文法的であることから、否定極性慣用句におけるメタ言語否定は普遍的に容認される傾向にある。言い換えれば、局所的に否定環境にあることが、否定極性慣用句の出現を許す条件ということになる。以下の文が容認されるのもそのためである。

(34)　　No es que no mueva un dedo por Juan.

要約すると、否定極性慣用句として機能するためには、語用論的(言語外的)ないしは統語的・意味論的(言語内的)に「ある段階における極限」の意味又は含意さえ生じれば、極限は量化的な含意を生み出すために否定極性項目として機能しうる。従って、Bosque や Sánchez López のようにわざわざ含意の発生源の違いから異なった分析を採用する必要はない。

1.4　否定極性項目としての不定名詞句

　前節で、否定極性項目は基本的に量化的な性質を持つことが条件であることを見た。本節では、「裸の名詞句」とも呼ばれる、限定辞がつかない不定名詞句も否定極性項目になることを見る。

(35) a. *(No) he leído libro de ese autor que me haya gustado.
　　 b. *(No) hay persona más desgraciada que tú.
　　 c. *(No) acudió médico a curarle la enfermedad, amigo a consolarle ni confesor a encomendar su alma.　　Sánchez López(1999: 2596)

　限定辞のない可算名詞は肯定環境に生起することができず、(35a)の libro、(35b)の persona、(35c)の médico、amigo 及び confesor が否定極性項目として機能している。
　限定辞のない裸の名詞句が否定極性項目として機能するのは、前述した量化的な性質を名詞が持つことが原因と考えられる。Lapesa(1974: 289)は、複数を表す形態素(スペイン語の場合は主に -s)は「一つより多い(más de uno)」という量化的な解釈を持ち、限定辞のない裸の名詞も否定環境に置かれた時には特殊な用法として複数と同等の機能を持つとしている。従って、裸の名詞句が量化的と解釈された時に、それが否定環境にない場合は時として非文になる。

(36) a. *Hemos tenido momento peor.
　　 b. *Dijo cosa disparatada.

c.　*Pasa temporada en el campo.

　しかし、否定環境に置かれた裸の名詞句と複数を示す形態素がついた名詞は意味的に等価であるとするLapesaの分析は、(37)が示すように採用できない。

(37) a.　Federico no ve películas.
　　 b.　*Federico no ve película.
　　 c.　Federico no ve película que le guste.

　もし名詞の複数形と否定環境内の裸の名詞句が同等の機能を持つなら、(37a)と(37b)は等価であり、(37b)は容認されなければならない。更に、裸の名詞句ではなく(特に単一性を表す)限定辞が名詞句に先行しなければ、否定極性項目として働かないこともある。つまり、①限定辞を要求する否定極性項目(mover *(un) dedo, estar sin *(un) céntimo, valer *(un) real, decir *(una) palabra a derechas 等)、②限定辞の出現が任意の否定極性項目(pegar (un) ojo, dejar (un) buen sano, leer (un) libro sin ilustraciones, decir (una) palabra del asunto 等)、③限定辞が先行してはならない裸の名詞句(estar sin (*una) blanca, probar (*un) bocado en diez días 等)の三種類のパターンがあり、いずれも否定極性項目として機能するので、限定辞の有無ないしは複数性によって容易に一般化はできない。このうち、①の種類の否定極性項目は、ある段階における極限を表すために単一性を表す限定辞が必要になると思われる。更に否定極性慣用句として既に語彙化されて出現する「限定辞付きの名詞句」の存在もあるが、慣用句と裸の名詞句の否定極性項目としての振る舞いは異なったものであるとみなさなければならない。
　ここで問題になるのが、(37b)のpelículaは否定極性項目として適当でないのに、関係節の補語が付随する(37c)は否定極性項目として機能している点である。これは否定極性項目が意味的に量化的かつ命題的な意味特性を持たなければならないことを示唆する。即ち、(37b)は不特定(即ち量化的)で

はあるが命題的ではないため非文となるが、(37c)の裸の名詞句は不特定であり、かつ命題的であるために否定極性項目として適格に機能する。

更に、裸の名詞句が否定極性項目として機能するためには、ある単一のものとして限定されてはならないという制約があると思われる(単一のものであるということは特定されたものであるため、量化的でないということである)。

(38) a. No tiene novia que le escriba.
   b. *No tiene novia que le escribe.
(39) a. Juan no lee libro que le guste.
   b. *Juan no lee libro que le gusta.

(38a)の裸の名詞句 novia に後続する関係節は接続法を取り、「これから書きうる」novia を想定しているために不特定の解釈がなされて否定極性項目として働く。一方、後続する関係節が直説法である(38b)は「手紙を書く」novia を想定しており、(浮気者で何人もの恋人を持つのが当然という特殊な状況を除いて)特定の解釈がなされるので否定極性項目として働くことができない。(39)も同様であり、(39a)では関係節が接続法のため「ある好きな本」として不特定の解釈を持つため量化的な意味を持ち否定極性項目として働く。一方、(39b)では「彼が好きな本」という特定の解釈を持つために否定極性項目として働くことができず、非文となる。この特定性という意味的概念が加わった裸の名詞句は量化的な価値を失い、結果として否定極性項目として働くことはない。更に以下の文を参照。

(40) a. No habla sobre película que le guste.
   b. *No habló sobre película que le gustase.

(40a)は関係節が接続法で、かつ不特定に好きな映画に言及しているために裸の名詞句 película は否定極性項目として働く。一方、(40b)は(関係節が

接続法ではあるが)既に好きな映画が過去形によって言及されているために裸の名詞句 película は特定される。従って量化的な性質を失い、否定極性項目として機能することができない。つまり、問題となるのは関係節が接続法を取るか否か(統語的)ではなく、対象が特定されるか否か(意味的)である。しかし、以下のように(40b)に量化的な否定語(この場合は ninguna)が付随する場合には否定極性項目として容認される。

(41) No habló sobre ninguna película que le gustase.

Sánchez López(1999: 2597)

　Bosque(1980: 134–135)は、この特定性について、いささか誤解があるように思われる。Bosque によると、(38a)の novia は不特定の解釈を持ち、言及されない対象であるために no tiene ninguna novia. の含意を持つと説明し、(39a)の libro には特定の解釈がなされているために no lee ningún libro. の含意は持たないと主張する。(42a)の裸の名詞句 novia が肯定環境で容認され、(43a)の裸の名詞句 libro が肯定環境で容認されないのは、この含意の違いからだと説明する((42)は(38)の再掲)。

(42) a.　Tiene novia que le escribe.
　　 b.　*No tiene novia que le escribe.
(43) a.　*Lee libro que le gusta.
　　 b.　*No lee libro que le gusta.　　　　　　　　Bosque(1980: 135)

　しかし、もし(39a)の libro のように裸の名詞句に特定の解釈がなされうるならば(39a)は非文とならなければおかしい。更に、裸の名詞句に後続する関係節が接続法を取り不特定であるにもかかわらず、肯定環境を容認する以下のような文を説明できない。

(44) a.　Tiene novia que le escriba.

  b. Tiene techo que lo proteja.　　　　　　Bosque(1980: 134 一部改)
(45) a. No tiene novia que le escriba.
  b. No tiene techo que lo proteja.

　(44a)の novia、(44b)の techo とも不特定の解釈を持ちうるが(特に(44b)は不特定の意味が顕著であろう)、肯定環境においても、(45)のように否定環境においても出現することができる。つまり、特定性の強い裸の名詞句は肯定環境にのみしか生起せず、不特定な裸の名詞句は否定環境にのみしか生起できないと一般化するのは早計であると思われる。

　更に、Bosque(1996)や Sánchez López(1999: 2597)は、裸の名詞句は「デフォルトで」量化的と解釈されるが、実際には如何なる量化的要素も内包されていないため、量化的と解釈されるためには直接否定極性誘因子に統御されていなければならないと指摘する。

(46) a. No habló sobre ninguna película que le gustase.
  b. *No habló sobre película que le gustase.
  c. Lo dijo sin intención.
  d. *Lo dijo sin siquiera intención.　　　　Sánchez López(1999: 2597)

　Sánchez López によると、(46a)の名詞 película は否定語 ninguna に直接統御されているが、(46b)では前置詞 sobre の影響により、否定語 no が名詞 película を直接統御できていないため非文となる。また、(46d)が非文なのも、否定極性誘因子 sin と裸の名詞句 intención の間に副詞 siquiera が介在するからであると説明される。

　しかし、(46b)の非文の理由が前置詞の介入によるものだとしたら、(40a)の文が適格であることを説明できない。更に、以下のように副詞 siquiera が介在しても容認可能な文の存在を説明できない。

(47) No lo dijo sin siquiera intención.

結局のところ、(46d)が非文なのは siquiera が正しく否定要素と呼応していないためである(第二章七節参照)。つまり、直接統御されないと裸の名詞句は否定極性項目として働かないという説明原理を立てる必要はなく、裸の名詞句に関しては不特定の解釈を受けることを条件とすれば事足りると思われる。

　この否定極性項目が持つ不特定の解釈は英語にも見られる。英語の否定極性項目 any は不特定であり量化的な意味を持つという点で、ちょうどスペイン語の否定極性項目である「裸の名詞句」と意味的な機能において類似している。否定極性項目 any についてはその量化的な性質が全称的であるのか存在的かであるのかでしばしば議論されてきた[27]。Vendler(1967: 80)や Tovena(1998: 210)は否定極性項目 any が「任意性」ないしは「選択の自由」を表しているとして、以下の文を挙げている。

(48) a.　*I orderd / forced / compelled him to take any.　　　Vendler(1967: 80)
　　 b.　*You must pick any card.　　　　　　　　　　　　Tovena(1998: 210)

　(48)が非文なのは、any には任意性があるために、強制力を持つ動詞や助動詞を伴って出現できないためである。否定極性項目としての any が任意性の他に量化的な意味を持つ証左として、以下の文を参照。

(49) a.　Any student can read the book.
　　 b.　Every student can read the book.

　(49a)は任意のどの学生を選んでもその学生は本が読めるという主張をしているだけであり、あらゆる学生を調査してもその真偽を確かめることはできない。一方、(49 b)はあらゆる学生が本を読めると主張しており、全ての学生の調査をしさえすれば、理論上は(49b)の真偽を確かめることはできる。つまり、(49a)は仮に学生が存在しなくてもいいという一般論の中で量化的な主張をしているのに対して、(49b)は学生の存在を前提(即ち量化的

な主張を前提)とした上で、全ての学生について言及している。

　以上を鑑みると、英語の否定極性項目 any とスペイン語の否定極性項目である「裸の名詞句」は両者とも量化的な意味を前提または主張するという点で共通する。

(50) a. *Luis no lee algún libro en vacaciones.
　　 b. 　Luis no lee libro en vacaciones.　　　　　　　Bosque(1980: 132)
(51) a. 　Luis doesn't read any book in vacation.
　　 b. *Luis doesn't read book in vacation.

　(50a)は裸の名詞句ではなく、全称的な肯定極性項目 algún が出現しているために非文となる。(50b)は裸の名詞句 libro の出現により、「休みの間、(仮に本が一冊も存在しなかったとしても、とにかく)ルイスは一冊も本を読まなかった」という一般論の中で量化的な解釈が可能である。(51a)も(50b)と同様の解釈であるが、英語はスペイン語と違って裸の名詞句を否定極性項目として取ることができないため、(51b)は非文となる。つまり、英語の any とスペイン語の「裸の名詞句」は否定環境内では似た意味を持つことになる。

　要約すると、否定極性項目として働くには、①量化的な性質を持つこと、②命題的な性質を持つこと、③不特定な性質を持つこと、のうちいずれかを満たすことが条件となりうる[28]。このうち、不特定な性質を持つことは即ち量化的な性質を持つと語用論的に推論しうるため、畢竟、①と②に還元することができよう。

1.5　否定極性項目としての名詞に後置された alguno

　名詞に後置された alguno は否定極性項目として働き、前節で述べた不定名詞句、即ち「裸の名詞句」と同じく不特定の意味を持つ[29]。不定語 alguno は、①否定の作用域内に出現し、②名詞の後ろに置かれ、③義務的に単数で出現した時に否定極性項目として機能する。

(52) a.　No hay libro alguno que me guste.

　　b.　No vino turista alguno.

　　c.　No me comí fresa alguna.　　　　　　　　Bosque(1980: 63)

　名詞に後置された alguno と「裸の名詞句」が統語的に異なる点は、前者が明示的に不特定の意味を表し、命題的な内容を伴う必要がないのに対し、後者は関係節や前置詞句などを伴って命題的な内容を明示しなければならないということである。

(53) a.　No hay libro que me guste.

　　b.　*No vino turista.

　　c.　*No me comí fresa.

　(53)は(52)の後置された alguno と平行関係にある。このうち、(53a)は関係節 que me guste が裸の名詞句 libro に後続するので適格であるが、(53b)の turista、(53c)の fresa は命題的な内容を表さないため非文となる。なお、②の条件は否定極性項目としての「名詞に後置された alguno」の前提条件であり、以下の文に出現する名詞に前置する alguno とは意味的に異なる[30]。

(54)　El presidente no respondió alguna pregunta.

　　　　　　　　　　　　　　　　　　Sánchez López(1999: 2581)

　名詞句と alguno の結びつきは意味的に如何なる要素に阻害されても否定極性項目としての機能を失う。

(55) a.　No conozco libro alguno de matemáticas que discuta este teorema.

　　b.　*No conozco libro de matemáticas alguno que discuta este teorema.

　　　　　　　　　　　　　　　　　　Sánchez López(1999: 2597)

(55a)は名詞 libro と不定語 alguno が如何なる要素によっても阻害されていないため、否定環境に出現し否定極性項目として機能するが、(55b)は前置詞句 de matemáticas の存在により、意味的に(かつ統語的に)名詞 libro と不定語 alguno が切り離されているため非文となる。

Bosque は変形文法の観点から、名詞句に後置された alguno を以下のように定式化している。

(56) Posposición de alguno (P. alguno)
    X – NEG – [V – Y – Algún – SN – Z]o W
    1   2   3 4 5   6   7 8
    1   2   3 4 ø   6 + 5 7 8   Bosque(1980: 63)

しかし、(56)の定式化だけでは不定名詞句に後置された alguno の特性を正しく捕らえていることにはならない。

(57) No tenemos constancia de avería eléctrica alguna en esta zona.
                                        Sánchez López(1999: 2598)

(57)の alguna の前にある名詞句は avería eléctrica であるが、意味的には [[constancia de avería eléctrica] + alguna] というまとまりを持ち、否定極性項目の対象となるのは avería ではなく constancia である[31]。従って、(57)では「如何なる確証もない」という解釈がなされることになり、(56)の定式化は間違った予測をすることになる[32]。Sánchez López(1999: 2598)はこうした「何らかの要素ないしは範疇を飛び越えた」後置された alguno について、関係形容詞ならば容認されるとしているが、(57)の de avería eléctrica は関係形容詞ではなく前置詞句である。また、修飾する要素ないしは範疇が名詞に対して関係的であれば alguno が名詞に直接後置されずともよいと説明し直すこともできるが、そもそも関係的な要素はその名詞内部で完結した命題の一つである。例えば、la decisión presidencial において、presidencial は関係形容

詞と言えるが、「大統領の決定」とは「大統領が決定した（する）」という命題の名詞化である。つまり、後置された alguno と名詞句の間に何らかの要素ないしは範疇が「挟まれた」場合、その要素または範疇が関係的か否かが問題なのではなく、要素と名詞が意味的に緊密性を持ち、かつ命題的な場合は容認されるということである。

　さて、(52)と(53)の関係から、裸の名詞句単体が否定極性項目として容認されなくとも、[裸の名詞句 + alguno] の場合は「任意性」を持ち、否定極性項目として容認することを確認した。これは、後置された alguno が英語の any とほぼ等価の働きをすることを意味する。即ち、裸の名詞句単体では命題的な意味内容を持つことが必須であったが、後置された alguno は命題的な意味を付加することはないが、量化的な内容をより強めることによって、強い否定極性項目として振舞う機能を持つということができる[33]。従って、意味的な観点から裸の名詞句と同様（ないしはそれ以上）に「任意性」ないしは「不特定性」を持つことが、後置された alguno が出現する意味的条件だと思われる。

　後置された alguno が強い否定極性項目であることに関して、以下の文を参照。

(58) a.　Es muy difícil / *fácil que exista solución alguna.
　　 b.　Antes de hablar con ministro alguno, prueba otro camino.
　　 c.　¿Existe (acaso) razón alguna para tal desajuste?
　　 d.　Es la última vez que te doy consejo alguno.　　Bosque (1980: 64 一部改)

それぞれ、(58a)は形容詞 difícil、(58b)は antes de、(58c)は修辞疑問、(58d)は最大級を表す量化的な表現 última vez が否定極性誘因子となり、後置された alguno が否定極性項目として機能することを許している。しかし、弱い否定極性項目である裸の名詞句は、これらの否定極性誘因子は「弱い」ため容認されない。

(59) a. ＊Es muy difícil / fácil que exista solución.
   b. ＊Antes de hablar con ministro, prueba otro camino.
   c. ＊¿Existe（acaso）razón para tal desajuste?
   d. ＊Es la última vez que te doy consejo.

つまり、裸の名詞が否定極性項目として振る舞うためには命題的な意味的補助が必要であるが、名詞に alguno が後置する場合、「任意性」が高まるために命題的な補助を必要としなくなる（但し、両者にとって量化的な意味は必須条件である）。

Sánchez López（1999: 2597）や Bosque（1980: 63–64）は後置された alguno は否定語として振る舞うと言及しているが、ここでも否定極性項目と否定語との混同が見られる（但し、前者は否定極性項目として「後置された alguno」を便宜的にカテゴライズしているので、後者よりも優れている）。後置された alguno が否定語として振舞うと分析されるのは、en modo alguno という半ば語彙化された否定語の存在が原因である。

(60) a.　En modo alguno te permitiré hacer tal cosa.
   b.　En modo alguno se puede tolerar tal actitud.

(60)は明示的な否定語がないにもかかわらず否定極性を持つ。従って、(60)の En modo alguno は否定語としてみなされ、否定語前置構文として以下のように分析することが可能である。

(61) a.　[SERA EL CASO] [POL [+Pnp: EN MODO ALGUNOi [YO PERMITIRTE HACER TAL COSA [+NEG trace$i$]]]]
   b.　[ES EL CASO] [POL [+Pnp: EN MODO ALGUNOi [EL PODERSE TOLERAR TAL ACTITUD [+NEG trace$i$]]]]

En modo alguno が主題化する必要がなく、動詞に前置するだけで否定極

性を与えうるのは、(62)が否定文として解釈されることからも明らかである。

(62) a. Yo en modo alguno te permitiré hacer tal cosa.
　　 b. Él en modo alguno se puede tolerar tal actitud.

　後置された alguno が否定語と同等の機能を有するとすれば、動詞に前置されさえすれば否定語前置構文となり、否定極性を命題に与える。従って、en modo alguno は否定語であるとみなされうる。しかし、(63)のように en modo alguno 以外の「名詞に後置した alguno」は、動詞に前置されても、更には主題化されても否定極性を持たない[34]。

(63) a. *Libro alguno que me guste hay.
　　 b. *Turista alguno vino.
　　 c. *Fresa alguna me comí.

　つまり、en modo alguno 以外の「名詞に後置した alguno」は、単に否定極性項目としての機能しか持たず、否定語として単独で否定環境を作ることはできない。
　以上から(60)の概念構造は(61)と分析されるが、ここで注目すべきは、en modo alguno が、①動詞に前置ないしは主題化され、②(60)に見るように選択的な副詞句または前置詞句がない、の二点から、EN 前置詞句を伴うにもかかわらず、第二部で言及される EN 否定構文とは(似てはいるが)また異なる構文を作りうるということである。何故なら、EN 否定構文の必須用件である「EN 前置詞句は、主に時間表現において広範な範囲を指し示さなければならない」という条件を守っていないからである。従って、en modo alguno は、以下のように EN 否定構文の特殊形ないしは否定語の特殊形と考えられる。
　EN 否定の特殊形と考えた場合、en modo alguno は、①前置詞 EN が付随

する、② EN 否定構文の必須条件のうちの一つを破っている、のに対し、否定語の特殊形と考えた場合、①前置詞句 en modo alguno は動詞に前置することで、他の否定語ないし否定要素の力を借りずに否定極性を与えうる、②否定語及び否定極性項目としての機能が主で、かつ顕著である、の二点が挙げられる。しかし、EN 否定における EN 前置詞句は否定極性項目として働きうるが、否定語の特徴は動詞に前置されることで否定極性を与えることができるという特徴も考えると、en modo alguno は語彙化された特殊な否定語と呼ぶべきものだと思われる。

　以上の議論を見ると、ここでも構文間のネットワークが見られる。即ち、名詞に後置された alguno、特に en modo alguno は、否定語前置構文としての特徴を持つと同時に、EN 否定構文の出現条件のうちいくつかを満たす必要がある。従って、否定語前置構文、en modo alguno の振る舞い及び EN 否定構文は、それぞれ共通点と相違点を持つので構文間に関連がある。

　後置された alguno はしばしば否定語 ninguno と対比して分析される。

(64) a. ?Manolo no me ha escrito carta ninguna.
　　 b. ?No se ha visto en parte ninguna.
　　 c. ?Ramón no encuentra piso ninguna.　　　　　Bosque(1980: 64)

RAE(1973)は(64)を容認するが、Bosque は古風な表現であると指摘する。むしろ、後置された alguno と否定語 ninguno との分析は、(52)及び(58)と以下の文からの対比から考える方が妥当であろう。

(65) a. No hay ningún libro que me guste.
　　 b. No vino ningún turista.
　　 c. No me comí ninguna fresa.
(66) a. ?Es muy difícil que exista ninguna solución.
　　 b. Antes de hablar con ningún ministro, prueba otro camino.
　　 c. ¿Existe (acaso) ninguna razón para tal desajuste?

d.　?Es la última vez que te doy ningún consejo.　　　Bosque(1980: 64)

　(66)についてはやや容認度に差は見られたものの、実際は(65)は(52)と意味的に等価、(66)は(58)と意味的に等価といって差し支えない。(64)は否定語 ninguno が後置されているために古風な表現ないしは非文と解釈されうるが、(65)及び(66)はおおよそ適格である。むしろ興味ある比較は、以下の文であろう。

(67)　a.　De ningún modo.
　　　b.　*De modo alguno.
(68)　a.　*En ningún modo.
　　　b.　En modo alguno.　　　Bosque(1980: 64)
(69)　a.　*Por ninguna razón, me has regalado nada.
　　　b.　En ningún momento me has regalado nada.
(70)　a.　Por ninguna razón, no me has regalado nada.
　　　b.　*En ningún momento no me has regalado nada.　　　Bosque(1980: 97)
(71)　a.　*Por razón alguna, me has regalado nada.
　　　b.　?En momento alguno me has regalado nada.
(72)　a.　?Por razón alguna, no me has regalado nada.
　　　b.　*En momento alguno no me has regalado nada.

　Bosque によると(67)と(68)の違いは名詞 modo の語彙的意味の相違に起因するとしているが、むしろ alguno と ningún の語彙的特性の違いに還元される。(68b)は語彙化されている表現であり、(67b)及び(68a)はその語彙化を破っているために容認されない。(67a)は名詞に後置された alguno とは無関係な、やはり語彙化された表現である。

(73)　a.　No pienso aceptarlo de ningún modo.　　　山田(1995: 463)
　　　b.　De ningún modo quiero hacerlo.

（73a）は de ningún modo が否定語 no と呼応し、否定極性項目として出現している例であり、（73b）は de ningún modo が語彙化された否定語として機能し、否定語前置構文となる。この時、名詞句に後置された alguno と異なり、（74）のように de ningún modo は主題化する必要はなく、動詞に前置されさえすればよいことから、否定語とみなしてよい。

(74) Yo de ningún modo quiero hacerlo.

ここで語彙化を強調するのは、否定語 ningún が出現する(69b)及び(70a)は容認されるのに対し、それと意味的等価でありうる(71b)及び(72a)は容認度に差が見られるからである。従って、本節では en modo alguno（及び de ningún modo）を一つの語彙化された表現とみなし、否定語として振舞うと言及するだけにとどめておきたい[35]。

以上の議論を要約すると、裸の名詞句及び後置された alguno も否定極性項目となるには、①量化的な意味、②命題的な意味、の両方（どちらかの意味が強い場合には片方）が必要であるということになる。

2. 虚辞の否定語について

本節では、否定語が出現しているにもかかわらず否定極性を与えない、いわゆる虚辞の否定について考察する[36]。

2.1 虚辞の否定 no について

虚辞の否定について顕著な先行研究は少ないが、萌芽的な研究としては Carnicer(1977)、他言語との比較については Joly(1972)、その他の先行研究として出口(1995: 33–34, 1997: 182–187)、Espinal(1992)他が挙げられる。虚辞の否定とは、以下のような現象である。

（1）a. ¡Cuántas horas no habré pasado en la hamaca contemplando el mar, claro o tempestuoso, verde o azul, rojo en el crepúsculo, plateado a la luz de la luna y lleno de misterio bajo el cielo cuajado de estrellas. [Pío Baroja, 1941: 9 Las Inquietudes de Shanti Andía. Espasa Calpe.]

b. ¡Cuántas gentes no se habrá sacrificado por esas ideas del rango y de la posición social, que después de todo, no sirven para nada! [Ibid: 221]

出口（1997: 184–185）

　（1a）は独立して否定環境を作る否定語 no が動詞 habré pasado の前に置かれているにもかかわらず、肯定文「ハンモックの中で海を眺めながら長時間過ごした」と解釈される。また、（1b）も同様であり、「多くの人々が犠牲になった」と肯定文として解釈されるが、やはり否定語 no が動詞 se habrá sacrificado の前に置かれている。つまり、否定語 no があってもなくても命題の真理値及び極性に影響はない。

（2）a. Juan teme no vaya a suspender su examen de geometría.

　　b. Más vale ser feliz con poco dinero que no desgraciado con mucho.

　　c. No me iré de aquí hasta que no me hayas dicho lo que quiero oír.

　　d. ¡Cuánto no habrá trabajado María para lograr ese puesto!

Sánchez López（1999: 2627）

　　e. Prefieren que llueva que no que haga tanto frío.

　　f. Temíamos no nos fuesen a dejar sin comer.　　　山田（1995: 554）

　虚辞の否定は、①疑惑や恐れを表す否定含意述語の従属節における補文標識 que または de que の代わり、②比較構文、③ hasta que や antes que / de に後続する時間の副詞節、④修辞疑問ないしは修辞感嘆文、⑤ que の連続を避けるため、に出現しうる[37]。このうち、①〜④はいずれも否定極性誘因子であり否定語の出現を許すが、現れた否定語が否定極性を持たないという意味で「虚辞の否定」と呼ばれる。⑤は、統語的な冗長性を防ぐための処置であろう（なお、①もこの説明が適用されうる）。（2a）及び（2f）は疑惑や恐怖を表

す動詞の補文標識 que または de que の代わり、(2b)は比較構文、(2c)は時の副詞節、(2d)は修辞疑問ないしは感嘆文、(2e)は que の連続を避けるため、それぞれ虚辞の否定が現れている例である。

　(1)及び(2)は、否定語 no がなくとも真理値に影響はないことは上述したが、含意される意味は異なる。Sánchez López によると、これらの虚辞的否定(否定語 no)の出現を許す文脈は、暗黙の否定、仮想的または非現実の意味を持つとしている。この説明はかなりの妥当性を持つ。(2a)において、Juan は試験に落ちるのではないかと怖がっているため、「落ちないといい」という仮想的な意味が含意されている((2f)も同様に分析できる)。また、(2b)はたくさんのお金を持っているわけではないので、暗黙の否定ないしは仮想的な含意を表すマーカーとして虚辞の否定が機能している。(2c)は、まだ hasta que 以下の命題が実現していないため非現実の意味を持つ。

(3) a.　Ana no se fue hasta que (no) llegó Pedro.
　　b.　No entregué el trabajo hasta (no) estar seguro de que estaba bien.

Sánchez López(1999: 2630)

　(3)の hasta に後続する命題は、発話時点では現実に起こっていない。従って、虚辞の否定がない場合よりも非現実を強く表していると思われる。

　(2d)は「苦労したなんてものではない」という強調された暗黙の否定の含意を持つ。(2e)は統語的な理由によるものであるが、「こんなに寒い」という命題が「こんなに寒いのではなくて、それよりも雨が降る方がよい」と婉曲的に強調を含意する。

　さて、出口(1997: 185)は(1)が虚辞の否定を持つ理由について、以下のように述べている。即ち、Cuánto で導かれる感嘆文の基底には、「多数」を含意する no sé cuántas horas..., no sé cuánta gente... のような主文構造が考えられ、その主節の意味の核である「否定」が上位文から切り離されて独立文となっている旧間接疑問節(即ち(1))に、補償的に潜入したのではないか、とするものである。しかし、多数を含意するのは Cuánto による感嘆文の効果

であり、命題全体が含意するのはあくまで「否定」である。即ち、「何時間経ったのか分からないが、とにかく長い時間」という暗黙の否定がメタ言語的に強調されているのであり、わざわざ上位文と旧間接疑問節を設定する必要はない。

　Sánchez López は虚辞の否定の出現条件を「疑惑や恐れを表す動詞の後 (tras verbos de duda y temor)」と説明しているが、やや正確さに欠ける。実際には、①や(2a)で示したように、本来ならば「疑惑や恐れを表す動詞の後に続く従属節における補文標識 que または de que の代わり」に出現しているのであって「動詞の後に来る」だけでは虚辞の否定とはなり得ない。

（4）＊Juan teme no que vaya a suspender su examen de geometría.
（5）　Juan teme que no vaya a suspender su examen de geometría.

　(4)は Sánchez López の指示に従った結果であるが、明らかに非文である。「動詞の後」という解釈をやや拡大して「動詞が導く補文標識の後」と規定しなおしたとしても、(5)と(2a)は従属節内の極性が異なる（(2a)の従属節内は肯定環境、(5)の従属節内は否定環境）。

　当然のことながら、Sánchez López は上記の問題点に気がついていた。そこで Sánchez López は以下の文を挙げて、補文標識 que ないしは de que がある場合とない場合について新たに説明を試みている。

（6）a.　Temo (que) no venga Pepe.
　　 b.　Dudo (que) no tengas razón en lo que dices.
　　 c.　Tenía miedo (de que) no se hubiese equivocado.

Sánchez López(1999: 2628)

　(6a)は従属節がない時（本書の説明では補文標識 que が虚辞の否定に代わっている時）は虚辞の否定の解釈、即ち字義通りには「ペペが来ることを恐れている」という解釈しかできないが、補文標識がある場合には、従属節

が否定の解釈、即ち「ペペが来ないことを恐れている」と解釈される。(6b)及び(6c)の解釈も同様である。しかし、Sánchez López が、いわば補助的にこの説明をしなければならなくなったのは、虚辞の否定の出現条件を「動詞の後」としたことであり、本節の出現条件を定めておけば、最初からこの説明をする必要がない。更に、Sánchez López は続けて、虚辞の否定が現れる環境は接続法を要求すると説明するが、従属節内の動詞に接続法を要求するのは主節の否定含意述語である temer や dudar ないしは仮現的な命題であり、虚辞の否定そのものではない。

虚辞的な否定が比較構文にも出現することは既に(2b)で見た。しかし、比較の対象が前置詞句や de lo que や a によって導かれた比較構文では虚辞の否定が出現できず、従属節が定形動詞(Verbo Flexivo)の場合だと従属節内の命題が文字通り否定されてしまうため、比較の対象が不定形動詞(Verbo no Flexivo)の方が虚辞の否定の発生率は高くなる。

(7) a. María canta mejor que (*no) baila.

    b. Mejor sabe María cantar que no bailar.

(8) a. Más vale tener que no desear.

    b. Prefiero tener a (*no) desear.

    c. Es mejor ganar poco que no perder el trabajo.

    d. Es preferible ganar poco en lugar de (*no) perder el trabajo.

    e. Juan era antes más simpático que ahora.

    f. Juan era antes más simpático de lo que (*no) es ahora.

Sánchez López(1999: 2629)

(7a)は定形節 baila が比較の対象になっているため、虚辞の否定は取れない。しかし、不定形節 bailar の形で出現している(7b)は、虚辞の否定を許す。(8)も比較構文に虚辞の否定が出現しているが、虚辞の否定の no の前に de lo que や a が出現している場合は非文となる[38]。

更に、修辞感嘆文に出現する虚辞の否定について考察する。

（9）a. ¡Qué de dinero no tendrá para poder permitirse esos lujos!

Sánchez López(1999: 2629)

b. Cuál no sería su sorpresa cuando la encontró muerta junto a la mesa.

山田（1995: 554）

(9)は否定語がなくとも真理値は変わらない。(9)が主張するのは命題における量的な姿勢であり((9a)の場合は「どれだけたくさんのお金があるのか」、(9b)の場合は「どれだけ驚いたか」)虚辞の否定の出現を許すが、質的な感嘆文では虚辞の否定は出現できないと Sánchez López は主張する。

(10) a. ¡Quién aguantaría a esos amigos tuyos!

b. ¡Quién no aguantaría a esos amigos tuyos!

Sánchez López(1999: 2630)

これらは否定極性誘因子として働く修辞感嘆文であり、(10a)の文字通りの解釈は「君の友達に誰が我慢できようか」であるが、含意として「いや、誰も我慢できない」という解釈があり、結果として否定極性を持つ[39]。一方、(10b)の文字通りの解釈は「君の友達に誰が我慢できないんだ」であるが、含意として「いや、誰でも我慢できる」という解釈が残り、結果として二重否定の解釈、即ち肯定極性を持つ。

しかし、あるインフォーマントによると(9)についても修辞的な含意(即ち反意の含意)の解釈が不可能ではないという。つまり、(9a)は、例えばある貧乏人がお金持ちに対し「どれだけお金を持っていないんだ」(本当はたくさん持っているだろう)と皮肉を表したい時に発言することができる。また、(9b)は死体を前にしても強がって平然としている風を装っている人間に対して「どれだけ驚かないんだ」(本当は驚いているんだろう)という反意ないし皮肉の解釈も可能である。即ち、(9)の否定語 no は虚辞の否定とも修辞的な意味とも取りうるが、(10)はその質的な性質のため、虚辞の否定としては分析できず、否定語 no は通常通り単体で否定極性を与える。結果

として(10b)は否定命題の反意、即ち二重否定となり、肯定極性を持つということである[40]。

2.2　No 以外の否定語の虚辞の否定について

no 以外の否定語が虚辞的な否定として出現する例は非常に稀である[41]。

(11) a.　Lo hice por / para / ?con / nada.
　　 b.　?Para una vez que haces nada hay que ver lo que protestas.
　　 c.　Lo vi en el bar hace nada.
　　 d.　Pensar en nada.
　　 e.　Hace nada que se ha marchado.　　　　　　　Bosque(1980: 41)
(12) a.　Estuvo en nada que riñésemos.
　　 b.　No estuvo en nada que riñésemos.　　　　　　出口(1997: 186)
　　 c.　Nada estuvo en que riñésemos.　　　　　　　Voigt(1979: 144)

通常 no 以外の否定語は、動詞に後置されている時には動詞に前置されている他の否定語を必要とするか、ないしは否定極性誘因子を必要とする。しかし、(11)及び(12a)にはそれが現れていない[42]。否定極性誘因子を伴わず、動詞に後置された否定語は文体的強調の意味を持ち、その点で no における虚辞の否定と意味的に類似する。

(13) a.　Lo hice por / para /?con / algo.
　　 b.　Para una vez que haces algo hay que ver lo que protestas.
　　 c.　Lo vi en el bar hace algo.
　　 d.　Pensar en algo.
　　 e.　*Hace algo que se ha marchado.
(14)　*Estuvo en algo que riñésemos.

　(13)及び(14)は、(11)及び(12)のそれぞれ対応する否定語を肯定極性項

目に置き換えたものである。このうち、(13e)及び(14)は非文となる。従って、hace nada 及び estar en nada はそれぞれ半ば語彙化されている(前者は「ちょっと前に」、後者は「もう少しで〜するところだった」)と考えられる。(13d)は、(11d)と明らかに意味が異なる。(11d)は禅の世界などでの「無を考えよ」という宗教的ないしは哲学的な文であるが、(13d)は「何かを考えよ」と述べているに過ぎない。それ故、(11d)において否定語 no が動詞に前置した場合である(15)は「何も考えない」と解釈され、(11d)及び(13d)とは異なる。

(15) No pensar en nada.

　(11d)と対照的なのは(12)である。(12a)は(12b)が示すように、否定語が前置しても意味は変わらず、更には(12c)のように否定語前置構文として機能しても意味は変わらない。但し、(12)自体が「もう少しで口論になるところだった」と述べているため、厳密な意味で否定を表出しているのではなく、「しかし、口論はしなかった」というように、論理的含意において否定が現れていると見たほうが正しい。従って、(12)はいずれもメタ言語的な意味で否定を内包はするが、実際は強調の意として否定語が現れているだけで、命題自体は肯定極性を持つ。
　更に、Bosque は以下の例を挙げて、動詞に前置されなければならない否定語が省略されるのは、口語的な表現でも見られると主張する。

(16) La conclusión de la reunión fue…ninguna.　　　　　　Bosque(1980: 41)

　しかし(16)が(11)と同様に虚辞の否定として強調の意味を持っているとは考えにくい。むしろ、(16)の否定語 ninguna は、La conclusión de la reunión fue とは完全に乖離していると見たほうが説得力がある。即ち、(16)の話者は二つの文(ないしは命題)を発していることになり、La conclusión de la reunión fue という「会議の結果は(何か)」という命題に対していった

んポーズを置いた後、改めて自分に対する返答の意味で(La conclusión de la reunión no fue)…ninguna. と前の句を省略して発話しているものと思われる。

　no 以外の虚辞の否定が出現するにはかなりの制約がある。(17)の非文法性は、今までの文体的強調だけでは説明できない。

(17)　*Le sacaron la muela con ningún instrumento.

　更に、以下の文の文法性と非文法性も説明が困難である。

(18)　a.　Tantos años estudiando para nada.
　　　b.　*Tantos años trabajando en ningún sitio.
(19)　a.　Lucharon por nada.
　　　b.　*Lucharon por ninguna causa.

　(18)及び(19)において、それぞれ意味的差異を見つけるのは困難であるが、傾向を述べるならば、para nada や por nada は半ば語彙化された表現であるのに対し、en ningún sitio や por ninguna causa は定着するほど語彙化されていない。つまり、para nada や por nada という言い回しは「無駄に」という語彙項目として既に独立した慣用句に近い性質を持ち、先行する命題に否定極性を要求しないという可能性が考えられる。
　ここで注意しなければならないことは、虚辞の否定とは、前節で述べたように本来ならば否定語の出現によって否定極性が生じるはずなのに肯定極性を持つ言語現象であり、本節で述べる否定語(ないしは否定極性誘因子)が伴わないにもかかわらず動詞に後置して出現する否定極性項目としての否定語とは厳密に区別されなければいけないと言うことである。これは、否定語 no とそれ以外の否定語の機能の差異に起因しうる。
　もう一つ区別すべきは、否定極性誘因子の一つである修辞感嘆文ないしは修辞疑問が、否定語が出現していないのに否定の意味を持ち、その結果否定

極性項目が出現するケースである。このケースは、そもそも否定語が出現していないが、否定極性誘因子の影響下にあるために否定極性項目の出現を許す。従って、この場合は虚辞の否定とは呼べない。

　以上、no 以外の虚辞の否定は、虚辞の否定の no と同様に強調という語用論的含意を持つが、出現条件は基本的に習慣化ないしは語彙化されているために制約はより厳しいことを見た。即ち、虚辞の否定は語用論的な強調の含意を共通のスキーマとして持ち、そのプロトタイプは虚辞の否定の no が持ちうる。一方、no 以外の虚辞の否定は慣習化されているという点で、プロトタイプからやや逸脱した言語表現である。

3.　比較構文と否定について

　本節では、más...que... に代表される比較構文と否定語及び否定極性項目の出現について論じる。比較構文に否定語が出現する現象はスペイン語以外の言語にも見られ、それ故比較級を否定極性誘因子とみなし、比較級の中に否定要素があると仮定、ないしは前提とした研究が多数存在する[43]。比較構文に否定語が出現するのは、以下の文が示す通りである。

（1）a.　Juan juega al mus mejor que nadie.
　　 b.　Ese trabajo resulta más difícil de lo que nadie piensa.
　　　　　　　　　　　　　　　　　　　　　　　Sánchez López(1999: 2622)
（2）a.　Jaime habla mejor que nadie.
　　 b.　A mí me gustan las manzanas más que nada.
　　 c.　Te necesito más que nunca.　　　　　　　　山田(1995: 130)

　（1）及び（2）で比較級が否定極性誘因子として働くのは、Sánchez López によれば以下のように説明される。即ち、如何なる比較構造も言及された一つの次元において、要素間の関係が形作られ、その一方はその次元の中で「もう一方が持っていない」何らかの段階を持っていることを叙述する。

第三章　その他の否定要素　177

（3）　Juan juega al mus mejor que María.

　（3）は、トランプの力量というある一つの次元において、マリアが到達し得ない実力にフアンがいることを示している(例えば、トランプのカードのさばき方等で、マリアができ<u>ない</u>テクニックをフアンができる)。従って、比較構文は含意として否定の意味を持つ。
　この考え方は既に Ross(1971: 294)でも指摘されている。

（4）a.　Juan es más alto que ese hombre.
　　 b.　Juan es alto hasta un grado en que ese hombre no es alto.
Bosque(1980: 76)

　Ross によると、(4a)はもともと(4b)の意味を持つとしている。Ross は比較の導入(Comparative Introduction)という説明原理を用いて、①形容詞を比較級に変換し、②(4b)の un grado en を削り、③関係節内の es alto 及び否定語を削除する、という方法で(4a)が出現するとしている。この仮説を支える根拠として、二番目に比較される対象は、虚辞の否定を含む否定語を伴うことができないことが挙げられる。

（5）a.　Juan tardó más tiempo del que (*no) necesitaba.
　　 b.　Hice más esfuerzos de los que (*no) pude.　　Bosque(1980: 76)

　しかしこの説明はいくつかの反例があり、採用することができない。まず、比較の導入の操作がアドホックであり、統語的な操作として疑問が残る(但し、意味的な推論ならば妥当な行程を経ている)。また、虚辞の否定は統語的・意味的に出現にかなりの制約があるが、否定語が既に出現したからといって、その出現を妨げるものではない[44]。虚辞の否定は文体的及びモダリティにおける操作であり、極性決定に如何なる影響も及ぼさないからである。更に以下の文を参照。

（6）a. Juan es un poco / bastante / mucho más alto que Manuel.
　　 b. *Juan es un poco / bastante / muy / alto en un grado en el que Manuel no lo es.　　　　　　　　　　　　　　　　　Bosque（1980: 77）

　（4）が等価であるとするならば、（6）も等価となるはずであるが、（6b）は容認されない。更に、虚辞の否定は以下のような文脈で出現することが可能である。

（7）a. Encuentro mal al niño. Hace unos años estaba mejor.
　　 b. Te equivocas. Está mejor ahora que (no) de pequeño.
　　　　　　　　　　　　　　　　　　　　　　Bosque（1980: 80）

　基本的に虚辞の否定は強調の意味を持つだけで、否定極性を与えるものではないことは前節で見た。（7a）の発話に対して、（7b）は「あなたの予想に反して」という含意を持つ強調の虚辞の否定 no が出現することが可能である[45]。従って、（5）が虚辞の否定の出現を許さないのは、比較構文だからではないと思われる。更に、もし比較構文において否定が深層構造ないしは概念構造で現れるとするならば、いわゆる同等比較（tan + SA + como）にも（4）と同じ操作で出現しなければおかしい。しかし、（8a）と等価になりうるはずの（8b）には否定が含意されていない[46]。

（8）a. Manuel es tan alto como Juan.
　　 b. Manuel es alto en el mismo grado que Juan.　　Bosque（1980: 77）

　本節では、比較構文には否定極性ではなく量化的な解釈が存在し、否定語はしばしば量化的な意味を持つことから、比較構文に否定語が出現すると主張する。

（9）a. Pedro corre más rápido que cualquier otro compañero de clase.

　　　　　　　　　　　　　　　　　　　　　　　　　山田(1995: 130)
　　b.　Pedro corre más rápido que nadie.
(10) a.　Usted lo sabe mejor que nadie.　　　　　　　寺崎(1998: 97)
　　b.　Usted lo sabe mejor que toda la gente.

　否定語が出現している(9b)及び(10a)は、それぞれ(9a)及び(10b)が示すように量化的な意味を持つ cualquier や toda に置換可能である。更に、意味的に見ても(1a)は「フアンは誰よりもトランプを上手にする」と解釈され、やはり量化的な意味を持つ。これは、日本語では比較構文において否定語の出現を許さず、基本的に量化表現によって表すことからも妥当な判断だと思われる。
　しかし、比較構文が否定極性項目の出現を許す、否定極性誘因子としての役割を果たしていることに間違いはない。

(11) a.　Romualdo está más interesado en pasárselo bien que en mover un dedo por sus compañeros.
　　b.　Es más probable que su padre sea rico que que él tenga dos dedos de frente.　　　　　　　　　　　　　　　　　　　　　Bosque(1980: 76)
　　c.　A Mariano le interesa tanto su trabajo como a Luis mover un dedo por nadie.　　　　　　　　　　　　　　　　　　　　　Bosque(1980: 98)
　　d.　Es más fácil hacer algo por uno mismo que lograr que alguien mueva un dedo por los demás.　　　　　　　　　　　　Sánchez López(1999: 2622)

　(11)は否定極性項目である mover un dedo 及び tener dos dedos de frente(思慮分別がない)の出現を許す例である。しかし、(11)において比較の対象とされているのは最小量を表す否定極性項目であり、下方の含意によってやはり量化的な価値を持つ。(11)は「具体的に何かをする」という命題に対して比較を試みているのではなく、「ある全ての事象ないしは命題」に対して比較しているのであって、比較の対象は量化的でありさえすればよいことに

なる。同等比較に出現する否定極性項目も同様である。

（12） Juan sabe tanto fútbol como yo de trigonometría.

Sánchez López（1999: 2622）

　（12）の trigonometría は「（難しい学問の代表という含意を持つ）三角法と同じぐらい、フアンはサッカーを知っている（即ち、フアンはサッカーをまるで知らない）」という意味での量化的な扱いを受ける。即ち、（12）において比較の対象となるものは「具体的に」三角法である必要はなく、「誰も知らないぐらい難しい」という含意を持つ事象であるならば何でもよいことになる。（12）の yo が数学者であり、三角法の専門家ならばこの文は不適格であるが、「誰かが数学者で三角法を専門にしている」という状況は極めて稀であり、いわば有標的な理由付けとなる。（12）が（13）と意味的にほぼ等価なのもその理由に因る。

（13） Juan sabe tanto fútbol como yo del griego.

　（13）において、私がギリシャ語を理解することは（通常の文脈からは）ない。従って、（13）の比較の対象も（12）と同様に量化的であるがゆえに成立する。

　統語的な比較構文でなくとも、語彙的に比較の意味がある場合は比較の対象に量化的な意味を持つ否定語が出現することもある[47]。

（14） a. Prefiero quedarme aquí que (no) ir a ningún sitio.　　Bosque（1980: 81）
　　　b. La última película de ese director es bastante interesante comparada con lo que vale ninguna de sus otras películas anteriores.
　　　c. Prefiero quedarme en casa trabajando que ir a ningún sitio con el pelma de Arturio.
　　　d. Vete de aquí antes de que te vea nadie.

e.　Juan siempre llega a la oficina antes que ninguno de sus compañeros.

　　　　　　　　　　　　　　　　　　　　Sánchez López(1999: 2623)

　（14）では比較級は存在しないが、(14a)及び(14c)は preferir、(14b)は comparada、(14d)は antes de、(14e)は antes que がそれぞれ比較の意味を持つため、比較の対象として量化的な否定語の出現を許す[48]。更に、(14)の比較の対象となっている否定語は、それぞれ量化的な意味を持つことにも注目されたい。この時、量化的な解釈を持つのは語彙の内在的意味や否定語だけでなく、語用論的推論における極限の量化的な解釈も含む。(14c)は「グズのアルトゥーリオ」がどうしようもない人間ないしはつまらない人間であることを語用論的に表しているが、比較の対象として量化的な解釈を持つ否定極性項目と同等に機能する。更に、(14d)の従属節は、否定語が出現してもその意味は変わらない。

（15）??Vete de aquí antes de que no te vea nadie.

　（15）は文字通りに解釈するならば「誰もあなたを見ないより前にここから立ち去れ」、という意味であり、(14d)の「誰かがあなたを見るよりも前にここから立ち去れ」とは異なるはずである。しかし、(15)の従属節に出現している否定語はいわば虚辞的なものであり、antes に後続する従属節の極性には変化はない。
　これらの語彙的な比較は、否定語だけでなく否定極性項目の出現も許す。

（16）　Ernesto prefiere ser escéptico que tragarse semejantes disparates.

　　　　　　　　　　　　　　　　　　　　　Bosque(1980: 81)

　（16）が否定極性項目 tragarse semejantes disparates の出現を容認するのは、主節の動詞 preferir が比較の意味を持つからである。しかし、比較の対象となる否定極性項目は、やはり具体的かつ特定的な事象を表しているわけでは

なく、不特定かつ量化的な事象である。畢竟、比較構文及び内在的に比較の意味を持つ語彙は、否定極性誘因子として機能するものの、否定の意味を含意することはなく、量化的な最上級を含意する。この量化的な含意は、以下の文からも明らかである。

(17) a. Juan es más listo que ningún alumno de su clase.
　　 b. ??Juan es más listo que alumno alguno de su clase.

Sánchez López(1999: 2623)

　(17b)は名詞句に後置されたalgunoが否定極性項目となるが、明示的に否定語を取る(17a)の方が容認度が高い。(17)は両者とも意味的に不特定の解釈を持つが、(17a)は不特定の意味が否定語ningúnとして明示されているのに対し、(17b)はalumno algunoという慣用的な表現として出現しているからであろう。

　つまり、比較構文に出現する否定語及び否定極性項目は、その否定性から出現するのではなく、量化的な性質から(比較構文にもかかわらず)最上級を表す言語表現として機能すると思われる。

注
1　日本語の「誰も」や「何も」はLHHのアクセントで発話された時には否定極性項目として機能するが、HLLのアクセントで発話された時には否定極性項目として機能しない(Kato(1985)他を参照。なお、ギリシャ語にも同様の現象が観察される。詳しくはGiannakidou(1997)を参照)。また、否定極性項目として働く「誰も」や「何も」は必ず「〜ない」を伴う必要があり、内在的に否定要素を持っていないため第一章(28)の否定語の条件を満たしていない。従って、日本語の否定語は「ない」の一つだけであり、「誰も」や「何も」は、それぞれ「nadie」、「nada」の否定極性項目としての機能にのみ対応していると考えられる。
2　否定極性項目の萌芽的研究として、Jespersen(1917)、Fauconnier(1975)やHorn(1978)他、スペイン語における否定極性項目の研究ではZuloaga(1975)やBosque

(1980)他が挙げられるが、主張に大差はなく、また各言語間でも似たような振る舞いを見せることから、個別言語に左右されない、ある程度普遍的な現象のように思われる。しかし、以下のように個別言語間でも語彙的に多少の差異がある。
　（ⅰ）a.　私は彼がとても好きです。
　　　　b.?*私は彼がとても好きではありません。
　（ⅱ）a.　*I like him much.
　　　　b.　I don't like him much.　　　　　　　　Quirk, et al(1972: 449)
　（ⅲ）a.　Te quiero mucho.
　　　　b.　No te quiero mucho.
　（ⅳ）a.　Tykkään sinusta paljon.
　　　　b.　En tykkä sinusta paljon.
　（ⅰ）は日本語、（ⅱ）は英語、（ⅲ）はスペイン語、（ⅳ）はフィンランド語の例であるが、意味的にほぼ等価な「とても」、「much」、「mucho」、「paljon」でも日本語では肯定極性項目、英語では否定極性項目として働くが、スペイン語及びフィンランド語では極性項目ではない。一方、語彙ではなく疑問文、仮定節などの言語環境では、個別言語ごとの揺れはあまり見られない。このことから、否定極性項目は統語的要素よりも意味的要素に大きく依存しているように思われる。

3　否定極性誘因子ではないにもかかわらず否定極性項目が出現する代表的な環境は疑問文である。
　　（ⅰ）¿Cuándo has movido un dedo por alguien?　　Sánchez López(1999: 2608)
　　（ⅰ）は否定環境にないにもかかわらず否定極性項目 mover un dedo が出現している。否定極性誘因子として修辞疑問や修辞感嘆文が挙げられるが、これらは修辞的に用いることによって、含意としては否定を表している（修辞疑問及び修辞感嘆文については第二章八節を参照）が、（ⅰ）には否定の含意がない解釈も可能である。

4　否定環境の強さについて一般的な研究は太田(1980)や Bosque(1980)他、専門的な研究は Ladusaw(1980)、van der Wouden(1997)、Zwarts(1998)、吉村(1999)や奥野・小川(2002)などが挙げられるが、記述的な内容が多い。van der Wouden の研究は、その中でも否定の強さに階層性を認めて定式化している点で優れている。

5　肯定極性項目も同様に否定環境に現れることがある。しかし、肯定極性項目は否定極性項目に比べると、遥かに数が少ない。また、肯定環境も否定環境と同様にその強弱を考慮するべきであるが、個別言語でも apenas のような擬似否定環境を作る言語表現が否定環境であるか、肯定環境であるかを決定するのは容易ではない。詳しくは先に挙げた先行研究を参照のこと。

6　山田(1995: 551)は、否定極性項目を「否定対極表現」という術語を使い、以下のように定義している。

（ⅰ）　否定の文脈の中で特徴的に現れ、否定語と組み合わせてのみ用いられる
　　　　　　のを原則とする語句を否定対極表現という。　　　　　　　　山田（1995: 551）
　　　しかし、否定語と組み合わされずとも否定極性項目が出現することは稀ではな
　　いため、この定義は若干説明不足である。
7　Bosque（1980: 109）では否定語を否定極性項目と分けて説明しているが、前述の混
　　同が見られる。
8　あるインフォーマントは(11c)の表現は違和感があると答えたが、これは極性環
　　境の問題ではなく、語順の不自然さの問題であろう。
9　虚辞の否定についてはこの原則が崩れることがある。第二節を参照。
10　この推論は Grice（1975）の語用論的性質を持つ会話の公準における、Quantity 1
　　の条件：Make your contribution as informative as is required (for the current pur-
　　poses of the exchange). に従うものだと思われる。
11　語彙の内在的意味特性として「極限」の意味を持つ語彙も存在する。副詞 poco、
　　apenas、sólo、raramente、demasiado などはその代表的なものであり、これらは単
　　独で語用論的な補助なしに極限の意味を持ち、量化的な解釈をすることができ
　　る。即ち、これらの語彙は否定語と完全に等価ではないが、その極限という内在
　　的意味特性によって否定環境を作りうる。
12　(20b)は「intromisión relacional すらも我慢できない」という特別な文脈において
　　は成立しうるが、有標的であることには疑問の余地がない。また、(20c)は場合
　　によって適格・不適格の基準が曖昧である。これは、形容詞 presidencial の意味が
　　「極限」を指し示すか否かでインフォーマントが迷った結果だと思われる。
13　日本語の「は」には対比の意味が存在するため、「最も難しい問題は解けない」
　　のならば、「最も難しい問題」に対比される「それよりも易しい問題」は解くこ
　　とができる、という含意が成立する。しかし、「最も難しい問題が解けない」状
　　況では、対比の概念がないため、「それより易しい問題」については如何なる含
　　意や情報が存在しないということになる。本節では日本語の「は」の対比的用法
　　を考慮に入れてはいるが、スペイン語の量化的最上級を分析する際に「は」と
　　「が」の区別を論じることはしない。
14　社会的な要因と語彙的な要因が混在する否定極性項目もある。
　　　　（ⅰ）a.　Tu novio no es un marqués.
　　　　　　b.　Tu novio es un marqués.　　　　　　　　　　　Bosque（1980: 131）
　　　（ⅰa）は単なる（ⅰb）の否定ではなく「あなたの恋人は侯爵のような素晴らしい
　　人ではない」という極限のよる量化的意味をコノテーションとして持つ。「侯爵」
　　という地位がある段階の極限（この場合は身分）を表すという知識は、「侯爵」
　　が持つ社会的な立場を理解しなければ導き出せない推論であるが、侯爵という語彙
　　項目の内在的意味特性においても極限を表しうる。これは、marqués の代わりに

príncipe や rey といった、語彙項目に「社会的に高い身分」という意味が記載されている語が出現すれば（ｉa）はその伝えるべき情報を聞き手に伝達したとみなされよう。更に、marqués の代わりに語用論的ないしは言語外的な背景知識に根ざした「極限」の含意を持つ固有名詞又は普通名詞は、固有名詞化された言語表現、例えば el Dios や Alfonso X、el Papa 等に置換可能である。従って、（ｉa）が極限を表すのは、文化的・社会的背景と語彙的要素の二つが可能性として残されうる（なお、普通名詞の固有名詞化に関しては、大塚(1982: 964)、寺澤(2002: 110)他を参照）。

15 前置詞 hasta や副詞 todavía と ya も、完了相の中では極限を表すことができるため、結果的に否定極性項目とは量化的な最上級であると結論付けることも可能ではある。

16 プレグナンツの原理による有名な実験に、パックマンの四角形における主観的輪郭(Kanizsa(1979))が挙げられる。より発展した研究では、パックマンの四角形に脳の知覚作用によって、本来ないはずの主観的な輪郭の残像が網膜に発生することが確認されている(2001年8月31日付毎日新聞)。これらの実験は、認知的主観において「主観」とされる心理的要因だけでなく、「客観」とされる脳内の神経伝達における電気信号が本来あるはずのない部分を全体の総和以上として感知している証左と言える。また、Julesz(1971)は、かつて形が知覚されて奥行きがあると信じられていた観点を捨て、認知言語学でいう図と地の概念を提唱している。即ち、ゲシュタルト知覚は高次な概念ではなく、基本的かつ脳のかなり低次で起きていると考えられる。

17 こうした経験的ゲシュタルトの概念を言語の他動性に当てはめた研究として Lakoff(1977)、構文に当てはめた研究として Goldberg(1995)他が挙げられる。ゲシュタルトの概念と言語表現に関しては、Katz & Postal(1964)、大堀(1991, 1992)、大津(1995)、河上(1996)、Tabayashi(2003: 2.2.2)、田林(2005)他、スペイン語については Coseriu(1964)、Zuloaga(1975)他を参照。なお、ゲシュタルト知覚を更に図(figure)と地(ground)に応用した研究として、Talmy(1978, 2000)、Langacker(1987, 1991)、Ungerer & Schmid(1996)他を参照。

18 否定極性慣用句の(背景知識からの)語用論的な段階的最上級と、統語的な量化的最上級は厳密に区別する必要がある。前者はあくまで背景知識に根ざされたものであり、如何なる統語的影響も受けない。例えば、否定極性慣用句 mover un dedo は、あくまで「指一本も動かさないなら、他も動かさないだろう（即ち全く動かないだろう）」という語用論的推論に基づいた段階的最上級(mover un dedo に関して言えば最下位)を含意するだけである。従って、仮に「指一本」という表現が段階的最上級を含意しない社会的または文化的背景が存在する環境ならば、mover un dedo は段階的最上級を表さず、結果として否定極性慣用句にもな

らない。一方、後者は統語的に最上級を明示しているために（極限から量化的な解釈に至るには語用論的な側面が関与するものの）語用論的な含意による「極限」はない。

19　具体的かつ萌芽的な先行研究として、フランス語に関しては Fauconnier(1975)、スペイン語に関しては Bosque(1980)、一般言語に関しては Lindholm(1969: 154)、Baker(1970)、Schmerling(1971)、太田(1980)他を参照。

20　緩叙法(litotes)は修辞学の間で様々な定義があるが、本書では暫定的に「表面上だけ少なく表現し控えめな表現をするによって、大げさな表現よりかえって強調を狙う表現、または少なく言うことによって、反対にその隠している本質を強調する言語表現」と定義する。

21　「右」という概念が正しさ、男性という文化的意味を持つのに対し、「左」という概念は不吉さ、女性という文化的意味を持つ。こうした文化的意味も言語表現を理解するうえでは欠かせない語用論的背景知識である。例えば、levantarse con el pie izquierdo という慣用句は、「左」という概念が文化的に不正さを表すことから「縁起が悪い、ついていない」という意味を持ちうる。こうした背景知識に由来する言語表現のほとんどは、現在ではその語源的由来を意識することなく使用されていると思われる。また、ロマンス語の否定語は、語源的には否定の強化として量化的な言語表現と共に否定文に現れる名詞から派生している。スペイン語の nada は、res nata(cosa nacida) から派生したものであるが、否定極性慣用句が必ずしも否定語と同等の振る舞いを見せるとは限らない。以下の文を参照。

（i）a． No he visto a nadie / un alma.
　　　b． He estado en casa de Pedro pero no había nadie / ?un alma.
　　　c． No he visto a nadie / *un alma comer tan rápido como tú.

Bosque(1980: 127)

　もし否定慣用句が如何なる状況や文脈、ないしは統語的な変形においても容認可能であるならば、それらは語彙化が完全に成された否定語とほぼ同等とみなすべきであり、否定慣用句はあくまで否定環境に生起しうる一定の「半ば語彙化された」言語表現と考えるべきである。なお、語源的なアプローチからの興味深い研究としては Lakoff(1987) や Sweetser(1990) が詳しい。

22　語用論的含意の取り消し可能性についてはメタ言語否定と密接に関連する分野ゆえに諸々の研究がある。意味的な視点から洞察に富む研究としては、Horn(1991, 1992, 1993)他を参照。

23　否定慣用句 no darle vela en este entierro は極限を想像するのが難しいかもしれない（かつほとんどの母語話者はその語源的意味を意識しながら使用しているとは思えない）が、「葬式に蝋燭を使わない」（＝誰も呼ばない）ということは、蝋燭なしでは葬式という儀式そのものが成立し得ないほどの価値を蝋燭に与えている証左

になる。このように、文化面から言語表現を解釈することが可能なように、(いわば逆方向のアプローチである)言語表現から文化的、歴史的な側面を分析することも可能である。

24 Gili Gaya(1961: 52)や Hernández Alonso(1982: 53–54)は最小量と極限を明確に区別はしていないが、言及されている対象は bledo、comino、pepino といった最小量を表す否定極性項目のみである。

25 この現象は、特に語用論的な含意に支えられた否定極性慣用句では、スペイン語のみならず他の言語にも見られる。例えば日本語の「びた一文ない」、「眉一つ動かさない」などは極限の意味を持つ否定極性慣用句である。

26 なお、No tengo ni siquiera una peseta. という文は「お金を持っていない」ことも含意するが、これは una peseta の極限の含意ではなく、副詞 ni siquiera の機能によるものである。副詞 ni siquiera については第二章七節を参照。

27 Fiengo(1974)は、否定極性項目 any が存在的量化的な意味を持つとして、any は some と同じく∃の意味を持つが「意味的な affective」の作用域内にのみ現れる補充形(suppletive form)であると主張する。ここで「意味的な affective」としたのは、Jackendoff(1972)が主張する統語的な立場ではなく、意味上で affective な要素の影響を受けていることを明示するためである。もし any を some が持つ存在量化子の統語的補充形とみなすならば、(ⅰa)は非文となり、(ⅰb)との意味の差異を説明できない。

(ⅰ) a. No one has found any solutions to some of these problems.
　　b. No one has found any solutions to any of these problems.

しかし、any を単に∃に相当する意味を持つとするのならば、以下の文の any の用法を説明できない。

(ⅱ) a. Any delay must be avoided.
　　b. Ask any man that you meet.

(ⅱ)の any はむしろ∀の解釈を持つ。Fiengo は(ⅱ)で出現する any に全称的な価値を認め、any は二価的な意味、即ち∃と∀の意味を持つと説明する。

それに対し、Reichenbach(1947: 106)は any は∀の意味しか持たず、every や all よりも広い作用域を持つと主張する。Reichenbach は(ⅲa)は(ⅲb)の、(ⅳa)は(ⅳb)の意味を持つとして、any と every の差異を説明している。

(ⅲ) a. John hasn't solved any problems.
　　b. $\forall x: x \in$ problems $\neg$ (John has solved x).
(ⅳ) a. John hasn't solved every problem.
　　b. $\neg \forall x: x \in$ problems (John has solved x).

(ⅲ)と(ⅳ)は両者とも全称的な解釈であり、any と every の違いは作用域の広さ(any の方が広い)だけであると主張する。

その他、Jackendoff による音のイントネーションからの分析、Horn（1972: 146）の論理記号による全称と存在の二価的な価値を認める分析などがあるが、決定的な論はない。本書では、any が全称的な解釈であれ存在的な解釈であれ何らかの量化的な意味を持つことを認め、それが二義的か否かまでは踏み込まない。詳しい議論は Lakoff（1972）、LeGrand（1974）、Linebarger（1991）、Zwarts（1995）、Tovena（1998）他を参照。

28　例外的に、(37b) 及び (37c) のように二つの条件を満たす必要がある場合もある。

29　名詞に後置された alguno についてはいくつかの先行研究がある。歴史的な背景からの研究は Hanssen（1913: 272）、Llorens（1929）、Wagenaar（1930: 30–36）、Wallach（1949）他、統語的な背景からの研究は Bosque（1980: 63–64）、論理学的な背景からの研究は Acero（1980）、理論言語学的な背景からの研究は Sánchez López（1999: 2597–2598）他を参照。

30　(54) の肯定極性項目 alguna が否定環境に出現しているにもかかわらず容認されるのは、(54) がメタ言語否定の解釈を持つためである。(54) の論理式は (ⅰ) である。

　　（ⅰ）　¬∃ x, x = pregunta, (el presidente respondió x).

　　　　　　　　　　　　　　　　　　　　　　　　Sánchez López（1999: 2581）

　　即ち、(54) は「大統領が答えられたような質問は存在しない」という解釈を持ち、「大統領が答えられなかった質問がある」とは通常解釈されない。

31　より正確に述べるならば、(57) では alguno の直前に存在するのは名詞ではなく形容詞 eléctrica である。従って、線状的な分析の (56) よりも、言語の構造を視野に入れた分析である直接統御の概念の方が説明原理として優れている。それでも、名詞句 avería eléctrica を主要部として alguno が付加詞であるという分析をしてしまい、結局間違った予測をしてしまうことになる。

32　(56) の定式化は、畢竟「裸の名詞句が後置された alguno を同一節点から直接統御し、かつ裸の名詞がその主要部となること」と統語的に説明されよう。この考察自体は「原則として」一般化されうるが、(57) に見るように、意味的な要因を見過ごすと間違った予測をする。従って、後置された alguno も意味要因を考慮に入れる必要がある。

33　否定の焦点として現れる要素は命題的なものであればあるほど強い否定極性項目となる点は、疑いの余地がない。

　　（ⅰ）a. *Juan negó nada.

　　　　 b. Juan negó tener nada que ver con el escabroso asunto del robo.

　　　　　　　　　　　　　　　　　　　　　　　　Sánchez López（1999: 2607）

　　（ⅰa) で、否定極性誘因子である否定含意述語 negar が現れているにもかかわらず、否定語の出現を許さないのは、(ⅰa) の否定語 nada が量化的ではあるもの

の、命題的ではないからである。一方、（ⅰb）の否定極性項目は命題的な内容を関係節に伴うことによって補っているため、否定語よりも弱い否定極性しか与えられない否定含意述語を伴うことでも出現できる。

34 en modo alguno 以外にも de manera alguna などのように「名詞に後置した alguno」の特性に反する言い回しは存在すると思われる。

35 山田（1995: 463）は、de ninguna manera も語彙化した否定語として機能し、否定語前置構文になることを観察している。

（ⅰ） De ninguna manera quiero hacerlo.（私は絶対にそんなことをしたくない）

山田（1995: 463）

36 出口（1995, 1997）や山田（1995）は「虚辞の no」としているが、厳密に述べるならば否定語 no 以外も虚辞の否定として機能することがある。なお、Sánchez López（1999: 2627）は虚辞的否定（La Negación Expletiva）という用語を用いているが、考察の対象としているのは否定語 no のみである。Bosque（1980）は虚辞の否定そのものを考察しておらず、Negación Espúrea という術語を用いている。

37 実際には虚辞の否定が出現するには更なる統語的及び意味的な制約があるが、本書では詳しく議論しない。なお、中世スペイン語ではほとんどの否定極性誘因子で虚辞の否定を許したと Sánchez López は指摘する。詳しくは Llorens（1929）、Wagenaar（1930）他を参照。

38 比較構文での虚辞の否定の特殊な振る舞いに対して、記述的妥当性（Descriptive Adequacy）を求めることを本書では目的としない。敢えて一般性のある説明原理を立てるとしたら、①定形節よりも不定形節の方が虚辞の否定を取りやすい、②前置詞句を比較の対象とする比較構文において、虚辞の否定は出現しづらい、の二点が挙げられるが、あくまで傾向を記述しただけであり、記述的妥当性ないしは説明的妥当性（Explanatory Adequacy）を達成することは難しい。

39 修辞疑問ないしは修辞感嘆文は反語的用法（Irony）であり、語用論における中心課題の一つである。詳しくは第二章八節参照。

40 なお、虚辞の否定に関しては、第二章及び第五章で言及した痕跡の理論は応用不可能である。何故なら、虚辞の否定における最大の目的は話者の心的命題態度、即ちモダリティの強調であり、命題自身の極性判断については影響を及ぼさないためである。従って、虚辞の否定は語用論的な「強調」の意を持つ言語表現であり、意味論的な真理値への貢献はないと思われる。

41 Bosque は虚辞の否定そのものに言及することはなく、また、Sánchez López も虚辞の否定は no のみであるとする。更に山田（1995: 554–555）や出口（1997: 182–186）も虚辞の否定に関して扱っているのは no だけで、それ以外の否定語については触れていない。

42 修辞疑問ないしは修辞感嘆文が否定極性誘因子として働いている場合はその限り

ではない。第二章八節を参照。本節では、(修辞疑問及び修辞感嘆文を含めた)否定極性誘因子が現れていないのに、no 以外の否定語が動詞に後置するケースを no 以外の虚辞の否定と定義する。

43 萌芽的な研究として Hanssen(1913)、Jespersen(1917: 80)、Llorens(1929: 273)、Joly(1967)、Ross(1971)、Seuren(1973)、Mittwoch(1974)、Rivara(1975)他を参照。更なる研究としては Bosque(1980: 75–87)、Hoeksema(1983)、Larson(1988)、山田(1995: 130)、寺崎(1998: 92–97)、Sánchez López(1999: 2621–2624)他を参照。

44 比較構文における虚辞の否定の出現条件は、動詞が叙実的(factivo)でないことや、不定形でないことなどが挙げられる。詳しくは Bosque(1980: 78–79)を参照。

45 虚辞の否定が「予想に反して」という文脈で比較構文の比較される対象に現れる観察は、イタリア語でも見られる。詳しくは Napoli & Nespor(1976)を参照。

46 同等比較でも否定語の出現を許すことがある。

 （ⅰ）Juan juega al mus como nadie. 　　　　　　Sánchez López (1999：2622)
 （ⅱ）a. Manuel es tan alto como ninguno.
 　　　 b. A Jacinto le gusta divertirse tanto como a nadie. 　　　Bosque(1980: 77)

しかし、(ⅰ)の como nadie は、後述するように「誰よりも」という量化的な解釈を持ち、否定は一切含意されていない。むしろ、比較構文での否定語は量化的な表現の代替とみなしてよい。(ⅱ)の各文も分析は同様である。

47 統語的な比較構文と、内在的に比較の意味を持つ語彙とは必ずしも等価というわけではない。

 （ⅰ）No me gustan las espinacas ni las alcachofas, pero prefiero las espinacas. / ??me gustan más las espinacas. 　　　　　　Bosque(1980: 82)

(ⅰ)において語彙的に比較の意味を持つ preferir は容認するが、統語的な比較構文である gustar más は不適格となる。

48 (14)において、antes が比較の意味を持つかどうかは議論が分かれる。一つの解釈としては、antes は後続する命題がまだ達成されていない状態、即ち非現実を含意するために否定語の出現を許容するという分析も可能である。

 （ⅰ）El tren se fue antes de que nosotros llegáramos.

(ⅰ)では、「私たちが着いた」という命題は実現していない。即ち antes に後続する従属節は非現実の解釈であり、仮に実現してしまうと、主節の「電車が行った」の実現の真理値が問えない。

もう一つの解釈として、antes に後続する命題は、主に発話時点(ないし主となる命題)よりも前に生じるという点で、比較を含意するというものである。どちらの解釈を取るにせよ、antes が否定極性誘因子として働き、否定語ないしは否定極性項目の出現を許すことに異論はないと思われる。

第二部
スペイン語 EN 否定における意味構造

第四章　EN 否定の概略

本章では EN 否定と呼ばれる言語現象の先行研究について分析する。第一節では理論的背景の説明と前置詞 EN についての若干の考察を行い、第二節では先行研究の中でも代表的な Bosque(1980)、Sánchez López(1999)及び Bruyne(1999)を取り上げ、批判的な検証を行う。

1.　導入

スペイン語には、EN 前置詞句を文の先頭に持ってくることによって、否定辞(Palabras Negativas)が現れないにもかかわらず否定の意味を持つ、EN 否定と呼ばれる特殊な現象が存在する。従来の研究では EN 否定は主題化やイディオムといった観点から議論されてきたが(Bosque(1980, 1999)他を参照)、本書では周辺的な扱いをされていた EN 否定の意味構造を明らかにする。本書における「EN 否定」とは、以下の例文における否定表現を指す。

(1) a.　En toda la tarde agarró una rata. [M. Delibes, *Las ratas*, 73]
　　b.　En tu vida has trabajado, Pedro. [A. Bryce Echenique, *Tantas veces Pedro*, 134]
　　c.　Casi me respondió: <En la vida>, que es una forma habanera de declarar que nunca se ha oído y mucho menos conocido a semejante persona. [G. Cabrera Infante, *La Habana para un infante difunto*, 545–546]

　　　　　　　　　　　　　　　　　　　　　　　　Bruyne(1999: 671)

（2）a.　En mi vida le he visto.
　　 b.　En todo el día he podido encontrarte.　　　　　　Gili Gaya(1961: 52)

　(1)及び(2)では否定辞が現れていないが、意味的に強調された否定極性(Polaridad Negativa)を持つ[1]。即ち、否定辞が現れていないにもかかわらず、反駁、反対、拒絶などの否定の意味を持っているということである。本書では特に明記しない限り、EN 否定を「EN を伴う前置詞句の存在による、否定辞を伴わない否定」と定義する(第二章参照)。

　EN 否定は、主にスペインにおいて 16 世紀の文献に既に出現している、非常に古い言語表現である(当時の印刷状況等を考慮すると、それより以前に口話で出現している可能性がある)[2]。しかし、EN 否定は語用論的文脈に非常に左右される言語表現のため、体系的な研究はほとんどなされていなかった。萌芽的な研究として RAE(1973)、Bosque(1980)等が挙げられるが、ほとんどのスペイン語概説書では、EN 否定を前置詞 EN の周辺的な機能として取り上げているに過ぎない。また、その定義や条件付けも多種多様であり、統一的な見解は為されていなかった。本書では EN 否定の発生条件を突き止め、諸々の条件に対して記述的妥当性を持つ案を提示したい。

1.1　前置詞 EN の概略

　前置詞はいわゆる機能語であり、EN も例外なく閉じた類(closed class)の性質を持つ。開いた類(open class)の現存の語彙目録には容易に新しい語彙項目を加えることができるのに対して、閉じた類に属する語の集合に新しい語彙項目を加えることは難しい。前置詞が閉じた類だと言えるのは、それらが基本的には空間物理用法において安定した自己完結的な概念領域の内部で機能するためである(Talmy(2000)他)。

　前置詞 EN の機能については様々な学者が様々な角度から論じてきた[3]。以下、EN の一般的機能を山田(1995)に沿って列挙する。

（3）a.　Pedro vive en Madrid.

b. La olimpiada de Barcelona se celebró en 1992.
   c. Buscamos un especialista en periodismo.
   d. Quiero cambiar estos cheques en pesetas.
   e. Mi mujer pintó el dormitorio en color rosa.
   f. En absoluto.
   g. En acabando esta faena, voy contigo. 山田(1995: 156–159)

 それぞれ、(3a)は空間、(3b)は時間、(3c)は、分野・領域、(3d)は変化の結果、(3e)は様態・手段・方法、(3f)は en + 名詞・形容詞、(3g)は en + 現在分詞・不定詞の機能及び意味を表す例である[4]。また、(3b)と(3c)は両者とも(3a)を基盤とし、前者は物理的空間表現を抽象的時間表現にメタファーとして拡張したもの、後者は物理的空間表現を抽象的空間表現に拡張したもの(Lakoff & Johnson(1980)他を参照)と言えるので、実質的に(3b)及び(3c)は(3a)に還元される。また、(3d)は変化の結果における様態も同時に示すので、(3e)に還元される。従って、EN の基本的機能は(3a)の空間表現及び(3e)の様態表現と要約できる。

 EN の機能的プロトタイプは、基本的にある物体(ないしは抽象体)が別の物体(ないしは抽象体)に対して内包関係を表している[5]。López(1972)は、EN の代表的スキーマ[6]を以下のように説明する(下線は筆者)。

(4) EN representa la <u>interioridad</u> en un doble límite, y también el movimiento franqueando un límite de <u>interioridad</u>. López(1972: 136)

 EN が基本的に空間的内包関係を表す機能を持っていることに疑問の余地はない[7]。ここで「機能」を強調するのは、トラジェクター(Trajector、以下 TR)とランドマーク(Landmark、以下 LM)の空間的幾何学配置のみでは、EN に代表される空間辞が表す関係を説明できないからである(Tyler & Evans(2002)、Herskovits(1986)、Vandeloise(1991)他参照)。

（ 5 ） La flor está en el florero.

　(5)は「花の全体が花瓶の中にある」と主張しているわけではない。TRがLMに内包されていると解釈されるためには、どの程度まで囲まれているのかが問題となるが、いわゆる部分的内包も内包の一部とみなされる。更に、内包の概念は境界や外部の概念を比較して用いるものであるが、この認知的概念化を含めて、本書では内包をENの一機能として提案する。
　ENの機能的プロトタイプはおおよそ(6)に要約される。なお、時間表現においてはENと前置詞ゼロを対比する必要があるが、空間表現にはこの対立は見られない。

（ 6 ）　ENは空間的内包関係を表す機能をプロトタイプとして持つ[8]。

　(6)の妥当性を検証する。

（ 7 ） a.　Mi carta está en la mesa.
　　　 b.　El pez de colores está en la pecera.
　　　 c.　El cuadro está en la pared.
　　　 d.　Pedro vive en Madrid.

　(7)は、それぞれ主語がTR、前置詞句がLMとなっている[9]。TRとLMの機能的対応関係は、それぞれ(7a)ではTRがLMに〈支持〉、(7b)はTRがLMに〈内包〉、(7c)はTRがLMに〈接触〉、(7d)はTRがLMに〈内包〉、と分析される。このうち、内包関係を表す(7b)がより典型的であり、ENの第一義的な要素を担っていると思われる。従って、(7b)との比較から、①周辺的なカテゴリーとしてENの他の機能が説明できること(プロトタイプ理論)、②ENの他の機能に共通の要素があること(スキーマ理論)、を証明できれば、ENのおおよその機能的プロトタイプが確定できよう。
　まず、(7a)ではTRは明らかにLMの支配下(影響内)に入っていると言

える。手紙は机の上にあり、物理的に落下することを防いでいる（〈支持〉としたのもその理由による）。従って、(7a)ではLMの力の範囲内にTRが位置していることから、TRはLMに力的に〈内包〉されている。仮に手紙が机よりも大きく、手紙の辺が机の外にはみ出しているような状態でも手紙が机によって〈支持〉されていることに変わりはない。即ち、TRとLMの物理的な大きさは、直接ENの機能的意味に関係はない[10]。

　(7c)は、TRがLMの外に出ることを許さない。絵が壁から離れて宙に浮かんでいたり、絵が壁ではなく壁と同一面上にあるガラス窓に移動したならば、(7c)は成り立たない。つまりTRはLMが限定する領域内に留まらないと(7c)は容認されない。従って、TRはLMに領域的に〈内包〉されている。

　(7d)は(7a)と(7c)の融合的な機能を持つ。即ち、PedroはMadridという街の領域内に住み（Madridから外に出たら(7d)は成り立たない）、かつPedroはMadridの敷地内で（地面に接した）居住地を構えている。この場合、仮にTRが木の上にあったり、あるいは（如何なる手段で）空中に浮いていたとしても、LMが及ぼす力の範囲内にあることに変わりはない。

　TRとLMは必ずしも物理的存在物ないしは実体そのものである必要はなく、二次的な位置としての参照点がTR及びLMとして機能することもある。例えば(7d)において、Pedroは常にMadridに物理的に存在しなければならないというわけではない。Pedroが何らかの用事で一時的に外出していたとしても、Pedroが通常はMadridに住居を構えている限り、(7d)は成り立つ。(8)が容認可能なのもそのためである。

（8）　Pedro vive en Madrid, pero ahora está en Barcelona.

　即ち、Pedroの住居は参照点（Reference Point）として機能し、標的（Target）であるPedroを間接的に指し示している。従って、TRはLMに力的にも〈内包〉されている[11]。

　従って、ENの空間的機能は、①(7b)を典型的なものとして、力的、物理

的ないしは他の領域で放射状カテゴリーを形成する(プロトタイプ理論)、②共通の要素として〈内包〉を持つ(スキーマ理論)と説明できよう。

　Lakoff(1987)は、こうした文脈的拡張を前置詞では重視せず、最大規定(Full Specification)、即ち、網羅的に機能を提示し前置詞の個々の意味を特定しようとする。これは、Lakoffが多義性のネットワークに重点を置き過ぎ、スキーマを軽視したためであると思われる(具体的な反論はKreitzer(1997: 292)を参照)。Lakoffの問題点は、文脈的拡張による語用論的強化から生み出された意味を別個に独立した意味として扱ったことであろう[12]。即ち、ある情報を表現する言語の形式的表現及び語彙的意味と、文中の他の言語要素が手がかりとなって生じる情報を統合化する概念及び文脈的意味を十分に区別できていないことに問題がある。

　先に、ENは空間的内包関係を表す機能をプロトタイプとして持つと主張した。ここで〈空間内包関係〉がスキーマではなくプロトタイプとするのは、(6)から更に〈抽象的内包関係〉へと拡張されうるからである。即ち、ENの空間的機能の〈内包〉はスキーマになりうるが、〈空間的内包関係〉は〈抽象的内包関係〉へ拡張が可能という点からプロトタイプとしての機能しか果たさない。なぜなら、ENが持つ〈内包〉の抽象的機能は必ずしも共通の要素として働くとは限らない(従ってスキーマとは成り得ない)が、空間的内包関係から放射状カテゴリーを形成することはできるので、プロトタイプとなりうるからである。

　〈抽象的内包関係〉は〈空間的内包関係〉から時間[13]、概念等へ拡張する際に働く概念である。〈空間的内包関係〉がプロトタイプとなるのは、人間は知覚した空間物理関係や事物に関する理解を非物理的領域へと絶えず拡張しているからである(Lakoff & Johnson(1980)他を参照)。即ち、「空間構造が概念構造へ写像される」(Mandler(1992: 591)他を参照)のである。始めに物理的な関係を認知し、それを言語使用において抽象的な関係に応用する現象は、発達心理学の観点からもしばしば論議されてきた[14]。更に空間関係は必然的に主観的反応(人間の身体構造という意味において)を生じさせ、それが抽象的概念を作り出す。そして最終的には、空間関係におけるプロトタイ

プはそのままソース・ドメインとしてターゲット・ドメインへと写像(Mapping)されるが、Lakoff(1990)が主張する不変化仮説(Invariance Hypothesis、ターゲット・ドメインはソース・ドメインのイメージスキーマ構造を保持する仮説)を破ることがあり、空間関係から抽象関係へと写像されたときの抽象的意味要素には、本質的に空間関係の意味要素を受け継がないこともある(Tyler & Evans(2002: 169))。

認知言語学的には、一般に概念は、抽象的であれ物理的であれ、全て空間物理的経験に根ざしたものだと想定している(例えばLakoff(1987)他)。しかしGrady(1997)は、概念を外的経験に基づいた概念と内的経験に基づいた概念に二分し、時間のようないわゆる抽象的空間概念は内的概念から得られるものだとして、今までの外的経験に基づいた概念は強く扱われすぎたと主張する。Gradyは、ある表層的なレベルの抽象的概念は外的経験からもたらされたかもしれないが、全ての抽象概念が外的経験からもたらされるものではなく、より抽象的な概念は内的経験からもたらされるものだとした。しかしGradyは内的経験と外的経験の具体的な線引きをしておらず、どの抽象概念までが外的経験からもたらされたものかどうかの説明もしていない。従って、Gradyの考え方には一応の妥当性は認めるものの、実際的には全ての概念は外的経験からもたらされたものと考えた方が簡潔なように思われる。

(9) a. La olimpiada de Barcelona se celebró en 1992. (= (1b))
　　b. Mi mujer pintó el dormitorio en color rosa. (= (1e))
　　c. En absoluto. (= (1f))

(9a)は、比較的平易な空間的内包関係から抽象的内包関係への拡張と思われる[15]。なぜなら、例えば時間軸を紙に書いてみれば、視覚的に時間の内包関係を認知できるからである。従って、(9a)はGradyのいう「外的経験からもたらされた抽象概念」といえよう。それに対し、(9b)では内包関係を視覚的に表すことは難しい。これは、(9a)の抽象概念を更に抽象的に拡張し

たものであり、「内的経験からもたらされた抽象概念」といえる。(9c)はそもそも知覚可能な現象を描写していない。従って、抽象度は(9b)よりも遥かに高い。

しかし、(9a)を概念的に理解し得ない場合、(9b)及び(9c)の意味を類推することは(語彙的特性として定式化した場合を除いて)不可能である。即ち、(9b)及び(9c)において、直接的なベースとなった経験は(9a)のような抽象的な概念であったとしても、そもそも(9a)が生じたのは、物理的な空間的内包関係からである。そして、内的経験が生じるのは外的経験からである。認知の源は外的経験からであるため、わざわざ抽象度の段階に応じて外的経験と内的経験を区別する必要性がない。つまり、Grady が主張するように、前置詞句表現において抽象度に差があり、それぞれ直接的に導き出される概念が外的経験か内的経験かの区別はなされ、それが言語表現における抽象度を測る一つの目安となるかもしれないが、そもそも内的経験は外的経験がないと発生しない経験であるため、根本的な差異は存在しない。

以上、本書の前提となるスペイン語の前置詞 EN の機能を簡単に述べた。次節以降では、EN 否定の主な先行研究を批判的に検証する。

2. EN 否定の主な先行研究

本節では Bosque(1980)、Sánchez López(1999)、及び Bruyne(1999)を先行研究と位置づけ、問題点を指摘しながら EN 否定を概観する。

2.1 Bosque(1980)による EN 否定の扱い

Bosque(1980: 29–64)は、EN 否定を主題化(Tematización)及び NEG- 削除 (Elisión de NEG)の観点から説明している[16]。

(10) a.　No vino nadie.
　　 b.　Nadie vino.　　　　　　　　　　　　　　　　　　Bosque(1980: 29)

(10a)と(10b)は、後者が強調の意味を含意するという点では異なるが、真理値は等価である。

EN を含んだ否定表現に関して以下の例文を参照。

(11) a. Tal actitud no se puede tolerar en modo alguno.
　　 b. No he estado aquí en mi / la vida.
　　 c. No lo he visto en todo el día.
(12) a. En modo alguno se puede tolerar tal actitud.
　　 b. En mi / la vida he estado aquí.
　　 c. En todo el día lo he visto. 　　　　　　　Bosque(1980: 34)

(11)と(12)の真理値は等価であり、それぞれパラレルな関係にある。Bosque は、(12)が否定極性を持つのは EN 前置詞句の移動、即ち主題化に因り、(11)のように否定辞(ここでは否定語 no)が表層に現れないのは、NEG- 削除に因ると説明している。これはチョムスキー付加(Chomsky-Adjunction)及び NEG- 削除によって以下のように定式化される。

Tematización de TPN (T-TPN)
X — NEG　[V — Y — TPN — W] — Z
1　　2　　3　　4　　5　　6　　7
1　5+2　3　　4　　ϕ　　6　　7　　　　Bosque(1980: 34)

しかし、この定式で否定極性が必ず付加されるとは限らない。(13a)と(13b)はともに曖昧である。

(13) a. En mi vida he sido vendedor de libros.
　　 b. En toda la tarde has tenido tiempo de ir a la tienda. Bosque(1980: 34)

(13a)と(13b)は肯定と否定の二通りの解釈が与えられる。Bosque はこの

曖昧性の根拠についてイントネーション以外の説明を試みていない。

　本書では原則的に、EN 前置詞句の主題化及び NEG- 削除によって、否定辞を含まない否定表現、即ち EN 否定が出現しうるという Bosque の主張を支持する。しかし Bosque の説明は、①EN 前置詞句を主題化すると何故否定極性が付与されるのかという理由付けを説明していない、②統語的側面のみを重視し、意味的側面における分析が欠如している、③NEG- 削除が如何なる理由で成されるのかといった動機付けが明確ではない、④否定語の前置と主題化を混同している、などが欠点として挙げられよう。

2.2　Sánchez López(1999)による EN 否定の扱い

　Sánchez López(1999)は、EN 否定を主に慣用句やイディオムの観点から説明する。

(14)　En la vida adivinarás el acertijo.　　　　　Sánchez López(1999: 2564)

　Sánchez López は、(14)において En la vida という前置詞句が単独で命題に否定極性を与えると主張する。即ち、En la vida という複合語は完全に語彙化し、否定辞と同等の極性決定機能を持つとしている。更に、語彙化された EN を伴う前置詞句は否定辞と同等にふるまうとして、否定極性誘因子(Inductores de Polaridad Negativa)と否定の呼応をすると説明する。

(15)　Ana es la mejor persona que he conocido en mi vida.

　　　　　　　　　　　　　　　　　　　　　　　Sánchez López(1999: 2565)

　Sánchez López によれば、否定極性誘因子である mejor が en mi vida と呼応し、結果として(15)の関係節は否定極性を持つ[17]。
　(15)は、Bosque の主題化による否定極性付与の反例として示唆的であり、語彙化の説明に妥当性を与えうる。だが、元来全く否定の要素を持ち得ない EN 前置詞句を語彙化された否定表現と位置づけ、tampoco、nadie、nada と

いった単独で否定極性を与えうる否定辞と同等に扱う主張には無理がある。EN 否定が全て EN を伴う前置詞句の語彙化に因るならば、en la vida、en mi vida、en tu vida、en toda la tarde といったほぼ無数の EN を伴う前置詞句ごとに語彙化の説明を与えねばならない。また、EN 前置詞句を持ちながら、肯定的にしか解釈されえない(16)のような現象を説明できない。

(16)　En tu vida has trabajado mucho.

(16)は、EN 前置詞句を主題化しながらも否定極性を持たないという点で Bosque の反例になり、また EN 前置詞句が現れながらも肯定的な読みしかできないという点で Sánchez López の語彙化の反例にもなりうる。更に、何故(17)のような基本的な EN 前置詞句が否定極性を持たないのか、即ち、どういった EN 前置詞句が EN 否定を引き起こす要素として語彙化されているかを説明できない。

(17) a.　Comeré la cena en una fábrica.
　　 b.　Vivo en una casita.
　　 c.　Tienes que prepararlo en cinco minutos.

(17a)は動的な動詞を伴う空間表現、(17b)は静的な動詞を伴う空間表現[18]、(17c)は空間表現を時間表現にメタファー的に拡張した表現[19]であるが、いずれも肯定的解釈しか持たない。これに対して Sánchez López は、EN 否定は三つの特性を持っていると主張する。まず、EN 否定が生じるのは前置詞 hasta に見られるように、点的な述語に制限される。

(18)　*En toda la tarde estaba estudiando.　　　　　Sánchez López(1999: 2604)

(18)は継続的な述語が出現しているため、EN 否定の出現を許さず、結果肯定解釈しかされない。二点目は、EN 否定が生じるのは、EN 前置詞句の

みに限られるということ(Durante el período de su vida he trabajado. は、広範な範囲を指し示してはいるが、否定極性を持たない)、そして最後の特性は、前置詞 EN に後続する名詞句が普遍的に量化されなければならないということである。

(19) ??En veintitrés minutos fue capaz de decir nada coherente.

Sánchez López(1999: 2604)

(19)は EN に後続する表現が量化されていないため、EN 否定ではない。しかし、これらの条件付けは妥当性はあるが記述的なものであり、かつ具体的な定義がない。

2.3　Bruyne(1999)による EN 否定の扱い

Bruyne(1999)は、EN 否定を以下のように説明する。

(20)　Una combinación del tipo < en（+ todo）+ sustantivo que indica un lapso de tiempo（año, día, mañana, noche, vida...）> siempre indica negación.

Bruyne(1999: 671)

Bruyne は続けて、これらの EN 前置詞句は動詞に前置する傾向にあり、前置した時は他の否定語が動詞に前置することなく否定極性が現れると主張する。しかし、この説明は(13)のように常に否定を表現するわけではなく極性が曖昧な例、(15)のように EN 前置詞句が動詞の後に来ても否定を表しうる例、また、(16)のように EN 前置詞句が動詞の前に来ながら肯定的解釈を得られる例というように諸々の反例がある。更に、第二章二節で論じたように、EN 否定の出現条件である EN 前置詞句の左方移動(主題化)と、動詞の前への移動は明確に区別する必要がある。

更に、EN 否定が起こるのは常に時間の経過を指し示す(sustantivo que indica un lapso de tiempo)表現だけではない。

(21) En todo el país se ha visto una criatura más perversa.　Bruyne(1999: 672)

　修正案として、Tabayashi(2003)は、前置詞 EN はプロトタイプ命題の交替により否定要素を潜在的に持ちうると主張する。

(22)　La preposición EN percibida como una Gestalt puede tener potencialmente la propiedad NEG por el cambio de la proposición prototípica.

Tabayashi(2003: 79)

ゲシュタルト知覚された前置詞 EN が否定要素を潜在的に持ちうるという(22)の説明を支持する言語表現として、田林(2003)は以下の例を挙げている。

(23) a. ¿Hoy mataste el tiempo durante el trabajo? – En absoluto.
　　 b. ¿Hoy mataste el tiempo durante el trabajo? – Absolutamente.

田林(2003: 56)

　(23b)が肯定的に解釈される(仕事をさぼった)のに対し、(23a)で否定的な解釈(仕事をさぼっていない)がされるのは、前置詞 EN が否定要素を潜在的に持ちうるからと説明される。

(24) a. En tu vida has trabajado mucho.(= (16))
　　 b. En tu vida has trabajado.　　　　　　　　　　　田林(2003: 52)

　Tabayashi は(24b)が否定的に解釈されるのは、主題化や EN 前置詞句の性質ではなくコンテクストに由来すると説明する。しかし、コンテクストの定義自体が言及されておらずブラックボックス的な扱いを受けているため、文脈がどこまで極性に影響を与えうるか、定式化をされていない。更に、プロトタイプ命題に否定極性がかけられるのは統語レベルか語彙レベルか等は議

論すべき課題である[20]。

　更なる先行研究としては、山田(1995: 218, 551)がENの特殊な用法ではなく「否定語なしに単独で否定の意味を表せる」表現として以下の文を挙げている。

(25)　En mi vida he oído algo tan absurdo.　　　　　　　　山田(1995: 218)

　続けて、山田はen mi vidaはnuncaと同等の価値を持つと説明するが、山田は単なる事実の提示のみに留まっているだけで、EN否定の発生条件や記述的な説明を行っていない。

　以上のように、EN否定についての先行研究は非常に末梢的か、この現象に全く触れていないことが多かった。EN否定を初めて体系化して説明したBosque以後も、本質的には変わっていない。EN否定に関しては、社会的・地理的・文化的背景なども含め、研究すべき対象は多岐に渡るが、次節以降では、主にEN否定の形式的側面の分析を試みたい[21]。

注

1　山田(1995: 218)は、en mi vidaという語彙化された表現は、nuncaと意味的に等価としている。また、しばしばnunca en mi vidaのように組み合わされて使用されることから、単にある事象に対する反駁の意味を示しているだけではなく、強い拒絶の意味も同時に持っている強調表現だということができる。

2　EN否定はラテンアメリカではほとんど使われていないと思われる。筆者がインタビューしたインフォーマントのうち、ラテンアメリカ出身のスペイン語母語者は全員例外なく(1)及び(2)は否定極性を持たないと回答した。また、筆者はことあるごとに(1)及び(2)の文をスペイン語母語者に提示したが、スペイン出身のネイティブには全員抵抗なく受け入れられる一方、ラテンアメリカ出身のネイティブには全員否定の解釈は得られなかった。このため、本書で言及するEN否定はスペインにのみ使用が許されうるもので、二人称複数における動詞の語尾変化のように「スペインで主に使われているが、ラテンアメリカのスペイン語話者も使

用しないまでも、その存在を知っているもの」のようには捕らえられていないと思われる。

3　先行研究のほとんどは EN の機能を空間(espacio)、時間(tiempo)、概念(noción)の三つに分けて説明している(Gili Gaya(1961)、Hernández Alonso(1982, 1984)、Alarcos Llorach(1984)、Marcos Marín(1980)、RAE(1973)等。なお、RAE は概念の代わりに様態及び道具(modo o instrumento)という用語を使用しているが、説明は同様)。これは前置詞の先駆的研究である Brøndal(1950)及び Jespersen(1924)の影響によると思われる。Luque Durán(1973)は EN を 22 種類に分類しているが、それぞれの分類が重複も多く独立していない。Bruyne(1999)は先の三分類に <confiar, creer, esperar… + en> 及び <en + gerundio / infinitivo> という分類を付け足しているが、EN 単独の機能については先の三分類に準拠している。以上の理由から、本節では山田(1995)の分類を基盤とするが、先の三分類を否定するものではない。

4　山田(1995)はこれらの機能を更に下位分類して説明しているが、下位分類同士に本質的な機能の相違はない。

5　Hernández Alonso(1982, 1984)、RAE(1973)、Gili Gaya(1961)他を参照。

6　López(1972: 136)は、Esquemas Representativos という用語を用いて(4)の概念を図式的に説明している。端的に述べると、スキーマとはあるカテゴリーに属する成員全てから摘出されうる特性であり、このスキーマを持たない成員は即ちそのカテゴリーの成員ではない。プロトタイプは、あるカテゴリーに属する成員の中で最も典型的な一成員の抽象的特性であり、必ずしもカテゴリーの成員全てが持つ特性を持つ必要はない(Langacker(1987)参照)。従って、López の言う代表的スキーマとは、実際は(EN の機能の中で最も典型的な一成員である)プロトタイプを指していると思われる。

7　内包関係を表す際に前置詞 DE を使用する時があるが、それは以下のような文脈に限られる。

　　（ⅰ）a. Las chicas de la sala son de mi clase.
　　　　　広間の女の子たちは私のクラスの子だ。
　　　　b. Las chicas que están en la sala son de mi clase.
　　　　　広間にいる女の子たちは私のクラスの子だ。
　　　　c. *Las chicas en la sala son de mi clase.
　　　　　*広間に女の子たちは私のクラスの子だ。　　　山田(1995: 153 一部改)

（ⅰ）から、EN を伴った名詞句は作れず、EN が現れた時は必ず主要部(Head)として前置詞句を作らなければならないと考えられる。しかし、DEBAJO DE 等の前置詞句も主要部として働かなければいけないことを考慮すると、（ⅰ）は EN の特殊な機能によるものではなく、DE の機能的汎用性に起因するものと考えら

れる。従って、「DE は空間的内包関係を表しうる」という説明よりも、「DE は語用論的に予想されうる前置詞の機能を代行しうる」という定式化の方が正しい。
8 本書では、内包関係は絶対的な大きさや量といった概念で把握されるものではなく、相対的なものであると考える。つまり、Talmy(2000: 170)が示唆するような位相的拡張(Topological Extension)における関係である。
9 本書では、Langacker(1987)に準拠し、TR は参与者間の関係においてより際立つもの、LM は参与者間の関係において、TR に対し、その基点として機能するものを指す。
10 （i）のようにあまりに TR が LM に対して大きい場合、EN は容認されないが、ENCIMA DE 及び SOBRE は容認する。これは ENCIMA DE 及び SOBRE が内包関係を表すよりも重力軸に沿った〈支持〉に際立ちを置いているためと思われる。
   （i） El coche está *en / encima de / sobre el poste de electricidad.
11 ここでいう参照点とは、換喩的な参照点能力(Reference-Point Ability)による参照点である。即ち、本来ならば指し示さなければならない人、物、事態等に対して、それらへの心的アクセスが比較的容易な別の事物や事象を経由して間接的に行われる場合に、後者を参照点、前者を標的と呼ぶ。また、ある参照点を解してアクセス可能な対象の集合(潜在的な標的)を支配域(Domain)と呼ぶ。例えば、英語の所有表現や日本語の二重主語構文(e.g. 象は鼻が長い)も参照点の具現の一種である。西村(2002)他を参照。
12 習慣化され、固定された意味拡張である語用論的強化の表現はもはやメタファーの助けを必要としないが、しかしその価値を減ずることにはならない。Traugott (1989)参照。
13 時間と空間に関連する語義の境界は必ずしも明確ではない。
   （i） 国境の長いトンネルを抜けると雪国であった。夜の底が白くなった。
   ここでの「夜」は時間義と空間義の両方を表しうる。従って、時間と空間の同時存在性は常に念頭に置く必要がある。
14 重要な文献としては Eimas & Quinn(1994)、Mandler(1996)他がある。また、飯高(1996)は発達の段階で自己と他者の分割がスムーズに行われず、身体概念が育ちにくい自閉的傾向児は、日本語の助詞の使用が困難であると報告している。これは、空間関係の認識の欠如が言語使用、特に助詞や前置詞などの抽象的な位置関係の認識に影響を与えていることを示唆する研究である。
15 Evans(2000)は、時間の概念は部分的に外的経験より精密化されているが、究極的には外的経験からのイメージスキーマではないと主張している。
16 山田(1995: 218, 551)も主題化の観点から EN 否定を論じている。

17 (15)の関係節の極性判断はインフォーマントによって判断が揺れるので、曖昧とすべきである。但し、日本語訳では「アナは私が今まで人生で出会った中で一番良い人だ」となり、否定の意味はどこにも現れない。スペイン語話者も(15)に否定要素を見つけることは難しいと思われる。
18 動詞のダイナミクスに関してはVendler(1967)、影山(1996)他を参照。
19 メタファー的拡張についてはLakoff & Johnson(1980)及びLakoff(1987)を参照。
20 プロトタイプ命題の詳しい議論はTabayashi(2003)を参照。
21 前述した地域差の他に、男女間における使用の頻度なども挙げられる。強調構文は主に女性に使用されることが多いという研究結果もあり(東(1997)他)、強調の意味を持つEN否定は女性に使用されることが多くなりうるという予測が立てられるが、本書では言語の外的要因に関しては原則として触れない。

第五章　意味的側面

　本章では EN 否定の意味的な側面、特に意味構造、意味役割、極性決定条件などについて分析することを目的とする。ここで述べる意味論とは、語用論とは完全に切り離された言語内での狭義の意味論を指す。それぞれの項目に関して、新たな、あるいは先行研究の修正案を提示しているが、EN 否定を説明するために導入したこれらの提案が、他の否定語にも応用可能であるかどうかの検証も行う。

　第一節では EN 否定の項構造の新たな提案を行う。その際、EN 否定が出現する統語的及び意味的条件を提示し、項構造の特徴と絡めながら論じる。第二節は意味役割の理論に対する新たな試みであり、言語に普遍的な意味役割の新たな理論を提案する。更に、本章で採用した新たな考え方が他の言語現象にも適用可能なことを見る。第三節では EN 否定の極性決定条件とその環境について述べる。極性決定条件について先行研究を概観した後、主に操作的な文の容認度をチェックすることによって、EN 否定の出現条件がより制限されていることを見る。

1.　EN 否定の項構造

　本節では、EN 否定の項構造に関する分析を行う。管見では、記述的な分析では存在しなかった EN 否定の統語的・意味的条件を、帰納的観察に基づいて提示する。

1.1　EN 否定の統語的条件

本章では EN 否定が現れうる統語的条件を帰納的な分析から以下のように提案する。

（1）　EN 否定の統語的条件（Condiciones Sintácticas de la Negación con EN）
　　ⅰ）動詞の意味を修飾する選択的前置詞句または副詞句があってはならない。
　　ⅱ）原則として EN は広範な範囲を指し示す名詞句（主に時間表現）、またはある特定の広範ないしは全体を指し示す名詞句と結合しなければならない。
　　ⅲ）EN 前置詞句は主題化されなければならない。

ⅰ）は筆者の観察である。ⅱ）は EN の後に続く名詞句は、先行研究では時間表現が基本とされていた。しかし本章では EN の後に続く名詞句は時間表現が条件ではなく、広範な範囲を表現することが条件であると主張する[1]。ⅲ）は Bosque に準拠する[2]。(1)の妥当性について、以下を参照。

（2）　En tu vida has trabajado.
（3）a.　En tu vida has trabajado mucho.
　　b.　En una fábrica has trabajado.
　　c.　Has trabajado en tu vida.

(2)は否定解釈、(3)は肯定解釈がなされる文である。まず、(2)は(1)を全て満たすため、否定解釈がなされる。(3a)は mucho が動詞 has trabajado を意味的に修飾しているため、(1ⅰ)に違反し、否定解釈はなされない。以下の文も(1ⅰ)に抵触するため、同様に否定解釈はなされない。

（4）　En mi vida poco a poco he comprendido lo que me dijo mi padre.

(4)では、選択的副詞句 poco a poco が動詞 he comprendido の意味を修飾していることにより、肯定解釈しか許さない。

(3b)は(1ⅰ)及び(1ⅲ)は満たすが、(1ⅱ)の条件に抵触するため、否定解釈はなされない。同様に(3c)は(1ⅰ)及び(1ⅱ)は満たすが、(1ⅲ)の条件に抵触し、否定解釈は不可能である。

(1ⅱ)の条件が時間表現を重視するのではなく、広範な範囲表現を重視するのは、以下の文の存在からである。

(5) a. En el mundo se ha visto una criatura más perversa.　　Bello(1980: 330)
　　 b. En un instante se ha visto una criatura más perversa.

(5a)では、EN 前置詞句が空間表現しか表していないのに否定解釈がなされ、逆に EN 前置詞句が時間表現しか表していない(5b)では肯定解釈しか許さない。このことから、EN 否定の統語的条件は、時間表現か否かが問題ではなく、前置詞 EN に後続する名詞句が全称的かつ広範な範囲を指し示しているかどうかが重要になる[3]。更に(1ⅰ)に関して以下の文も参照。

(6)　En mi / la vida he estado aquí.

(6)に現れる aquí は近称の指示副詞だが、この指示副詞は動詞 he estado が義務的に要求する。従って、動詞から与えられる参加者役割とみなされるため(1ⅰ)には抵触せず、否定解釈が可能である[4]。

以下、(1)の要件を満たす EN 前置詞句を伴う表現が否定的解釈、要件を満たさない表現が肯定的解釈となる例を挙げる。なお、否定辞を伴った例文も参考までに列挙する。否定辞を伴った表現は EN 前置詞句が主題化されないことに注目されたい[5]。

〈肯定の例文：(1)の統語的条件に違反する場合〉
1．¿Cuántos pájaros has matado en tu vida, Justina?（Pedro páramo）

2. Juanito iba penetrando lentamente en la vida de la joven,… (Arroz y Tartana)
3. Otro hecho notable en la vida de Galo es el haber repudiado a… (Critica literaria)
4. (En rituales) en la resurrección de la carne y en la vida perdurable, amén. (La Gaviota)

〈否定の例文：(1)の条件を満たす場合ないしは否定辞を伴う場合〉

1. Ni en mi vida le caté a ninguno; (Don Quijote de la Mancha)
2. Que no los he visto en mi vida, como vos los habréis visto,como…
3. Pero si yo le hiciere ni le probare más en mi vida, aquí sea mi hora.
4. En mi vida le he hablado palabra, y, con todo eso, le quiero…
5. Porque en mi vida he visto ni oído cosa más propia.
6. En verdad, señora respondió Sancho, que en mi vida he bebido de malicia;
7. Osaré jurar a Vuestra Excelencia que en mi vida he subido sobre bestia más reposada ni…
8. Pues ni yo la enamoré ni la desdeñé en mi vida.
9. Jamás se podrá ver ni habrá visto en toda la vida, aunque no esperaba yo…
10. Pues ándense a eso, y no acabaremos en toda la vida.
11. ¡Ah! No lo olvidaré en mi vida. (La Gaviota)
12. -!Dios mío!- decía el hermano Gabriel-, en mi vida he visto tantas telarañas.
13. Pero eso de renegar de su padre, en mi vida he oído otra.
14. No lo he encontrado ni conocido en la vida de Dios. Y se puso a cantar:
15. No me parece sino que ni en el mundo ni en la vida de Dios hay de quién echar mano sino de mí.
16. ¿cómo iba a dárselas yo? En la vida he aprendido que cuando te condenan a vivir… (La muchacha que pudo ser Emmanuelle)
17. que no os vi en mi vida. (La verdad sospechosa)
18. no vi mejor en mi vida.

19. <u>En mi vida</u> me ha valido…

(1)が正しいとすれば、第四章の先行研究で見た、以下の文の極性判断の曖昧性はどのように説明されるだろうか。

（7）a. En mi vida he sido vendedor de libros.
　　 b. En toda la tarde has tenido tiempo de ir a la tienda.　Bosque(1980: 34)

まず、(7a)において名詞句内の de libros は選択的であり、de libros がなくとも適格である。

（8）　En mi vida he sido vendedor.

つまり、義務的に出現した名詞句や副詞句(即ち動詞が要求する項)の内部に選択的な前置詞句があると極性判断が曖昧になる。これは、(1ⅰ)を「概念構造内では」厳密に守っていないために生じる曖昧性である。即ち、(7a)の de libros は「統語的には」義務的に出現した名詞句を修飾している選択的前置詞句と判断されるが、統語構造だけでなく言語の線状性及び語順も言語認知に影響を与えているため、結果として極性の揺らぎという概念構造での曖昧性をもたらしていると考えられる。これは、選択的前置詞句が動詞を修飾するような(9)の文が(1ⅰ)に抵触し否定解釈を持ちえないことからも裏付けられる主張であろう。(7b)の曖昧性も同様の理由による(En toda la tarde has tenido tiempo. は EN 否定である)。

（9）　En mi vida he sido vendedor de nuevo.

以上、統語的知見から EN 否定条件を提示した[6]。次節では(1ⅰ)に的を絞り、項構造の点から何故(1ⅰ)が EN 否定条件となっているのか、そしてそれに伴う本節の新たな項構造を提案し、考察する。

1.2 EN 否定の項構造

本節では EN 否定の項構造を Goldberg(1995)の主張する構文文法(Construction Grammar)を用いて説明する。まず、下敷きとなる構文文法の理論を概観し、構文文法の構造を概念意味論に従って図式化する。更に新しい試みとして、EN 否定における概念構造を分析し、構文理論によってより説得力の大きい説明を図る。

1.2.1 Goldberg による構文文法について

構文文法とは、ある特定の意味と形式からなる構文の存在を容認する考え方で、Lakoff(1987)や Fillmore(1982)のフレーム意味論(Frame Semantics)で既にその存在は指摘されている。構文理論の根底を支えるのは、「中心的構文の中の非中心的構文」の存在、中心的構文と非中心的構文の「動機付けの関係」や、「特定の意味と形式から成る構文」の存在である[7]。それをより体系化したのが Goldberg である。

構文理論における主張はおおまかに言って、①構文は特定の意味と形式からなり言語の基本的単位をなす、②格文法によって説明される文法構造だけでなく、構文は全ての構造も包括する、③語彙と統語も共に形式と意味が対になっており、その点で両者は厳密な区別が出来ない[8]、④語用論的要因を考慮に入れる必要がある、と説明されよう。Goldberg の大きな功績の一つは、以上の主張に加え心理学的要因も積極的に取り入れることで、意味役割と項の不一致を解決したことにある。意味役割と項の不一致の現象は二重目的語構文などが代表的であるが、本節では使役移動構文(Cause-Motion Construction)に的を絞って概観する。使役移動構文とは、以下のような文である。

(10) Pat sneezed the foam off the cappuccino. 　　　　大堀(2002: 137)

(10)では動作主の意味役割を持つ Pat が主題の意味役割を持つ foam に使役的に働きかけ、前置詞句で示された経路を辿る運動を引き起こす。しか

し、動詞 sneeze は一項を与える自動詞であり、foam 及び cappuccino には動詞から項が与えられない。構文理論では、これらは動詞からではなく構文から項を与えられ、それぞれの意味役割を担うとする立場を取る。つまり、(10)の項構造は動詞 sneeze の語彙項目によってもたらされたものではなく、使役移動構文の存在によってもたらされたものである。使役移動構文もプロトタイプ的な表現とそうでないものがあり、具体的移動から抽象的移動にまでメタファー的に拡張できる。

(11) John allowed Mary out of the room.

(11)は、John の行動による Mary の部屋の外への移動を示しているが、個々の単語から [+MOVE] という移動を表す意味を見つけることは出来ない。更に、John が Mary を部屋から出すのに、John は物理的な手段または影響を Mary に与えることを断言してはいない[9]。これは「許可した結果、外出可能な状態に変化する」という抽象的な力の働きかけが、物理的な Mary の移動として働く例である。

フレーム意味論では、動詞 sneeze の表す行為が「カプチーノから泡を飛ばす」という運動を使役的に引き起こしうるという知識を人が持っていると説明される。生成語彙論では、語彙項目の段階で既に動詞 sneeze には使役的な移動を引き起こしうるという情報があると仮定される。しかし、生成語彙論では動詞に付与される情報があまりに多すぎること、フレーム意味論では語用論的及び心理的な要素が過大評価されていることから、構文理論における説明が最も妥当であると思われる。

(10)における格付与は、統語レベルでは cappuccino は前置詞 off から斜格を、Pat は動詞 sneeze から主格を付与されるが、foam は構文文法から目的格を付与されていると説明される。生成語彙論では動詞 sneeze の情報が一定でないため格を付与する要素が特定できない。

(12) *Pat sneezed the foam. 大堀(2002: 137)

(12)が非文の理由は、動詞 sneeze は foam に格を付与できないからであると説明されるが、この説明を推し進めると生成語彙論では(10)の文法性を説明できない。また、場合ごとに理想的な認知モデルを構築するフレーム意味論では、全てを語用論的解釈に推し進めてしまうために具体的な格の供出先を特定できない。従って、(10)における foam の統語的抽象格は、構文から与えられたものと考えられる。

Goldberg は、個々の動詞が項に与える意味指定を参加者役割(Participant Role)、構文が項に与える意味指定を項役割(Argument Role)と呼んで区別している。参加者役割は個々の動詞毎の意味の違いに対応する細かい意味情報を持つが、項役割は構文に根ざしているため、より一般的であり細かい意味情報は指定されていない。(10)において、Pat は動詞 sneeze から項を得ているので参加者役割、foam 及び cappuccino は使役移動構文から項を得ているので項役割と規定できる。(13)は、(10)の構文を図式化したものである。

(13)　Caused-Motion Construction
　　　Sem　　　CAUSE-MOVE　　< cause　goal　theme >
　　　R: means,　　PRED　　　<　　　　　　　　　>
　　　Syn　　　　V　　　　　　SUBJ OBL OBJ

Goldberg(1995: 52 一部改)

要約すると、構文理論とは基底構造の上に構文が成り立っていることを前提とした上で、項の不一致という現象を原理的に説明しようとする試みである[10]。

構文理論は、構成性の原理を破っている言語現象を説明するための道具立てであり、構文自体に意味が(多かれ少なかれ)存在することを否定はできない。しかし、Goldberg は、精緻に分析すれば文法的特性ないしは意味的特性に還元しうるような言語現象も、容易に構文ととらえて、文法的に周辺、ないしは例外とみなしてしまうことに対して警鐘を鳴らしている。構文文法による言語現象の説明はいわば消去法的なもので、如何なる文法特性からも

説明できない原理又は意味特性があり、かつ特殊とみなされうる環境にその原理や特性が現れた時に初めて構文の存在を疑うべきであろう。Goldbergは、使役移動構文に関して、以下の五つの制約を設定している。

(14) 構文を適用することができる条件(使役移動構文の場合)
① No cognitive decision can mediate between the causing event and the entailed motion.
② If the caused motion is not strictly entailed, it must be presumed as a *ceteris paribus* implication.
③ Conventionalized scenarios can be cognitively packaged as a single event even if an intervening cause exists (Shibatani, 1973).
④ If the verb is change-of-state verb (or a verb of effect), such that the activity causing the change of state (or effect), when performed in a conventional way, affects some incidental motion and, moreover, is performed with the intention of causing the motion, the path of motion may be specified.
⑤ The path of motion must be completely determined by the action denoted by the verb.　　　　　　　　　　　　　　　　　Goldberg(1995: 174)

　EN 否定では、①否定辞が存在せず、②動詞が継続的な性質を持ち、③語用論的に強調の意味を持ち、④(1)の条件に当てはまる、時にのみ構文という概念が適用されると考えるべきである。なお、①〜③は EN 否定における前提条件であり、④は発生条件である。

1.2.2 使役移動構文の影山(1996)による概念構造標識

　前節では、一項動詞とみなされる動詞 sneeze でも経路表現においては三項現れうる(即ち三項動詞になり、二項しか与え得ない(12)は非文になる)現象を観察した。本節では Goldberg のいう構文を影山(1996)の概念構造標識に従って説明する。ここで影山の方法論を取り上げるのは、Goldberg の

表示形式は統語構造と項構造のインターフェイスを重視しているため、項構造の内部自体が煩雑になること、影山のそれは純粋に概念構造のみに的を絞っているために、項以外の言語表現も比較的表しやすいからである。以下、それぞれの差異を検討する。

(15)   The general marched the soldiers to the tent.

Levin & Rappaport(1995: 111)

　(15)も本来一項動詞であるはずの march が二項を伴い使役的表現として具現化する例[11]である。このように経路表現を伴わずとも使役の意味を持ち、一項動詞が二項を伴う例が(16)である[12]。

(16)   He walks his dog every morning. 　　　　　　　影山(1996: 175)

　これら一項動詞が二項ないしは三項を与える動詞の意味構造は、以下のように表されうる[13]。

(17)   V：[x_i ACT] CONTROL [x_i MOVE [Path]]
　　　　 V　　　　　　　　　　　　　　影山(1996: 174 一部改)

　(15)及び(16)で共通するのは使役の意味の存在であり、影山は CONTROL という新たな基本的意味成分を導入して使役移動構文を説明する。従って、(17)は(13)の構文を語彙概念標識で表したものといえよう。Goldberg の表示形式と影山のそれとの違いは、おおよそ以下のとおりである。

(18)   Goldberg と影山の表示形式の違い
　　〈1〉前者が一般的使役移動構文を表しているのに対し、後者は自動詞における他動詞的用法に限定した使役移動構文を表していること。
　　〈2〉前者は使役の表示に CAUSE を立てているのに対し、後者は使役

の表示に意図性のある CONTROL を立てていること。
〈3〉前者が項構造における統語的な表示をしているのに対し、後者はあくまで概念構造のみを表示していること。

以上、Goldberg の主張を影山の表示形式に基づいて簡単に概説した。以下、EN 否定の概念構造に言及する。

1.3　EN 否定の概念構造

EN 否定の概念構造を検討する上で、(19a) を例に挙げる。(19a) の概念構造は (20) である[14]。

(19) a.　En tu vida has trabajado.
　　 b.　En tu vida has trabajado mucho.
(20)　[+Tem: EN TU VIDA] i [HA SIDO EL CASO [POL [TU TRABA-JAR]]] [+NEG trace$i$]

(20) で確認できるのは、主題化された EN 前置詞句は、主題化される前の位置に痕跡 (trace) を残すことである。この痕跡は構文から与えられた項構造の空の項であり、Jackendoff(1990) の述べる統語構造では表出されない暗黙項 (implicit argument) にほぼ相当する[15]。本書では (1 ii) の要件を備えている EN 前置詞句が主題化され、その痕跡が空である場合、この痕跡は否定極性を与えうると仮定する。しかし、この痕跡の位置に何らかの意味的因子が入り込んできた場合、痕跡は否定極性としての価値を失い、入り込んできた因子の意味的性質に従う。(19b) の概念構造である (21) を参照。

(21)　[+Tem: EN TU VIDA] [HA SIDO EL CASO [POL [TU TRABA-JAR]]] [MUCHO]

EN 前置詞句の主題化によって生じた痕跡の否定極性は、副詞的意味成分

MUCHO の参入によって消される。結果として否定極性は消え、肯定的な解釈しか容認されなくなる。

　1.1 節において(7)の曖昧性を指摘したが、それは(7)の動詞に後続する名詞句を修飾している選択的前置詞句が、概念構造では二通りの解釈を与えうるからである。(7a)における肯定解釈の概念構造は(22a)、否定解釈の概念構造は(22b)である。

(22) a.　[+Tem: EN MI VIDA] i [HA SIDO EL CASO] [POL [YO SER VENDEDOR [DE LIBROS]]][φtrace$i$]
　　 b.　[+Tem: EN MI VIDA] i [HA SIDO EL CASO] [POL [YO SER VENDEDOR [DE LIBROS]]] [+NEG trace$i$]

　聞き手は(7a)の線状的語順から(22)の両方の概念構造を想定しうる。(22a)は単に durante el período de mi vida の意味を持つ EN 前置詞句が左方移動によって強調されているだけに過ぎない。従って、(7a)は否定解釈も肯定解釈も容認する。

　EN 否定は概念構造で与えられたものであるが、項構造では動詞が意味的に要求する意味役割を入れるスロットを問題にするため、この痕跡は項構造では扱われえない。否定極性にかかわる EN 前置詞句はあくまで選択的な前置詞句であり、義務的ではないからである(1.1 節(1ⅰ)参照)。

(23)　Has trabajado.

　(23)は EN 前置詞句がないにもかかわらず容認される。この選択的前置詞句と義務的前置詞句の区別はきわめて重要である。前者は動詞の項構造に直接影響を与えないが、後者は項構造と密接に関連する。両者の区別立ては、特にスペイン語では同一の動詞に対してもしばしば要求される。例えば動詞 trabajar は(23)のような自動詞的用法に加えて、他動詞的用法も容認する[16]。

(24)　Has trabajado la madera.

(24)で現れる目的語 la madera は動詞の項構造から義務的に要求されるため、概念構造において選択的に現れる EN 前置詞句と本質的な項構造関係はない。

他動詞による言語表現にも EN 否定が現れうるのは第四章の(1a)で見たとおりであるが、以下に再掲する。

(25)　En toda la tarde agarró una rata.

(25)の agarró は動詞の項構造において目的語が要求されるため、その義務的目的語である una rata が EN 前置詞句の主題化によって残された痕跡に入り込むことはない。以上を踏まえると、(25)の概念構造は(26)になる。

(26)　[+ Tem: EN TODA LA TARDE] i [FUE EL CASO] [POL [AGARRAR UNA RATA]] [+NEG trace$i$]

基本的に広範な範囲を指し示す EN 前置詞句は、動詞がその項を要求する性質のものではない。即ち、EN 否定に直接かかわるのは参加者役割ではない。従って、動詞の項構造による義務的に出現する項と、選択的に出現する項を厳密に峻別することが必要となる。
以上の議論から、以下の仮説を立てることができる。

(27)　EN 否定における意味論的条件仮説(Hipótesis de Condiciones Semánticas de la Negación con EN)
　ⅰ）広範な範囲(主に時間表現)を指し示す選択的 EN 前置詞句が主題化された時、意味的痕跡は否定極性を持ちうる。
　ⅱ）痕跡は動詞の項構造と関係がなく、痕跡には動詞が要求する参加者役割を入れることはできない。

ⅲ）痕跡に選択的前置詞句または副詞句が入ると、否定極性は失われる。

ここで重要なのは、EN 否定は動詞の項構造と直接的な関連性はなく、構文における項構造と密接に関連する点である。次節では、参加者役割ではなく項役割の観点から説明を与えうる可能性を模索する。

1.3.1 構文文法における EN 否定

以上を踏まえ、(27ⅰ)及び(27ⅲ)を構文文法を用いて検討する[17]。なお、(27ⅱ)は、動詞から与えられる参加者役割ではなく構文から与えられる項役割に焦点を絞っているという点で、以下の説明の前提となっている。

構文文法を扱う上で重要なのは、①複合表現の意味は、それを表現する記号表現の意味の総和であるとする構成性の原理(Principle of Compositionality)が当てはまらない場合に適用される、②中心的構文から周辺的構文が成立されなければならない、という点であろう。①は「全体は部分の総和以上のものである」とするゲシュタルト的な汎用性[18]、②は構文文法を安易に解決不可能な言語現象の説明材料にしないための抑制をそれぞれ意味する。

EN 否定の構文は [SN V SP] を基盤とし、(28)のように表される。

(28)　Composite structure: Negation of EN
　　　Sem　　　　location[19]　　　　　　　　<agent <u>+NEG</u> >
　　　R: means,　　　　　　　PRED
　　　Syn　　　　+Tem LOCi[20]　　V　　　**SUBJ**　trace$i$

下線で示した場所は EN 否定構文がもたらす構文的意味であり、太字は構文によってプロファイルされた要素である。否定極性 [+NEG] は語の意味の総和に還元されないので、構文から与えられた意味である。

もともと選択的な EN 前置詞句が EN 否定のトリガーになる際には、構文によって義務的に出現する必要がある。従って、EN 否定の EN 前置詞句

は動詞の項構造ではなく構文の項構造で語られる項役割であり、構文によってEN前置詞句はプロファイルされる。以下、(19a)を(28)のプロトタイプを使って表す。

(29)　Composite structure: Negation of EN
　　　　Sem　　　　location　　　　　　　　　　<agent　+NEG >
　　　　R: means,　　　　　　　TRABAJAR
　　　　Syn　　　　+Tem LOCi　　　V　　　　SUBJ　trace$i$
　　　　　　　　　En tu vida　　has trabajado　　pro

　スペイン語は主語を省略できるpro省略言語であるため、統語構造でtúは具現化されない(Chomsky(1981)に従い、便宜上proと表記する)。
　(28)はいわば中心的な構文であり、(30a)のように広範な範囲の表現を伴わない言語表現、あるいは(30b)のように主題化を伴わない言語表現へと、構文内でのメタファー的拡張が可能である。従ってEN否定構文は構文内でネットワークを形成することができる[21]。

(30) a.　En modo alguno se puede tolerar tal actitud.
　　 b.　Ana es la mejor persona que he conocido en mi vida.

　　　　　　　　　　　　　　　　　　　　Sánchez López(1999: 2565)

　以上、EN否定を構文とみなすために必要な要件①と②が共に成立することから、(28)は構文として適格と考えられる[22]。

2.　EN否定の意味役割

　本節ではEN否定における主題化されたEN前置詞句の意味役割を規定することを目的とする。最初に一般的な意味役割の分析を行った後、新たな考え方を導入し、それが他の構文にも応用可能なことを見た上で、EN否定

の EN 前置詞句の意味役割を決定する。

2.1 意味役割における先行研究の概略

意味役割の規定に付随する事象構造の体系化は様々に研究されており、初期のものでは Gruber(1965) や Vendler(1967)、最近の研究では Lakoff(1987)、Jackendoff(1990)、Langacker(1991)、Croft(1991)、中右(1994)、Pustejovsky(1995)、Goldberg(1995)、Levin and Rappaport Hovav(1995)、Jackendoff(1997)、大堀(2002)等が挙げられる。しかし、これらの先行研究には共通して二つの現象が見られる。一つは Hartung(1831)等を発端とし、Anderson(1971)や池上(1975, 1981)等に受け継がれた場所理論(Localist Theory)をいわば暗黙の事実としていること、もう一つは意味役割の規定が先行研究でほぼ恣意的に決定されているため、意味役割のリストが曖昧であるということである[23]。本節では以上の二点に的を絞り、Jackendoff(1990)、Baker(1988)、加賀(2001)を先行研究と位置づけ、問題点を指摘する。

2.1.1 場所理論の概説

場所理論は 19 世紀前半に生み出された言語記述に関する一定の考え方であり、その大まかな主張は「格及び前置詞の意味は、物理的かつ知覚可能な空間関係に基づいて成立し、それが抽象的かつ知覚不可能な事象にも拡張される」というものである。

(1) a. El coche fue desde Madrid hasta Barcelona.
    b. Pedro le dio muchas monedas a María.
    c. Juan tradujo este documento del ruso al finlandés.
    d. José ganó el libro de Juliana.
    e. La rana se convirtió en el príncipe.
    f. Pepe entró en Madrid.

(1a)は最も基本的な位置関係を表し、車が物理的に Madrid から Barcelona

に移動したことが表現されている。そして、desde と hasta の存在から、従来の場所理論は Madrid の意味役割を「起点」、Barcelona のそれを「着点」と分析する。(1b)は物理的にコインが Pedro から María に移動しているので、Pedro が「起点」、María が「着点」となる[24]。(1c)は Gruber のいう同定の変化(transition of identification)であり、文書の様態がロシア語からフィンランド語に変わるという知覚可能な物体が抽象的な変化を起こしている例である。よって、ruso が「起点」、finlandés が「着点」となる。(1d)は抽象的な所有の変化(transition of possession)であり、José が Juliana から本を獲得したため、所有権は Juliana から José に移る。従って Juliana が「起点」であり、José が「着点」である。(1e)では蛙が王子に変わったという状態変化を示す。状態変化はある抽象的な場所から別の抽象的な場所へ向かっての移動と考えられているため、rana が「起点」、príncipe が「着点」となる。(1f)では Pepe が Madrid に入るという物理的移動を表しているが、起点は明示的に現れず、Madrid が着点となる[25]。

しかし、場所理論の欠点として、①物理的移動と抽象的移動の差異が明確ではない、②幾つかの文では起点と着点の意味役割が曖昧になる、③一つの語彙要素に複数の意味役割が割り振られることがある[26]、等が挙げられる。特に二番目の問題点は重大である。

(2) a. The money belongs to John.
b. John is in the money.　　　　　　　　　　　　　　加賀(2001: 111)

加賀(2001)は、(2)から従来の場所理論の説明では、同じ事象である(2a)と(2b)において、「場所」の意味役割と「主題」の意味役割が交代可能であると述べている[27]。

2.1.2　Jackendoff(1990)の意味役割の扱い

Jackendoff の研究は一貫して場所理論を援用し、述語分解を通して概念構造(語彙概念構造)や項構造を規定することを目的としている。Jackendoff で

は一つの語彙に記載される情報があまりに多すぎるという欠点こそ散見されるものの[28]、事象構造を生成文法の枠組みから説明しようとする試みはある程度成功しているように思われる。

　Jackendoff は主語や目的語、前置詞句といった文法関係に着目するだけでは意味役割に十分な説明を与えることが出来ないと主張し、Gruber の主題関係のような意味的概念が意味役割の分析に必要だと述べてきた。Jackendoff は、Gruber の主題関係を基盤とした上で、要素間の力学的影響関係を記述するための表示レベルとして、新たに行為層(action tier)の考え方を導入して意味役割に妥当な説明を与えようと試みている。

（3）　The car hit the tree.
（4）a.　INCH [BE ([CAR], [AT ([TREE])])]
　　 b.　AFF ([CAR], [TREE])　　　　　　　　　　Jackendoff(1990)一部改

　(4a)は(3)の主題関係を表す主題層であり、車と木の位置関係及び移動関係が表されている。この層だけでは「car の意味役割は主題であり、tree は場所」という従来の説明と変わりはない。(4b)は行為層であり、車と木の間の力学的影響関係が表されている。(3)の car は影響を及ぼす要素で、tree は影響を被る要素である。従来の意味役割では「行為者」と「被動作主」にほぼ相当する。

　Jackendoff が意味役割を二層構造にした理由は、①意味役割が一定のカテゴリーに分類されていないために起こる対応関係の弊害を解消すること、②一つの要素に複数の意味役割が与えられる可能性を説明しようとしたこと、③主題層で与えられる意味役割と行為層で与えられる意味役割の対応関係が様々であること、等が挙げられよう。しかし、この二層構造には、①意味役割を「影響」というカテゴリーのみで当てはめたため、「影響」の定義が明確ではない(例えば、「経験者」、「被動作主」、「受益者」といった意味役割があると仮定すると、これらが行為層に分類されるのか主題層に分類されるのかが曖昧である)、②二層構造において、意味役割を与えられない空の項が

設定されてしまう、などの欠点がある。

（5） Bill entered the room.
（6）a. GO ([BILL], [TO ([IN ([ROOM])])])
　　 b. AFF ([BILL], ϕ)

　(5)では(6)のように Bill は主題層において GO の「主題」、行為層において「行為者」の意味役割が与えられているが、room は主題層における「場所」の意味役割しか与えられていない。従って、ある層では意味役割が与えられている語彙が、別の層では意味役割がどこからも付与されないという奇妙な事態に陥る。この点について、Jackendoff は明確な説明を与えていない。

2.1.3　Baker(1988)の意味役割の扱い

　Baker(1988)は、Chomsky(1981)が提唱した生成文法の枠組みから意味役割を規定しようと考えた。Baker は動詞句シェル(VP shell)構造を前提として、VP1 の指定部(Specifier)には動作主又は原因、VP1 の補部にある VP2 の指定部には場所(着点、起点、経路、所有者、受益者、被動作主、経験者等)、VP2 の補部には主題及び結果といった意味役割が割り振られると仮定した。これは「主題役付与一様性の仮説」(Uniformity of Theta Assignment Hypothesis)と呼ばれるもので、同じ意味役割を持つ要素は同じ統語的位置に生成される、という仮定である。

（7）a. John broke the window into pieces.
　　 b. I gave him a book.
　　 c. Mary is a student.
　　 d. Mary is in the state of being a student.

　(7a)では VP1 の指定部にある John が動作主の意味役割を持ち、VP2 の指

定部にある window は被動作主、VP2 の補部にある into pieces は結果の意味役割を持つと主張する。window は主題の意味役割を持つとする考え方もなされうるが、Baker は意味役割を統語的な位置と直接的に結びつけるという方法で意味論と統語論のインターフェイスを確立しようとした結果、(7a)におけるwindow の意味役割は主題ではなく被動作主であると主張している。しかし、(7b)では(7a)における window と同じ直接目的語の位置にある book が主題となり、him が VP2 の指定部にあるとして被動作主の意味役割を持つことになる。(7a)と(7b)の直接目的語がそれぞれ VP2 の指定部と補部にあることで意味役割が違うとするならば、book と window の動詞に対する意味的な差異がなければならないが、両者とも動詞の影響を被っていて何らかの変化を受けているという点で変わりはないように思われる[29]。

更に(7c)のようなコピュラ文では、Baker に従えば Mary が動作主となるが、student の立ち位置が動詞シェル構造では規定できないため、結果として student の意味役割が定まらない。これを避ける方法としては(7c)は(7d)の構造を持つとすること[30]だが、(7d)が(7c)の意味的表示とするならば、他の be 動詞を伴う文も同様に分析可能であり、Baker の動詞シェル構造を導入する必要がない。

更に、Baker の分析では、英語以外の言語に対応できないことがある。

（8） Le dio una carta a María en la sala.

(8)の le は間接目的語の代名詞が VP2 の指定部から移動(Move)[31]されていると仮定する。すると VP2 の指定部は痕跡になり、音形を持たない要素に意味役割が付与されることになる。この点につき、生成文法では以下のように痕跡に意味役割が付与されることは認可されている。

（9） John*i* was kissed trace*i*.

しかし、スペイン語の場合、間接目的語に人称代名詞をとると、間接目

語の代名詞 le に呼応する人称代名詞の省略が許される。

(10)　Le dio una carta (a ella) en la sala.

　(10)では意味役割は le に付与されるか、音形のない ella に付与されるか、あるいは両方に付与されるかの決定が曖昧になる[32]。結果としてミニマリスト・プログラムの前提である統語論の自律性と論理形式が失われることになり、生成文法の枠組みから説明がつかなくなる[33]。

2.1.4　加賀 (2001) の意味役割の扱い

　加賀 (2001) は、今までの場所理論、特に Jackendoff (1990) に修正を加え、新たな理論を展開した。その特徴は、①意味役割は「動作主」、「場所」、「存在者」の三つに大別され（マクロな意味役割）、更に個々のミクロな意味役割を与えられる、②意味構造は単層方式で、一つの項に一つの意味役割を当てはめる、③マクロのレベルにある「場所」の意味役割は影響を受けるか否かで変化する、④構造的具現化規則によって単純な「場所」の項は前置詞句として具現化されるのに対し、影響を受けた「場所」は名詞句として具現化する、⑤具象と抽象を可視と不可視の観点から選別することで be 動詞文の意味役割を再規定する、とまとめられよう。

　①において、マクロな意味役割を設定することで、更に再分類化するという点を本書では修正し、新たな枠組みとして提示したい[34]。②については Jackendoff が指摘しているように、（生成文法の枠組み以外で）項と意味役割を一対一で対応させるには無理がある（詳しい反論は Jackendoff (1990: 59–70) を参照）。更に、マクロな意味役割を設定する利益は統語部門とのインターフェイスを③及び④によって（大まかに）確立させることだが、「影響を受ける」という概念が曖昧なままである。

(11) a.　John is in the room.
　　 b.　John is in good health.

c.　John is healthy.
(12) a.　There is a man in the room.
　　　b.　?There is a man in good health.
　　　c.　??There is a man healthy.　　　　　　　　　加賀(2001: 107–108)

　(11)は従来の場所理論では述部が場所、主語が存在者の意味役割を持つとされるが、there 構文を適用した(12)では(12a)、(12b)、(12c)の順に容認度が下がる。この容認度低下の原因を述部が抽象的であるからとする説明に対し、加賀は以下の文が適切であるとして反論している。

(13) a.　There are some scorpions belonging to Simon.
　　　b.　There are counterexamples known to me.　　　Diesing(1992)

　(13)の文法性を説明するため、加賀は(11c)においては主語の John が場所の意味役割を、その John の持つ特性ないし属性を表しているという意味で述部の healthy が主題の意味役割を持つと主張する。この主張の裏づけとなるのが⑤の抽象と具象の関係である。つまり、抽象とは常に不可視のものであり、逆に従来の状態変化などが抽象的な移動として捉えられてきたものは、変化した状態を可視できるため、実は具象的な移動としている。

(14) a.　John translated the letter from Russian into English.
　　　b.　Bill broke the bowl into pieces.　　　　　　　加賀(2001: 104)

　(14)は「手紙の使用言語に関する変化は、その文字を見ればすぐに確認することができる。また、ボウルの形状変化は、明らかに観察可能な物理的現象である(加賀(2001: 104))」と説明される。
　しかし、状態変化はその結果が目に見えるから具象的な移動であるとする主張は議論の余地がある。つまり、加賀は抽象・具象をあくまでも可視・不可視と同列に扱っているが、可視であっても所有文のように抽象的な移動を

することがあり、また不可視であっても具象的な移動をすることがある。(14)は抽象的な移動をした結果が可視的であるというだけで、移動のプロセスである(14a)のロシア語から英語への翻訳過程は具体的な物理的要素に直接関係はない。また、(14b)は、ボウルの可視的移動を主張しているわけではない。

更に、(12)及び(13)の容認度の差は、移動の抽象度とは無関係である。there 構文はあくまで前置詞句内の名詞句が抽象的か否かによって左右されるため、(12a)の room、(12b)の in good health、(12c)の healthy の順に抽象性が高くなり、よって容認度が低くなるのは自然である。また、(13)における前置詞句内の名詞句 Simon と me は具象的であるため、容認度が低下しない。

2.2 意味役割の提案

前節では先行研究の概略を述べ、その批判的検証を行った。本節では従来の場所理論と同様に、主語が「行為者」、前置詞句が「場所」、目的語が「主題」の意味役割を担うとする立場を取る。更に、加賀(2001)のマクロな意味役割である「行為者」、「場所」、「主題」の存在を認めた上で、その下位分類としてミクロな意味役割を網羅するのではなく、意味役割にも従来の語彙分析と同様に意味素性がマクロな意味役割に付随する形で存在すると主張する(以下、本書では意味役割に存在する意味素性を「意味役割素性」と呼ぶ)[35]。これは Jackendoff の二層構造のように二つの異なる次元の意味役割を設定するのではなく、マクロな意味役割はそれぞれ独自に意味役割素性を持ち、それによって様々な意味の差異を説明しようとする試みである。

(15) a. John gave a book to Mary.
 b. Mary received a book from John.
 c. John gave Mary a book.

(15)は事象構造が同じ(John から Mary への本の所有権又は物理的移動)

とされ、従来の場所理論を土台とした分析では命題的意味は同義とされてきたが、含意される意味は異なる。認知意味論では、John と Mary のプロファイルから(15)の意味の違いを説明することが可能であり[36]、本書も原則的に認知的な立場を支持するが、単なる際立ちだけでは説明のつかない意味役割素性の相違もある。以下、(15)の意味役割を個別に分析する。

　まず、(15a)では、John が「与える」という行為を行い、与えた主題が book、与えられた着点、即ち場所が Mary になるという点で、John のマクロな意味役割は「行為者」、book は「主題」、Mary は「場所」となる。それぞれの意味役割に付随する意味役割素性は、〈＋実行者〉、〈＋被動作主、＋対象〉、〈＋被動作主、＋受益者〉といった形になろう[37]。

　同様の分析を(15b)で行うと、Mary は「もらう」という行為を行っているため「行為者」のマクロな意味役割が与えられるが、積極的に実行しているわけではなく、John によって利益を得るため〈＋受益者〉という意味役割素性が付随する。この意味役割素性の付随により、(15a)の John との意味的差異が表現される。book は(15a)の book と振る舞いは同じであるため、「主題」のマクロな意味役割に〈＋被動作主、＋対象〉という意味役割素性が付随する。John は「場所」というマクロな意味役割に、Mary に対して積極的に影響を及ぼしているため、〈＋起点、＋影響者〉という素性が付随する。

　次に(15c)を見ると、(15a)と事象命題はほぼ変わらないが、モダリティを含んだ意味は異なる。John の意味役割及び意味役割素性は(58a)のそれと変わらないが、Mary のマクロな意味役割は「場所」、意味役割素性は〈＋被動作主、＋受益者、＋着点〉となろう。(15a)と違い着点が意味役割素性に加えられているのは、(15a)では本を Mary の「方に」与えたというだけで、Mary が本当に本を受け取った(即ち、本という主題の着点になった)かどうかは保証されていないからである[38]。そして book の意味役割素性は(15a)と変わらないので、「主題」〈＋被動作主、＋対象〉となろう。以下、それぞれの対応関係を挙げる。

（16） a. John gave a book to Mary.
John：「行為者」〈＋実行者〉
book：「主題」〈＋被動作主、＋対象〉
Mary：「場所」〈＋被動作主、＋受益者〉

b. Mary received a book from John.
Mary：「行為者」〈＋受益者〉
book：「主題」〈＋被動作主、＋対象〉
John：「場所」〈＋起点、＋影響者〉

c. John gave Mary a book.
John：「行為者」〈＋実行者〉
Mary：「場所」〈＋被動作主、＋受益者、＋着点〉
book：「主題」〈＋被動作主、＋対象〉

　本書の主張は、例え同一事象の命題であっても表現に違いがある限り、与えられる意味役割は異なるということである。(15)は全て同一の命題(JohnからMaryへの本の移動)を表しているが、表現に違いがあるために与えられる意味役割が異なる[39]。この時、マクロな意味役割の違いもミクロな意味役割素性の違いも、二文間の意味の違いの大きさとは関連がない。(16a)と(16c)は意味役割素性のレベルで、(16a)と(16b)はマクロな意味役割のレベルで、それぞれ異なっているが、表現されている事象そのものは同一である。即ち、意味役割の違いが個々の言語表現における「意味の違いの程度」とでも呼ぶべきものを算定する基準にはならない。

　Jackendoffらは生成文法のθ理論への反論として「一つの項に複数の意味役割が与えられることがある」と主張するが、本書では項とマクロな意味役割(行為者、場所、主題)の関係において基本的に一対一の対応を認める。しかし、マクロな意味役割に下位レベルの意味役割素性を複数与えることによって、同一の事象を指す異なる言語表現下での意味の違いを表すことがで

(17) a. John is in the room.
   b. John is in good health.
   c. John is healthy.
   d. John is a student.

(17)のJohnは状態という動作[40]を行う「行為者」であるが、動作に積極的に働きかけているわけではなく、存在しているだけなので〈＋存在者〉の意味役割素性を持つ。一方、(17a)のroomは「場所」のマクロな意味役割を持ち、〈＋具体的〉という意味役割素性を持つ。(17b)のgood health、(17c)のhealthyも「場所」のマクロな意味役割を持つが、それぞれ前者は〈＋抽象、＋一時的〉、後者は〈＋属性〉という別個の意味役割素性を持ちうる[41]。

意味役割に意味役割素性を付随させることの利点は、①項と意味役割の対応がマクロな意味役割においては一対一で対応できること、②同一事象表現に含意された意味的差異を意味役割素性で分析できること、③マクロな次元では「行為者」「場所」「主題」の三つの意味役割に還元され、アドホックな意味役割を設定する必要がないこと（但し、意味役割素性がアドホックになる可能性がある）、④意味役割に対して要請される諸々の意味的相違を明らかにできること、等が挙げられよう。

2.2.1 マクロな意味役割と意味役割素性によって拡張される説明力

前節ではマクロな意味役割と意味役割素性を設定することによって、英語の二重目的語構文における意味役割を説明できることを見た。本節では、マクロな意味役割と意味役割素性によって、他の構文、特に二重目的語構文と受動構文及び後置主語構文への応用が可能かどうかを模索する。

2.2.1.1　二重目的語構文と受動構文

　二重目的語構文及び受動構文は項と意味役割の不一致を表すものとして代表的なものである。スペイン語の受動構文には様々な特徴があるが、本節では①目的語が（直接・間接を問わず）人間ないしは有生（animate）か否か、②それによって生じる目的語代名詞が如何なるものか、の二点を考慮に入れて、その意味役割を検討する[42]。

(18) a.　Juan miró a María.
　　 b.　*Juan miró María.
(19) a.　Juan miró al gato.
　　 b.　Juan miró el gato.
(20) a.　*Juan miró a esa pintura.
　　 b.　Juan miró esa pintura.

　(18)〜(20)が示すように、直接目的語の有生性により前置詞 A を義務的に要求するかどうかが変化する。なお、(19)は直接目的語 el gato が話者にとって身近で、あたかも人間のように思っている場合には(19a)が、特に思い入れがなく、単なる物体として見ている場合には(19b)が好まれる。この時、有生性の有無によって前置詞 A の出現が決定される(18a)及び(20b)の意味役割は、それぞれ以下のようになる。

(18) a.　Juan miró a María.
　　　　Juan：「行為者」〈＋実行者〉
　　　　María：「主題」〈＋被動作主、＋有生〉

(20) b.　Juan miró esa pintura.
　　　　Juan：「行為者」〈＋実行者〉
　　　　pintura：「主題」〈＋被動作主、－有生〉

今までの分析では、同じ直接目的語である María と pintura の意味役割上の区別は出来ず、そのため前置詞 A の出現条件も意味的に明示できなかった。しかし、本書のアプローチを用いると、意味役割素性に〈＋有生〉がある場合、直接目的語であっても前置詞 A を義務的に要求すると定義づける事が出来る。なお、(20b)における意味役割素性〈－有生〉は、本来ならば明示しない(意味役割の情報に記載されていない素性は常にマイナスである)が、上記では説明のため便宜上取り入れた。

更に以下の文を参照。

(21) a.　Juan (le) dio una carta a María.
　　 b.　Juan le dio una carta (a ella).

(21a)の間接目的語 María は固有名詞のため、人称代名詞として出現する le の出現は任意である。一方、(21b)の間接目的語 a ella は三人称代名詞であり、無強勢人称代名詞として出現する le の出現は原則として義務的である一方、a ella の出現は任意である[43]。ここでは、代名詞が(前置詞句を伴って)間接目的語に来た時に意味役割が付与される箇所を動詞の前に出現する無強勢人称代名詞(le)、固有名詞が間接目的語に来た場合に意味役割が付与される箇所を前置詞 A が導く名詞((21a)の場合は María、(21b)の場合は le)と仮定する。

(22) a.　¿A quién le dio Juan una carta?
　　 b.　Juan dio una carta a María.
　　 c.　Juan le dio una carta a María.
　　 d.　?Juan dio una carta a ella.
　　 e.　Juan le dio una carta a ella.
　　 f.　??Juan le dio una carta.

(22a)の質問に対して(22b)～(22e)は(程度の差はあれ)適格であるが、

(22f)は(22a)の返答としては容認度が低い(文自体としては正しいスペイン語である)。それぞれの意味役割は以下のようになる。

(21) a.　Juan dio una carta a María.
　　　　Juan：「行為者」〈＋実行者〉
　　　　carta：「主題」〈＋被動作主、＋対象〉
　　　　María：「場所」〈＋受益者、＋着点〉

(21) b.　Juan le dio una carta.
　　　　Juan：「行為者」〈＋実行者〉
　　　　carta：「主題」〈＋被動作主、＋対象〉
　　　　le：「場所」〈＋受益者、＋着点〉

　更に、仮に間接目的語を際立たせるために受身形にすると、(21b)ではella を主語として明示させる必要があるが、スペイン語では間接目的語が主語となって受身になることは禁止されている。従って、以下のような文は成立しない。

(23) a.　*María fue dada una carta por Juan.
　　 b.　*Ella fue dada una carta por Juan.

しかし、直接目的語が主語となる受動文は可能である。

(24)　Una carta le fue dada a María por Juan.

(24)の意味役割は以下の通りである。

(24)　Una carta le fue dada a María por Juan.
　　　carta：「行為者」〈＋被動作主、＋対象〉

María：「主題」〈＋受益者、＋着点〉
　　　Juan：「場所」〈＋実行者〉

　従来の分析(Chomsky(1981)、Jackendoff(1990)等)では、(21a)と(24)の意味役割は等価、ないしは意味役割を複数以上割り当てる必要があったが、本書のアプローチでは意味役割素性という考え方と意味役割をマクロな三つに限定することで、(21a)と(24)の意味の差異を、Chomskyのθ理論を破らずに表示できる。

2.2.1.2　後置主語構文

　本節では、前節で取り入れた意味役割の概念を後置主語構文に応用することを目的とする。後置主語構文とは寺崎(1998)の術語であり、一般に主語後置となるのがむしろ普通である一連の動詞または述語の構文のことである[44]。

(25) a.　En este sótano falta aire.
　　 b.　Me duelen los ojos.
　　 c.　Quedan tres semanas para Navidad.
　　 d.　Es necesario distraerse de cuando en cuando.
　　 e.　Me interesó mucho el asunto.
　　 f.　Le da envidia verme jugar.　　　　　　　　寺崎(1998: 120–121)

　寺崎によると、これらの後置主語構文は出現、感情、評価などの意味を表し、自動詞文(25a)～(25c)、属詞文(25d)及び他動詞文(25e)及び(25f)に分けられる。更に、寺崎は後置主語構文の特性として、以下の点を挙げている(寺崎(1998: 121)一部改)。

A.　典型的な動作をあらわす他動詞に比べて動詞の意味は出現、感情、評価、状態などを表し、意図的な動作主の弱いものである。言い換えれ

ば、他動性が低い動詞である。
B. 主語は意味役割の上では被動者を表す物や事である。
C. 文型(25b)、(25e)または(25f)を構成する動詞は意味的に経験者を有する間接補語または直接目的語を必須要素とする。他の文型を構成する動詞も受容者を付加語として(与格代名詞または para 前置詞句の形式で)とることがある。
D. 主語は通常、焦点化されて文末に置かれており、間接補語または直接補語は文頭に置かれる。

後置主語構文は以上の特徴を持つことを前提とし、更に提示動詞文、感情動詞文、評価動詞文、後置主語属詞文の四つに大別される。提示文とは、以下のような文である。

(26) a. Ha llegado ya el taxi.
 b. Entró el profesor cargado con un montón de libros. 寺崎(1998: 122)

(26)の動詞は意味の伝達上前提(旧情報ないしは陳述)とされ、文末の主語は焦点化されて新情報(主題ないしは言明)の意味を持つ。感情動詞文とは、動詞の直接目的語または間接補語が有生で経験者の意味役割を持ち、後置された主語は対象の意味役割を持つ。

(27) a. Te gusta decir cosas que no existen.
 b. Me aburre esa novela. 寺崎(1998: 122)

評価動詞文は提示文と似ているが、与えられる意味役割が提示文とは微妙に異なる。

(28) a. Siempre parece que están enfadados por algo.
 b. Te conviene descansar. 寺崎(1998: 124)

最後の後置主語属詞文とは、英語やフランス語における外置構文のことであるが、スペイン語では文頭に(英語の it やフランス語の il のような)代名詞が出現しない。

(29) a.　Es para nosotros un gran placer recibirla en esta casa.
　　 b.　Es cierto que puede ocurrir algo...　　　　　　寺崎(1998: 125)

　寺崎の後置主語構文についての分析は、①それぞれを動詞の意味(感情、評価、状態など)及び形式(連辞的、自動的ないしは他動的か)で分類したこと、②個々の項に対して一定の意味役割を付加していること、の二点が特徴的であるが、後者については成功しているとは言いがたい。

(30) a.　Vino Juan.
　　 b.　Juan vino.

　従来の分析では(30)の真理値は等価であり、Juan の意味役割も「行為者」である。しかし、情報構造も視野に入れると(30a)と(30b)の意味は異なる(寺崎の分析では焦点化という操作によって(30a)の Juan は新情報、(30b)の Juan は旧情報と述べている)。

(31) a.　¿Quién vino?
　　 b.　 Vino Juan.
　　 c.　#Juan vino.
(32) a.　¿Qué hace Juan?
　　 b.　#Vino Juan.
　　 c.　Juan vino.

　行為者ないしは実行者を尋ねる疑問文(31a)の返答に対し、Juan が焦点化されている(31b)は適格であるが、(31c)はおかしい。また、疑問文(32a)の

返答に対し、既に旧情報として Juan が(32a)で与えられているため、Juan を焦点化した(32b)の返答は不適格であるが、(32c)は適格である。寺崎の分析では情報構造と意味構造を明確に区別し、専ら意味構造においてのみの意味役割付与を考慮に入れているため、(30)は意味が異なるがあくまで意味構造と情報構造を峻別しなければならなかった。しかし、本書のアプローチを用いると、(30a)の Juan は「行為者」〈＋主題〉、(30b)の Juan は「行為者」〈－主題〉という意味役割を持つ。即ち、情報構造と意味構造を区別することなく、意味役割素性で意味の違いを表すことができるようになる。

以下、本書の分析に従って後置主語構文の意味役割を個別に見ていくことにする。まず、提示動詞文(26a)を分析する。(26a)の意味役割は、以下の通りである。

(26) a. Ha llegado ya el taxi.
　　　 taxi：「行為者」〈＋動作主〉

(26a)の taxi は実際に動く物体であり、「行為者」の意味役割を持つ。従ってＢの「主語は意味役割の上では被動者を表す物や事」という一般化は崩れる。主語が新情報という点で情報構造に影響を与えてはいるが、それと意味役割とは区別しなければならない。即ち、焦点化されているが故に新情報ではあるが、必ずしもそれが常に被動者の意味役割ないしは意味役割素性を持つとは限らない。(26b)の profesor も同様である。

続けて感情動詞文である(27b)の意味役割を分析する。

(27) b. Me aburre esa novela.
　　　 novela：「行為者」〈＋影響者、＋対象物〉
　　　 me：「主題」〈＋経験者〉

(27b)の novela の意味役割は、寺崎の分析に従って〈対象〉と見ることも出来よう。しかし、あくまでも「私を退屈させる」行為者(ないしは行為物)

は novela であり、意味役割は「行為者」と判断することも可能である。従って、従来のθ理論では novela の意味役割が「行為者」か「対象」かで議論が分かれて整合性が欠けることになるが、本書のアプローチではマクロな意味役割は「行為者」とみなされ、意味役割素性として〈＋影響者〉及び〈＋対象物〉という項目を立てることで一貫性を持たせることが出来る。これは me の意味役割も同様であり、従来の意味役割分析のアプローチでは「主題」か「経験者」かの明確な区別はつかなくなるが、本書のアプローチではマクロな意味役割として「主題」、意味役割素性として〈＋経験者〉という説明原理を保つことが出来る。評価動詞文及び後置主語属詞文も同様の分析が可能である。

最後に、三項動詞における後置主語構文(25f)について考察する。

(25) f. Le da envidia verme jugar.
　　　　verme jugar：「行為者」〈＋影響者〉
　　　　envidia：「主題」〈＋被動作主、＋対象〉
　　　　le：「場所」〈＋受益者、＋経験者〉

嫉妬(envidia)を与える、即ち影響を及ぼすのは、あくまでも「遊んでいるのを見る」という動詞である。従って、嫉妬を与える verme jugar はマクロな意味役割では「行為者」となり、その意味役割素性は〈＋影響者〉となる。また、直接目的語 envidia は行為者が経験者に与える要素であり、マクロな意味役割は「主題」、その意味役割素性は〈＋被動作主〉と考えられる。なお、ここで「行為を受ける対象」は与格代名詞とする分析も可能であるが、行為(dar)を直接に受ける対象は envidia であり、その対象である envidia が影響を及ぼすのが le となることを考えると、envidia は dar という行為を受けた被動作主という分析の方が適格だと思われる。与格代名詞 le は、行為 dar によって影響を受けた envidia の到達点であり、マクロな意味役割「場所」を付与され、主題である envidia によって(感情的な)影響を受ける要素であるため、〈＋経験者〉ないしは〈＋受益者〉の意味役割素性を

持つことになる[45]。従って、寺崎が述べるように、三項動詞おいて与格代名詞 le または para 前置詞によって導かれる要素は受容者(受益者)であるということが出来る。

2.2.2 EN 否定における主題化された前置詞句の特徴

本節では、前節の議論を踏まえた上で主題化された EN 前置詞句がどのような意味特性を持つかを検討する[46]。EN 否定が生じる際に、EN 前置詞句が主題化されなければならないという条件がある(詳しい議論は Bosque(1980)、田林(2006b)他を参照)。更に、主題化された EN を伴う前置詞句は、以下の特性を持っていなければならない。

(33)　原則として EN は広範な範囲を指し示す名詞句(主に時間表現)、またはある特定の広範ないしは全体を指し示す名詞句と結合しなければならない。　　　　　　　　　　　　　　　　　　　田林(2006b: (15 ⅱ))

EN 前置詞句に現れる名詞句は抽象度の影響を受けない(しかし意味役割を考える際に抽象度の概念は必要である)。以下の文は全て EN 否定である。EN 前置詞句内の名詞句は(33)の条件を満たし、かつ空間表現か時間表現かにかかわらず極性変化を起こしている点に注目すること。

(34) a.　En mi / la vida he oído semejante disparate.
　　 b.　En toda la tarde fue capaz de decir nada coherente.
　　 c.　En todo Madrid se puede encontrar hombre más feliz que Pepe.
　　　　　　　　　　　　　　　　　　　　　　　Sánchez López(1999: 2603)

主題化された EN 前置詞句は(33)の制約を意味的に受ける。この制約は、主題化された EN 前置詞句の意味役割素性に起因する。即ち、EN 否定の前置詞句の意味役割素性は(33)の条件を満たすものでなければならない。以下、(34)の EN 前置詞句の意味役割と意味役割素性を検討する。

前節の主張を応用すると、(34)の EN 前置詞句のマクロな意味役割は「場所」と考えてよい。(34a)、(34b)は時間的(抽象的)な場所を指し示し、(34c)は空間的(物理的)な場所を EN によって指し示している(ここで物理的な場所はメタファー的拡張の結果抽象的な場所に拡張できるため、意味役割に関して明確な境界線を引かない)。そして、共通して付随する意味役割素性は〈+広範〉と規定できよう。以下を検討する。

(35) a.*??En un instante he oído semejante disparate.
　　 b. *En la tarde fue capaz de decir nada coherente.
　　 c. En Madrid se puede encontrar hombre más feliz que Pepe.

　主題化された EN 前置詞句において〈+広範〉の意味役割素性を持たない(35)を見ると、(35a)のように容認不可能か、(35b)のように非文になるか、(35c)のように肯定解釈を取るかしかない((35b)及び(35c)では todo / a がないため〈+広範〉の意味役割素性を失っていることが統語的ないしは形態的に明示されていることに注目)。特に(35a)では否定環境ではないのに否定極性項目 semejantes disparates、(35b)では否定環境ではないのに否定語 nada が出現していることで、容認度の低下ないしは非文の原因となる。
　即ち、EN 否定において、主題化された EN 前置詞句は〈+広範〉の意味役割素性を持たなければならない。従って、(33)の条件は意味論的に以下のように要約される。

(36) 　EN 否定における主題化された EN 前置詞句は「場所」の意味役割を持ち、〈+広範〉の意味役割素性を持たなければならない。

　(36)は(33)の条件を意味役割に求めたものである。ここで問題になるのは、(36)は EN 否定の原因なのか結果なのかということである。即ち、主題化された EN 前置詞句が(36)の条件を兼ね備えているから EN 否定が起こるのか(原因)、それとも EN 否定において主題化された EN 前置詞句は

(36)の条件を自動的に満たすのか(結果)、の区別である。結論から述べると、(36)及びその他の EN 否定における統語的条件を満たしていても EN 否定が起こらない表現は存在する。更にプロソディや語用論的要素によって極性が変化することもあるので、(36)は EN 否定において必要条件ではあっても十分条件ではないと思われる[47]。

3. EN 否定の極性決定条件とその極性環境

3.1 先行研究の扱いについて

本節では Sánchez López(1999)、Linebarger(1991)、Ladusaw(1980)、奥野・小川(2002)を先行研究と位置づけ、問題点を指摘しながら EN 否定の極性について概観する。

3.1.1 先行研究における EN 否定の極性について

過去の研究で「EN 否定の極性」のみを扱った文献はほとんどない。基本的に EN 否定は主題化されるという特性を持つため、否定の作用域(ámbito de la negación)は EN 前置詞句が c 統御[48]している、それより右側の部分全体であり、焦点は作用域内の語彙項目となる。更に、EN 否定は特殊な(Sánchez López に従えば「半ば語彙化された」)否定表現であるため、メタ言語的な解釈も許さない。

従って、EN 否定では部分否定やメタ言語否定の解釈はありえず、文否定という解釈しかなされえない。本書では専ら先行研究の立場を支持するが、EN 否定が文否定であることを自明とした上で、一般的な否定の極性と関連付けながら、EN 否定の極性を検討する(田林(2007b)も参照のこと)。

3.1.2 否定極性決定に関する先行研究の概略

Klima(1964)は、主に生成文法の枠組みから否定の問題を包括的に扱った最初の論文である。Klima の主張の一つとして、文否定と構成素否定を明確に区別した点があり、現在でも主要な否定研究の基盤となっている。

Klima は文否定と構成素否定を区別するために、深層構造で NEG という抽象的な要素が、文否定では文の前に、構成素否定では構成素の前に、それぞれ出現すると考えた。その際、肯定極性の環境にしか現れ得ない非確定的構成素が、否定極性項目に c 統御されると[49]、不定構成素編入変形 (indefinite incorporation) を起こして否定極性項目に変化する、と主張した。Klima の主張は以下の Reinhart(1983) のそれとほぼ同じである。

（1）　ある要素 α の c 統御領域が、その作用域になる。

Reinhart(1983: 13–14)

　Klima が不定構成素編入変形を「と構成を成す」という概念で規定できたのは、否定要素 NEG が深層構造内で極性決定条件を持っている (即ち作用域を深層構造内で決定できる) からであり、Jackendoff(1972) や Reinhart のように表層で適用するためには、「と構成を成す」ではなく、c 統御の概念が用いられなければならない。

（2）a.　None of these examples will convince anyone.
　　 b.　*The man who I didn't see bought anything.

　(2a) の否定極性項目 anyone は None と構造を成してはいないが、否定要素 None に適格に c 統御されているために文法的である。一方、(2b) の否定極性項目 anything は、構成を成してはいるが否定要素 n't に c 統御されていないため、非文となる。従って、厳密には「と構成を成す」概念は深層構造内で、c 統御は表層構造内で議論されなければならない[50]。本書の目的は意味的概念構造を明らかにすることであり、統語的な表層構造は非文か否かを決定する補助的なリトマス試験紙的な役割を担っているにすぎない。つまり、深層構造内で c 統御の概念が、どこまで適用されうるかを検討することが目的であり、「と構成を成す」という考え方を全面的に受け入れるものではない。

さて、Jackendoffや太田(1980)が正しく指摘しているように、c統御の概念だけでは否定極性を正しく捕らえていることにはならない。(3)は語彙レベルでのKlimaへの反証である。

（3）a. I couldn't solve some of the problems.
　　 b. I couldn't solve any of the problems. 　　　　　　　加賀(1997: 99)

　(3)は共に適格な文であるが、非確定的構成素であるsomeが否定極性項目であるanyと同じ位置に生起している。そして、(3a)と(3b)の意味は異なるが、その違いはsomeとanyの違いとして捕らえなければならない。すると、Klimaの不定構成素編入変形を設ける意義を失ってしまう。
　更に以下の文を参照。

（4）a. Who wants some beans?
　　 b. Who wants any beans?
（5）a. I wonder if Bill would lend me some money.
　　 b. I wonder if Bill would lend me any money.
（6）a. ?If you eat some candy, I'll whip you.
　　 b. If you eat any candy, I'll whip you.

　Lakoff(1969)は(4)～(6)のように同じ環境に肯定極性項目someと否定極性項目anyが現れると意味が異なるとして、someとanyは異なった語彙項目であるとしている。Lakoffによると、someは疑問文で用いられた場合は答えが肯定になることを予想しているか希望するかしており、if節で用いられた場合にはその条件が満たされることを希望している意味があるとするが、anyを用いた時にはこうした予想や期待が否定的か中立的な場合に用いられるとしている[51]。
　Jackendoffの反論の要点は、語彙項目が概念構造内から表層に具現化する際に変化しうる要素は屈折変化だけであり、Klimaの主張する不定構成素編

入変形や否定環境での肯定極性項目から否定極性項目への変形は認められないことになる。しかし、Jackendoff と本書の主張で共通するのは、肯定極性項目が否定環境に現れた際に否定語ないしは否定要素が肯定極性項目を正しく c 統御しなければならないという点であり、この違いは、畢竟 Klima の「と構成を成す」という考えが概念構造内で生じうるか、具現化された言語表現内で行われるかということだけである。

　形態レベルでの反証は以下の文を参照。

（7）a.　That Jack ever slept is impossible.
　　 b.　*That Jack ever slept is possible.　　　　　　　　Ross（1967: 343ff）

　(7a)の ever は否定の作用域内に来なければならないが、否定要素 impossible は ever を c 統御していない。つまり、im- のように否定的接頭辞を持つ場合と、否定的接頭辞を持たない場合では容認度に差が出る。更に、統語的な二重否定における反証も存在する。

（8）　Not all sentences with double negatives are not grammatical.
　　　　　　　　　　　　　　　　　　　　　　　　　McCawley（1973: 282）

　二重否定は深層構造では肯定極性を持ちうるため、(8)では否定に c 統御される要素が特定されない。動詞の意味レベルでの反証は以下の例文を参照。

（9）a.　I didn't say that I had ever been to Israel.
　　 b.　*I didn't yell that I had ever been to Israel.　　Linebarger（1980: 24）

　(9b)は、否定極性項目である ever が not に c 統御されているにもかかわらず、容認されない。
　以上のように、Klima の論は欠点こそ散見されるものの、現代の否定研究

に繋がるところが多い。批判的な検証をしたJackendoffやLasnik(1972)は、ほぼKlimaに準じての議論であるが、否定極性項目に関しては例外的扱いを設けることが多く、画期的な進歩とは言えない。その後の否定研究で特筆すべきものは、生成文法からの枠組みでは太田(1980)、論理的含意等の意味論からの枠組みではHorn(1972)が挙げられよう。

　Klimaの貢献は、否定の作用域を統語的に決定したことである。その後、Progovac(1988)らが、否定の極性と作用域に関して同様に統語論の立場から様々な代替案を提示してきたが、Klimaほどの成果は挙げていない。

　KlimaやLasnik、太田等の中心課題は否定の作用域の決定であり、結果として否定極性を自明のものとして認め、言語の統語構造と意味構造のインターフェイスを構築する試みとなっている。

3.1.3　Sánchez López(1999)におけるEN否定の極性決定について

　Sánchez López(1999)は、EN否定を「半ば語彙化された表現であり、否定辞と同等の極性決定能力を持つ」としている。(10)(第五章2.2.2節(34)の再掲)を参照。

(10) a.　En mi / la vida he oído semejante disparate.
　　 b.　En todo Madrid se puede encontrar hombre más feliz que Pepe.
　　 c.　En toda la tarde fue capaz de decir nada coherente.

Sánchez López(1999: 2603)

　EN前置詞句それ自体が否定辞として振る舞っている根拠として、(10)にはEN前置詞句以外に否定辞と考えられうる語がなく、全体として否定極性を持つこと、(10c)に見られるように否定極性項目の出現(nada)を認可すること等が挙げられる。更にEN否定の特徴として、①時間的側面を意味する述語に限定される[52]、②EN否定は非生産的で慣用句である、③前置詞ENに導かれる要素は普遍的に量化された時間表現でなければならない、の三つを挙げている[53]。更に、EN否定は時間的な極限(carácter extremo)と関連し

ているため、瞬間的な行為を表す文ではEN否定は生じず、en mi vidaやen toda mi vidaといった全体を指し示す前置詞句を要求する、と主張する。

Sánchez Lópezの観察は、前置詞ENの後に続く補語の条件等については洞察に富むが、時間表現だけに限定している点で不足がある((10b)参照)。また、EN否定が語彙化された表現としてレキシコンに記載されている情報だとするならば、個々のEN否定を許す前置詞句全てがレキシコンに記載されなければならず、言語の経済性の原理を破っている恐れがある。

3.1.4 Linebarger(1991)における極性決定の扱い

Linebarger(1991)は、否定の現象、特に否定極性項目の分布に関して、主に論理形式からの説明を試みている。Linebargerの主張は、以下の二種類の直接作用域制約(Immediate Scope Constraint)に要約される。

(11) 直接作用域制約(A)(ISC(A))：否定極性項目は、論理形式において否定演算子NEGの直接作用域内になければならない。
(12) 直接作用域制約(B)(ISC(B))：否定極性項目を含む命題pが別の命題qを(論理的または語用論的に)含意し、そのqの中で否定極性項目がNOTの直接作用域内にあれば、pはその含意によって「救われ」、容認可能となる。

Linebargerにおける直接作用域とは、Reinhartとは異なり、以下のように純粋に論理形式からの定義となっている。

(13) ある要素xは次の場合にNEGの直接作用域内にある。
 a. xがNEGの作用域内にあり、かつ、
 b. xとNEGの間に論理要素が介在していない。

まず、(11)と(13a)の妥当性を検証する。以下の文を参照。

(14)　Este asunto no es moral para nadie.　　　　　Sánchez López(1999: 2566)

　(14)は以下のような論理形式を持つ。

(15)　NOT(Este asunto es moral para nadie)

　(15)は否定極性項目である nadie が NOT の直接作用域内にあるので、適格となる。
　(13b)は、作用域が複数の文にまたがる時に必要な条件である。

(16)　Él no se movió porque fue empujado.

　(16)は曖昧であり、以下の二通りの読みを持つ。

(17)　a.　NOT CAUSE(él fue empujado, él se movió)
　　　b.　CAUSE(él fue empujado, NOT(él se movió))

　(17a)は「彼が動いたのは、押されたからではない(別の理由である)」という、CAUSE が NOT の焦点になっている読みであり、(17b)は「彼が動かなかったのは、押されたからである」という、CAUSE が NOT の作用域外にある読みである[54]。更に以下の文を参照。

(18)　Él no movió un dedo porque fue empujado.

　(18)も(16)同様に二つの読みが論理的に可能である。

(19)　a.　NOT CAUSE(él fue empujado, él movió un dedo)
　　　b.　CAUSE(él fue empujado, NOT(él movió un dedo))

(19a)は「彼が少し動いたのは、押されたからではない(別の理由である)」という読みを論理形式で表したものであるが、(18)は(19a)の読みを許さず、(19b)の「彼が少しも動かなかったのは、押されたからである」という読みしか許さない。(19a)は、NOTと否定極性項目であるmover un dedoとの間に論理演算子(logical operator)であるCAUSEが介在しているため、(13b)の制約を破っている。従って、否定極性項目はNOTの直接作用域内にはないため、(19b)の解釈のみが残る。

ISC(B)が必要な理由は、以下の文における否定極性項目の出現を正当化するためである。

(20) a. There isn't anyone in this camp who wouldn't rather be in Montpelier.
   b. I was surprised that she contributed a red cent.
(21) I had expected her not to contribute a red cent.　奥野・小川(2002: 15–18)

(20a)は否定語notの直接作用域に肯定極性項目であるwould ratherが出現しているため、ISC(A)に違反している。しかし、¬¬P≡Pという論理式により、(20a)は、主節の動詞に生じた否定語notと従属節に生じた否定語notが存在するため二重否定になり、結果として肯定極性を持つ。更に、(20b)は語用論的含意として(21)を持つ。(21)では否定語notの作用域内に否定極性項目であるred centが出現しているので、ISC(B)により認可される。

ISCの問題点は、論理形式をそのまま自然言語に適用しているため、いわゆる語用論的な含意表現を無視することと、以下のような文に対応できないことである。

(22) a. *Todo el mundo mueve un dedo.
   b. No hay nadie que no mueva un dedo.
(23) a. *I refused anything.
   b. I didn't accept anything.　　　　　　　　　　奥野・小川(2002: 19)

(12)の含意計算に従うと、(22a)は(22b)を論理的に含意することになり、(22a)は非文にもかかわらず ISC によって容認されてしまう。更に、(23a)における動詞 refused は、(20b)と(21)の間に見られる語用論的含意計算により、(23b)と解釈されるはずであるが、結果として非文になる。

(22)は構成素単位、(23)は動詞の意味レベルでの Linebarger への反例であるが、畢竟 ISC が規定する「ある命題の否定的含意」は無限に存在しうる。つまり、通常否定極性項目を認可しない言語表現であっても、語用論的含意計算の際に否定の要素が介在する可能性は常に存在するということである。従って、ISC(A)によって解決できなかった問題を ISC(B)を取り入れることで解決しようと試みたことにより、却って否定極性項目認可における説明力が落ちる結果となった。

3.1.5　Ladusaw(1980)における極性決定の扱い

Ladusaw(1980)は、下方含意仮説を提唱することにより、極性決定と否定極性項目の認可条件を説明しようと考えた。下方含意仮説とは、以下のようにまとめられる。

(24)　α is a trigger[55] for NPIs if α is downward-entailing.

Ladusaw(1980: 147)

Ladusaw の述べる下方含意(Downward-Entailing)とは、上位概念から下位概念への論理的な含意を指し、下方含意を許す環境を単調減少(Monotonicity Decreasing(MD))と呼ぶ。従って、MD の言語表現では否定極性項目の出現が認可されることになる。下方含意を許す表現とは、以下のような文である。

(25) a.　Juan no es un hombre.
　　 b.　Juan no es un padre.

Juan が男性でないとすると、Juan は父親ではない。即ち、(25a) が真ならば (25b) は必ず真である。従って、(25a) は (25b) を論理的に含意する。そして、男性であるという上位概念から、父親であるという下位概念に向かって含意しているので、(25) の [SN no es x] は MD 環境、即ち否定極性項目の出現を認可するということが出来る。

以上の議論を踏まえた上で、以下の文を検討する。

(26) a. No man is walking.
   b. No father is walking.

(26a) という上位概念は (26b) という下位概念を含意するため、下方含意である。即ち、一人の男も歩いていないならば、一人の父親も歩いていないはずである。一方、一人の父親も歩いていないからといって、一人の男も歩いていないとは限らない (子供を持たない男が歩く可能性もあるからである)。従って、[No x VP] (x は名詞句) は MD 環境であり、否定極性項目の出現を許す。

動詞レベルでも下方含意の概念は成立する。

(27) a. No man is walking.
   b. No man is walking slowly.

男が誰も歩いていなければ、ゆっくり歩く男も必ずいないので、下方含意が成り立つ。一方、ゆっくり歩く男がいなくとも、男が誰も歩いていないとは言えない (せかせかと歩く男がいる可能性もある)。従って、[No NP x] (x は動詞句) は MD 環境であり、否定極性項目の出現を許す。(26) と (27) の観察から、以下の文において否定極性項目の出現が認可されると説明できる。

(28) a. No student who had ever read anything on phrenology attended the lectures.

b. No student who attended the lecture had ever read anything about phrenology. Ladusaw(1980: 149–150)

(28a)は名詞節内(No student who had ever read anything on phrenology)で、(28b)は動詞句内(had ever read anything about phrenology)で、それぞれ否定極性項目(ever 及び anything)の出現を許す[56]。

以上が下方含意仮説の大まかな主張だが、この仮説は論理形式から見た点で非常に大きい説得力を持っている。しかし、下方含意仮説の問題点として、二重否定やメタ言語否定に対応しきれないことが挙げられる。

(29) a. It is not the case that every boy swims.
 b. It is not the case that every boy moves.

下方含意仮説によれば、(29b)は(29a)を含意する。即ち「全ての少年が動いているわけではない」のならば「全ての少年が泳いでいるわけではない」。従って、[it is not the case that NP x](x は動詞句)は MD 環境であり、否定極性項目の出現を認可してしまう。しかし、以下に見るように、否定極性項目は生起されない。

(30) *It is not the case that every boy has any potatoes.

更に下方含意仮説では、従属節内の否定でも異なった予想をしてしまう。

(31) a. If you do not buy a Toyota, you'll be fired.
 b. If you do not buy a Corolla, you'll be fired. 奥野・小川(2002: 45–46)

カローラを買わなければ首になるという状況(31b)では、トヨタ製の車を買わなければ首になる(31a)。つまり、トヨタ製の車を買わないということは、トヨタ製の車であるカローラも買わないことを意味する。従って(31b)

でもトヨタ製の車を買わない人は首になる。このことから、(31b)は(31a)を含意し、結果として下方含意は成立しない[57]。つまり、下方含意仮説によると、[If NP not x](xは動詞句)の環境において、否定極性項目の生起を許さないことになる。しかし、下方含意仮説の予測とは異なり、[If NP not x](xは動詞句)の環境で否定極性項目は出現しうる。

(32) a. If John does not eat anything, he will be punished.
    b. If there is not really any such constraint, why do so many sentences sound so odd? 奥野・小川(2002: 46)

下方含意仮説の問題点は以下のように集約される。即ち、ある否定語を伴わない環境がMD環境で、否定極性項目の出現を認可する場合、その環境に否定語が現れると下方含意を許さず、否定極性項目の出現を認可しないという間違った予測をしてしまうことである。否定語を伴わないMD環境は多岐に渡るため、結果として下方含意仮説は説明力を失う。

3.1.6　奥野・小川(2002)における極性決定の扱い

奥野・小川(2002)はLadusawの下方含意仮説の利点と問題点をそれぞれ正しく指摘し、その解決策として以下のような修正案を提示した。

(33)　含意計算の局所性条件[58]
    a. monotonicityは、表層文ではなく、LF(論理形式)で決定される。
    b. monotonicityは、当該否定極性項目から最も近い演算子によって決定される。 奥野・小川(2002: 47)

(33)の修正案に従えば、(30)の非文法性と(32)の文法性を説明できる。しかし、①論理的規定である下方含意仮説に論理形式を導入することの妥当性、②文により局所性条件が適用されうるかがアドホック、という問題点がある。特に②の問題は、下方含意仮説では[if NP x]という環境が否定極性

項目を生起することは容認するが、含意計算の局所性を導入すると、論理形式で [if NP x] ないしは [if NP not x] において否定極性項目の出現を禁止してしまうことがある。

3.2 本書で提案する否定極性決定条件
3.2.1 命題否定とモダリティ否定の分割と QR

本書では様々な極性決定条件から、Klima 及び中右(1994)を基盤として、修正案を提示していきたい。まず、以下の文を参照。

(34) Frankly speaking, I don't think he is a nice person. 中右(1994)

中右の階層意味論によると、(34)の Frankly speaking は話者の心的態度、即ち発話態度を表し、I don't think は「私が考えない」ことは事実であるので、命題態度と規定され、中立命題を否定している[59]。なお、中右は命題否定の中に構成素否定及び語否定も組み込まれると主張する[60]。

(35) a. I haven't done nothing.
　　 b. John didn't not drink.

(35a)の haven't 及び(35b)の didn't は発話態度の否定に、(35a)の nothing 及び(35b)の not は命題態度の否定に対応し、論理構造は以下のようになる。

(36) a. NOT (I have done NOT (anything))
　　 b. NOT (John not drink)

中右は二重否定文の論理構造を発話態度と命題態度に分けることで解決を図っている[61]。

本節では、モダリティ否定と命題否定を考慮に入れた上で、再度 Klima

のc統御からの説明を試みる。その際、1.2節で指摘した問題を解決するために、量化子上昇 (Quantifier Raising、以下QR) という操作を援用する[62]。QRはもともと量化子の作用域の問題を解決させるためにMay(1977)が提案し、Diesing(1992)らが採用した概念であり、以下のような操作を指す。

(37) Some boy loves every girl.
(38) a. [some boy*i* [every girl*j* [t*i* loves t*j*]]]
　　 b. [every girl*j* [some boy*i* [t*i* loves t*j*]]]

(37)は二つの意味を持つ。一つは(38a)で表されている解釈で「ある少年が全ての少女を愛している」(some > every)であり、もう一つは(38b)で表されている解釈で「少女一人ひとりに対して、その人を愛している少年が少なくとも一人はいる」(every > some)である。どちらの解釈をとるにしても、普遍量化子であるsomeと全称量化子であるeveryにQRの操作を適用することによって、その作用域をc統御によって決定できる。即ち、(38a)はQRしたsomeがeveryをc統御し、(38b)はQRしたeveryがsomeをc統御しているため、それぞれの解釈が導き出される[63]。

以上がQRの概略であるが、本節では否定現象もQR及びKlimaのc統御で説明する[64]。まず、語彙レベルでの問題点として挙げられた以下の文を検討する。

(39) a. I couldn't solve some of the problems. (= 3a)
　　 b. I couldn't solve any of the problems. (= 3b)
(40) a. [IT IS THE CASE] [SOME*i* [NEG [I COULD SOLVE t*i* OF THE PROBLEMS]]]
　　 b. [IT IS NOT THE CASE] [SOME*i* [POS [I COULD SOLVE t*i* OF THE PROBLEMS]]]

階層意味論とQRを併用すると、(39a)のcouldn'tは命題否定であり、someはcouldn'tの作用域に入らない解釈が可能である。つまり、概念構造は(40a)のようになり、否定演算子NEGはSOMEを作用域として取らない。一方、(39b)のcouldn'tはモダリティ否定であり、概念構造である(40b)の否定演算子NOTはSOMEを否定の作用域内に捕らえている。よって、SOMEは論理形式を通じてanyとして表層で具現化される。

更に形態レベルの問題について検討する。以下を参照。

(41) a. That Jack ever slept is impossible. (= 7a)
    b. *That Jack ever slept is possible. (= 7b)
(42) [IMPOSSIBLE*i* [POS [THAT JACK EVER SLEPT [BE trace*i*]]]]

(41a)のimpossibleは語単位の命題否定であり、QRされて(42)の概念構造を持つ。すると、impossibleはthat以下をc統御しているため、否定極性項目であるeverの出現を認可する。一方、(41b)には否定要素を持つ語が存在しない。従って否定極性項目の出現を認可できず、非文となる。

動詞の意味レベルの問題は、以下のような文であった。

(43) a. I didn't say that I had ever been to Israel. (= 9a)
    b. *I didn't yell that I had ever been to Israel. (= 9b)

(43)の問題は動詞sayとyellの内在的意味特性に起因するように思われる。即ち、動詞yellは「鋭く叫ぶ」や「大きな声で喋る」というように、伝達という事実の情報よりも、話者の様態や心的態度(yellの場合は「大声で」や「鋭く」)が重視される。つまり、小声で話した時やのんびりと話した時には、如何に情報が伝達されようともyellとは呼べない。従って、(43b)は命題否定ではなくモダリティ否定であり、that以下に否定の作用域が及ばないために否定極性項目の出現を認可しない。しかし、(43a)の動詞sayは伝達という事実が重要視され、「どのように伝達したか」つまり話者の態度には

興味がない。従って(43a)は命題否定となり、that 以下の ever を c 統御するため、否定極性項目の出現を正しく認可する。

　Klima の仮定を基にした前述の論を取り入れるならば、Ladusaw で問題になった下方含意仮説に関する付随的な条件(33)は必要ない。また、論理形式からの説明を目指した Linebarger の ISC における問題も解決されうる。

　次節以降では、上記の仮説を援用した上で EN 否定の極性決定条件について調べる。

3.2.2　EN 否定における極性決定条件とその環境

　EN 否定についてはいくつかの研究があるが、その語用論的性格のため網羅的なものは少ない。本節では Sánchez López の主張を基盤として、EN 否定の極性について概観する。なお、EN 否定の出現条件等については田林 (2006b) 及び第五章 1.1.1. 節を参照。

　Sánchez López の定義によると、否定語は動詞に前置された時に否定極性を持ちうる語、即ち no の他に nadie、nunca、nada 等も含み、否定極性項目は否定語が出現して否定環境になった言語表現に好んで現れる表現、即ち pegar ojo や mover un dedo としている[65]。従って、EN 否定における EN 前置詞句は否定語句として扱われることになり、nada や nadie と同等の振る舞いを見せると期待される。

　以下、EN 否定の極性について、複数のスペイン語ネイティブインフォーマント 12 名(スペイン出身 6 名、メキシコ出身 2 名、ペルー出身 2 名、チリ出身 1 名、パラグアイ出身 1 名)による極性判断のチェックを受けた結果を提示する。前節の予想が正しければ、① EN 否定は EN 前置詞句が(必要ならば QR した結果)他のいずれかの要素を c 統御し、② c 統御された要素は命題否定とモダリティ否定のいずれかの意味で EN 否定の作用域になる、はずである[66]。出身国が同じネイティブにも極性判断に差が見られ、同一のインフォーマントでも極性判断が曖昧であったが、文脈はなるべく考慮に入れず、プロソディの影響を排除するため、紙媒体で提示し、判断が曖昧な場合はその旨指摘してもらい、肯定及び否定の判断をしてもらった[67]。

3.2.2.1　予想に従った EN 否定のケース

　まず、本書で述べる「選択的前置詞句又は副詞句があると、EN 否定は生じない」と「EN 前置詞句は、広範な範囲を指し示す名詞句が後続しなければならない」という条件が適当かどうかを見るために、(44)を挙げる。

(44) a. *En toda la tarde agarró una rata todavía.
　　 b. Al menos en tu vida has trabajado.
　　 c. *A lo más en tu vida has trabajado.
　　 d. A lo largo de toda tu vida has trabajado, Pedro.
　　 e. Desde que nació hasta su muerte trabajó.
　　 f. Toda mi vida he estudiado.

　(44a)及び(44c)は「理解が出来ない」「文法的におかしい」として全インフォーマントが容認しなかった。これは通常否定環境にしか出現しない todavía が選択的副詞句として出現しているため、EN 否定が生じる条件と抵触しているからだと考えられる。
　(44b)は肯定とする解釈がほとんどであった。これは、肯定極性を好む al menos が出現したこと、また al menos は選択的副詞句であることが原因であり、正しく予想された。
　(44d)、(44e)及び(44f)のチェックは、EN 否定が「EN 前置詞句に後続する名詞句は広範な範囲を指し示す」ことが条件なら、果たして EN 否定を起こすのは「EN という前置詞の存在」なのか「広範な範囲を指し示す名詞句の存在」なのかを明らかにするためである。(44d)、(44e)及び(44f)は全インフォーマントに肯定の解釈を受けた。従って、田林の挙げた EN 否定出現の条件は「前置詞句 EN の存在を前提ないしは原因とした上で」のことであることが実証された。
　なお、語用論的に全称的な表現が EN 前置詞句に後続しなければ EN 否定は生じないことを考えると、曖昧であった「広範」という表現は、むしろ「意味的・語用論的に全称的な表現」と考えた方が説明力が増すかもしれな

い。

更に以下の文を検討する。

(45) a.　Creo que en toda la tarde agarró una rata.
　　 b.　No creo que en toda la tarde agarrara una rata.
　　 c.　?No creo que en toda la tarde agarró una rata.
　　 d.　En toda la tarde creo que agarró una rata.

　EN否定が従属節の位置に来た場合も極性に影響はなく、(45a)及び(45b)の従属節内は否定の解釈を受けた。なお、(45b)については、従属節の否定語が主節に現れる、否定の移動の可能性も示唆されうるが、従属節が否定環境にあることに変わりはない[68]。なお、(45c)は非文という判断と、二重否定(午後の間、彼が一匹もネズミを捕まえないとは私は思わない)という解釈に二分された[69]。また、(45d)は極性判断が話者によって曖昧であった。前節の仮定に従うならば、否定語であるEN前置詞句は主節以外の要素を全てc統御しているのだから否定にならなければおかしい。これは主節のcreo queが挿入句として存在し、EN前置詞句と動詞の結びつきからなる否定の発生をいわばブロックしていると考えられる[70]。更に以下の文を参照。

(46) a.　Si trabajo contigo, en toda la tarde agarraré una rata.
　　 b.　Si quieres ser un genio, en tu vida leerás los libros.
　　 c.　Cuando trabajaba contigo, en toda la tarde agarró una rata.

　(46)は副詞節が付随したEN否定の例である[71]。前節の予想通り、EN前置詞句は主節の全ての要素をc統御しているため、否定極性を持つと判断された。つまり、(46a)、(46b)、(46c)はそれぞれ「もしあなたと働いたら、午後の間私は一匹もネズミを捕まえられない」、「もし天才になりたければ、この本は読まないことだ」、「彼があなたと働いた時、午後の間一匹もネズミを捕まえられなかった」と解釈される。

3.2.2.2 予想に反したケース

ここまでは前節の仮定にほぼ従う結果が出たが、反するパターンが二つ生じた。それが以下の文である。

(47) a. En tu vida has trabajado en Japón.
　　b. En tu vida en Japón has trabajado.
　　c. En Japón en tu vida has trabajado.
(48) a. Si en toda la tarde agarró una rata, se fue.
　　b. Si en toda mi vida yo leo 1000 libros, seré un genio.
　　c. Si en toda mi vida yo leo 1000 libros, seré un tonto.
　　d. Cuando en toda la tarde agarró una rata, se fue.

(48)は選択的な前置詞句である en Japón が現れていることから肯定と予測されるはずであるが、全てのインフォーマントは否定と判断した。前節の仮説が間違った予測をした背景には「選択的前置詞句ないしは副詞句の存在」が EN 否定をブロックする強さと「否定極性項目((47)では意味的・語用論的に全称の名詞句が後続する EN 前置詞句)がその他の要素を c 統御する」ことから来る否定極性の強さが均一ではないためということが挙げられる((47)では後者の方が強い)。

更に、(47)が否定の解釈をもつ理由として、以下の二つの可能性がある。一つめの可能性は以下の通りである。即ち、(47)の選択的前置詞句である en Japón は、動詞が要求したものではないという点で選択的である。しかし、en Japón それ自体は副詞 mucho 等と比較して、意味的に「動詞を修飾するわけではなく、文全体にかかる」と解釈する読みの方が自然であろう。つまり、(47)の意味構造は(49)のようになると考えられる。ここで指摘するべきは、[EN JAPON] の意味要素がそれ以外の命題と独立し、命題が成立したあとで付随的に存在しているということである。実際、(47)の全ての文は、en Japón をコンマで区切って挿入句的に独立させることが可能である。選択的副詞句の代表である mucho はコンマで区切って独立させること

が出来ない。

(49)　[EN JAPON] [+Tem: EN TU VIDA] *i* [HA SIDO EL CASO [POL [TU TRABAJAR]]] [+NEG trace*i*]

　もう一つの可能性は、特に(47a)に言えることであるが、[EN JAPON]が選択的前置詞句(即ち、省略しても非文にならない)ではあるが、意味的に動詞と緊密に結びついているために(50)のような意味構造を持っているという考え方である。

(50)　[+Tem: EN TU VIDA] *i* [HA SIDO EL CASO [POL [TU TRABAJAR EN JAPON]]] [+NEG trace*i*]

　つまり、en Japón は動詞が要求する参加者役割ではないが、語用論的に参加者役割と同程度の強さの結びつきがあるために、もはや付加詞とは捕らえられていないということである。この結びつきの現象は、以下の文にも見受けられる。

(51)　En todo el día ha pasado por aquí.　　　　　Hernández Alonso (1982: 53)

　(51)では選択的前置詞句である por aquí がなくとも適格であり、否定極性も失わない。

(52)　En todo el día ha pasado.

　しかし、(52)は既に(51)が持っている動詞句の意味を消失している。従って、意味的に極度に結びついた選択的前置詞句や副詞は、EN 否定の条件付けに関する限り、付加詞としては捉えられない。つまり、(51)の動詞 pasar と前置詞 por は、Dirven (1993)らが示唆する、動詞と小辞構造の組み合わせ

からある特定の意味(ないしは新しい意味)を生み出しうるということである。

どちらの可能性を取るにせよ、ここでは「選択的前置詞句」の立ち位置が曖昧であることが問題となって起こっていることであり、前置詞句や副詞句の種類によっては EN 否定を阻害しないケースもあるということである。

(48)は副詞節(si 節、cuando 節)内に EN 否定が生じなかった例である。副詞節内では否定極性項目である EN 前置詞句がその他の要素を c 統御しているため、否定極性を持たなければおかしい[72]。更に、田林(2006b: (15))が提唱した EN 否定の統語的条件を守っているため、否定極性が現れると予想される。だが、予想に反して、インフォーマントごとに若干の揺れはあったが、(48)は肯定と判断された。この現象に対する説明は、以下が考えられる。

まず、if 節内は否定極性項目の出現を認可しう否定環境にあるため、強調の意味合いで使われる EN 否定は出現し得ないという可能性である。

(53) a. If Mary saw anyone, she will let us know.
　　 b. If anyone ever catches on to us, we're in trouble. 奥野・小川(2002: 33)
(54)　 Si Juan mueve un dedo por María, me sorprenderá.
(55) a. もし外に誰もいなかったら、ここから出た方がいい。
　　 b. *もし外に誰もいたら、ここから出た方がいい。
　　 c. もし何も分からなかったら、今すぐ調べた方がいい。
　　 d. *もし何も分かったら、今すぐ調べた方がいい。

(53)の if 節内及び(54)の si 節内は、明示的な否定語がないにもかかわらず、否定極性項目である anyone 及び mover un dedo の出現を認可する。従って、わざわざもう一度、語用論的に強化された EN 否定の環境を作る必要はない[73]。しかし、日本語では(55b)及び(55d)に見るように、モシ節内でも否定語は出現できない。従って、現時点では個別言語に関わらない普遍的な現象であると断言は出来ない[74]。

二番目の可能性としては、副詞的接続詞の cuando や si は、既に副次的に動詞を修飾しているために「選択的な副詞節」(即ち動詞が要求しない意味要素)と判断され、EN 否定の出現を認可しない可能性がある[75]。

決定的な論として、そもそも副詞的接続節内において、EN 否定が出現する条件である主題化をすることが可能かという問題がある。

(56) a. *If the baby, I like, I will do my best for your children.
　　 b. If I like the baby, I will do my best for your children.

(56a)は if 節内が主題化されているため、非文になる。主題化されていない(56b)は適格である。従って、そもそも接続節内で主題化の操作が不可能であるならば、EN 否定の条件である EN 前置詞句の主題化が許されていないため、結果として否定極性は持たない。

3.2.2.3　更に予想に反しうるケース

前節では、本来ならば否定環境にある if 節内では、EN 否定は生じないことを見た。本節では、基本的に否定環境を作って否定語の出現を許すその他の否定極性誘因子についても EN 否定が生じるかのテストを行う。

否定極性誘因子については、スペイン語では Bosque(1980: 65)や Sánchez López(1999: 2604)、普遍的な考察としては Ladusaw(1980)、Kato(1985)、Horn(1989)、van der Wouden(1997)、吉村(1999)らの膨大な研究があるが、本節では Sánchez López の分類を基準として、否定極性誘因子を伴って否定語の出現を許す環境で、EN 否定が出現しうるかをチェックしたい。

Sánchez López は否定極性誘因子を以下の五つに分けて説明している。

A.　排除、反駁ないしは制限の述語

これは更に疑問の述語(dudar, ser dudoso)、反対の述語(resistirse, rehusar, rechazar, negar, oponerse, prohibir, impedir, ser contrario, ser opuesto)、欠如、欠乏ないしは不存在の述語(quitar, irse, perder, falta de)、いくつかの叙実的ない

しは感情的述語(horrible, estúpido, sorprendente, ser una locura, ser tragedia, molestar, indignar)などに下位分類される。

B. 修辞疑問及び感嘆文
C. 特定の(不定的)量化子ないしは量化的副詞

例えば、poco(s), sólo, raramente, escasamente, demasiado (para)など。なお、mucho と bastante は不定的量化子ではあるが、否定極性誘因子としては働かない。

D. 前置詞及び接続詞

前節の条件節の si 節、sin, en lugar de, en vez de, apenas, antes de など。

E. 比較構文、最上級及び特定の助数詞(primero, último)[76]

否定語と否定極性誘因子は非常に混同しやすい概念である。否定語は単体で(ないしは動詞の前に置かれて)否定極性を作ることができるので、否定極性誘因子と同様に否定環境を発生させることが出来るが、その他の否定極性誘因子は否定語としての機能は持たないものの、否定環境を作りうる。即ち、否定極性誘因子は否定の環境を作ることができる要素であり、否定語も時として否定極性誘因子として振る舞うということができる。

以下、それぞれの否定極性誘因子が引き起こした否定環境において、EN否定が生じるかどうかを見る。まず、排除、反駁ないし制限の述語について検討する[77]。

(57) a. Dudo que se haya enterado nadie.
　　 b. Dudo que hayas trabajado en tu vida.
　　 c. Dudo que en tu vida hayas trabajado.
(58) a. Luis es contrario a recibir ningún tipo de consejo.
　　 b. Luis es contrario a la idea de que hayas trabajado en tu vida.
　　 c. Luis es contrario a la idea de que en tu vida hayas trabajado.
(59) a. Prohibieron que saliera nadie.
　　 b. Prohibieron que agarrara una rata en toda la tarde.

c.　Prohibieron que en toda la tarde agarrara una rata.
(60) a.　Negó haber movido un dedo por él.
　　　b.　Luis negó que agarrara una rata en toda la tarde.
　　　c.　Luis negó que en toda la tarde agarrara una rata.
(61) a.　Pedro ha perdido la esperanza de que salga elegido ninguno de sus amigos.
　　　b.　Pedro ha perdido la esperanza de que Juan agarre una rata en toda la tarde.
　　　c.　Pedro ha perdido la esperanza de que en toda la tarde Juan agarre una rata.
(62) a.　Fue una falta de tacto decirle nada.
　　　b.　Fue una falta que agarrara una rata en toda la tarde.
　　　c.　Fue una falta que en toda la tarde agarrara una rata.
(63) a.　Me indigna que venga nadie.
　　　b.　Me indigna que hayas trabajado en tu vida.
　　　c.　Me indigna que en tu vida hayas trabajado.

　(57a)～(63a)ではそれぞれ、排除、反駁ないしは制限の述語が否定環境を作り、結果として否定語が動詞に後置されて出現することが観察される[78]。もしEN否定におけるEN前置詞句が否定語と同様の機能を有しているのならば、動詞に後置されたとしてもその従属節内は否定環境を持つはずである。従って、(57b)～(63b)の従属節内は否定環境になることが予想される。更に、EN否定そのものが従属節内に出現した際の極性判断をも同時に調べるため、(57c)～(63c)の従属節内の極性も検討した。

　インタビューの結果、人為的に作成した文のためにインフォーマントは時折極性判断に迷ったようであるが、概ね(57b)～(63b)及び(57c)～(63c)の従属節内は全て肯定極性を持つと判断された。即ち、否定の意味を持つ述語を主節に持つ場合、従属節内単独では出現条件を満たしていてもEN否定が発生しないことが観察された。以上から、EN否定は、否定含意述語ないし

は反駁・排除の意味を持つ述語が与える極性の差に左右されず、基本的に従属節内には発生しないと結論付けられる(これは従属節である si 節で EN 否定が発生しなかったことの結論を強化するものでもある)。

　EN 否定が従属節内に発生しない理由は、EN 否定とは(感嘆的ないしは強調的意味合いにおいて)命題を焦点においた発話行為ではなく、話者の心的態度、即ちモダリティを重視した表現だからであろう。

　なお、EN 否定において、否定語としてとらえられていた EN 前置詞句は、他の否定語と同様に節を越えて主題化されることは出来ない。従って、否定語が節を超えて移動した(64a)〜(66a)は非文となる。この時、主節が否定極性誘因子かどうかは関係がなく((64)及び(65)参照)、否定語は節を越えて移動することはない。

(64) a. *Nadie me satisface que hable.
　　　b. Me satisface que nadie hable.
(65) a. *Nadie me indigna que venga.
　　　b. Me indigna que nadie venga.
(66) a. *En tu vida me indigna que has trabajado.
　　　b. Me indigna que en tu vida hayas trabajado.

　次に、修辞疑問及び感嘆文について検討する。

(67) a. ¿Has estado tú nunca en Nueva York?
　　　b. ¿Has estado tú en tu vida en Nueva York?
　　　c. ¿En tu vida has estado en Nueva York?
(68) a. ¿Quién ha dicho nada acerca de ese asunto?
　　　b. ¿Quién ha contado en su vida acerca de ese asunto?
　　　c. ¿En su vida quién ha contado acerca de ese asunto?
(69) a. ¡Qué sabrás tú de los problemas de nadie!
　　　b. ¡Qué has trabajado tú en tu vida!

c. ¡En tu vida qué has trabajado tú!

　(67a)及び(68a)は修辞疑問、(69a)は修辞感嘆文が否定極性誘因子として働き、否定語の出現を許している例である。(67b)、(68b)及び(69b)は EN 前置詞句が主題化していないため、基本的に EN 否定とは認められないが、もし EN 否定の EN 前置詞句が否定語ならば適格になるはずである。(67c)、(68c)及び(69c)は、修辞疑問ないしは修辞感嘆文で EN 前置詞句が主題化している例であり、本節のこれまでの分析からは EN 否定が生じると予想される。

　結果は、全インフォーマントによって(67c)〜(69c)は全て否定極性を持つ、即ち EN 否定が発生していると判断された。これは修辞疑問ないしは感嘆文の持つ意味が、EN 否定の感嘆的ないしは強調的な意味合いを更に際立たせることに起因しよう[79]。

　注目すべきは(67b)〜(69b)の極性判断であり、インフォーマントによって肯定極性を持つとする判断と、否定極性を持つとする判断に二分された。そして、肯定極性を持つと判断したインフォーマントは、全員(67a)〜(69a)を否定語が生じているにもかかわらず肯定極性を持つと回答し、後者は(67a)〜(69a)を否定語が生じているのだから、含意として否定極性を持つと回答した。このことから、EN 否定の条件である「EN 前置詞句は主題化されなければならない」という条件は必須であり、(67b)〜(69b)で生じたと判断された否定極性は EN 否定から生じたものではなく、感嘆文ないしは修辞疑問から語用論的に発生する否定的含意から生じたものであると思われる。

　特定の(不定)量化子ないしは量化的副詞の場合も同様に検討する。

(70) a.　Poca gente entendería nada de lo que dices.
　　 b.　Poca gente ha trabajado en la vida.
　　 c.　En la vida poca gente ha trabajado.
(71) a.　Un buen abogado raramente cuenta nada de nadie.

b.　Él raramente agarró una rata en toda la tarde.
　　c.　En toda la tarde raramente agarró una rata.

　(70a)及び(71a)は、量化子 poco、量化的副詞 raramente が否定極性誘因子として機能し、それぞれ否定語が動詞に後置することを許している。すると(70b)及び(71b)は、EN 前置詞句が動詞に後置しても否定極性を持つ可能性がある。更に(70c)及び(71c)は EN 前置詞句が主題化しているために EN 否定が生じるはずである。更に、(71c)に出現した否定極性誘因子 raramente は、単独では否定環境を作りうる。しかし、raramente 自身の存在が、本書で主張する「EN 否定は、選択的前置詞句または副詞句があってはならない」という条件に抵触する。従って、EN 否定の条件と、選択的副詞 raramente の否定極性誘因子のどちらが優先されるかの試金石になる。

　インタビューの結果、(70c)は否定極性を持つと判断された。これは EN 否定の出現条件を全て充足しているために本書の予測と一致した。一方、(70b)は否定的な要素はあるものの、Poca gente entendería lo que Juan dice. のように形容詞 poco を取る言語表現が否定的であると判断したインフォーマントは(70b)は否定極性を持つと回答し、肯定的であると判断したインフォーマントは(70b)は肯定極性を持つと回答した。即ち、日本語でも「わずかな人しかフアンの言うことを理解し得ない」という文の極性判断を日本語ネイティブに委ねると意見が二分されるように、形容詞 poco の語彙的特性による問題であり、EN 否定の出現条件以前の問題であると思われる。

　(71b)及び(71c)も同様であり、副詞 raramente が出現している文を肯定文と見るか、否定文と見るかで判断に揺れが生じた。即ち、Juan raramente dice la verdad. のような文において、否定的であると判断したインフォーマントは(71b)及び(71c)を否定環境にあると判断し、肯定的であると判断したインフォーマントは、(71b)及び(71c)を肯定環境にあると判断した。日本語でも「フアンは稀にしか本当のことを言わない」という文の極性判断を日本語ネイティブに委ねると意見が二分される。従って、(71b)及び(71c)の極性判断は、EN 否定の出現条件を充足しているか否かには関係せず、副

詞 raramente の語彙的特性による問題である。なお、(71c)は「選択的な副詞句または前置詞句が現れると EN 否定は生じない」という観点からも、選択的副詞 raramente の出現が EN 否定の出現条件に抵触した可能性がある。

次に、特定の前置詞句ないしは接続詞について検討する。なお、si 節は前節で取り上げているため、省く。

(72) a. Antes de hacer nada, debes lavarte las manos.
   b. Antes de que hubiera oído semejante disparate en su vida, se murió.
   c. Antes de que en su vida hubiera oído semejante disparate, se murió.
(73) a. En lugar de interesar nada ahora, es mejor esperar a más tarde.
   b. En lugar de que agarrara una rata en toda la tarde, fue mejor esperar a más tarde.
   c. En lugar de que en toda la tarde agarrara una rata, fue mejor esperar a más tarde.
(74) a. Escuchó toda la conversación sin que palabra alguna le sorprendiese en ningún momento.
   b. Escuchó toda la conversación sin que agarrara una rata en toda la tarde.
   c. Escuchó toda la conversación sin que en toda la tarde agarrara una rata.

検証方法は同様である。(72a)、(73a)及び(74a)では、特定の前置詞句内ないしは従属節内で否定語が単独で動詞の後ろに出現することが観察される。(72b)、(73b)及び(74b)は EN 否定における EN 前置詞句が主題化していない場合、(72c)、(73c)及び(74c)は従属節内で EN 前置詞句が主題化し、単独の主節であれば、EN 否定が生じうるケースである。

インタビューの結果、(72b)、(72c)、(73b)及び(73c)の従属節は否定極性を持つと判断された。しかし、antes de、en lugar de は、その従属節内に未来ないしは非現実の命題を取ることから「否定」ではなく「非現実」、即ちまだ発生していない出来事について、否定の解釈が与えられた可能性がある。例えば、antes de amanecer hay que volver. は「実際には夜が明けていな

い」うちに戻らなければならないと主張しており、antes de 以下の命題は実現していない。更に、en lugar de も同様であり、en lugar de interesar nada ahora, es mejor esperar a más tarde. において、「何かに興味を持たせる代わりに」もう少し待った方がよいと主張しており、やはり en lugar de 以下の命題は実現していない。この「非現実性」が antes de や en lugar de を否定極性誘因子として働かせている要因である。従って、従属節内単体は肯定環境であり、否定極性誘因子の存在によって否定環境を持つと判断されたと思われる。従って、従属節内では EN 否定の条件を充足したとしても EN 否定は発生しない。

(75) a.　Antes de que no hubiera oído semejante disparate en su vida, se murió.
　　 b.　Antes de que hubiera oído semejante disparate en su vida, se murió.

　(75a)は「そんな馬鹿げたことを聞かないより前に」死んでしまったと主張しており、従って「聞かないまま」死んでしまったということである（従って、(75a)の no は虚辞的である）。同様に(75b)は「そんな馬鹿げたことを聞くより前に」死んでしまったと主張しており、「聞かないまま」死んでしまったと解釈される。つまり、否定極性誘因子である antes de や en lugar de は内在的に非現実的な命題をその従属節に取る性質を持つため、現実に起こっていない（＝否定）と解釈されたと思われる。
　この非現実性は、(74b)及び(74c)でも顕著であり、両者とも従属節は否定極性を持つと判断された。しかし、これは従属節内で EN 否定の条件を満たしたために否定極性が出現したと考えるよりも、前置詞 sin が内在的に否定的な意味特性を持つと考えた方が説得力がある。

(76) a.　Escuchó toda la conversación sin que no agarrara una rata en toda la tarde.
　　 b.　Escuchó toda la conversación sin que agarrara una rata en toda la tarde.

(76a)は「午後一杯ネズミ一匹捕まえないことなしに」全ての会話を聞いたと主張しており、もし従属節内が単独で否定極性を持つのなら非現実の否定をしていることから二重否定の解釈を持つ。実際、(76a)は「午後一杯ネズミを捕まえた上で」全ての会話を聞いたと主張しているため、二重否定、即ち肯定の判断がされた。しかし、(76b)は「午後一杯ネズミ一匹捕まえることなしに」全ての会話を聞いたと主張しており、従属節で出現した否定環境は、EN 否定の出現条件を充足したためではなく、前置詞 sin の語彙的特性に起因するものであろう。即ち、非現実を表す接続詞や前置詞は、その意味的解釈の観点から「実現していない」という否定環境を内的に語彙特性として持っていると考えられる(詳しくは第二章六節参照)。

最後の比較構文及び最上級について、スペイン語では比較構文と最上級の区別が定冠詞の有無に限定されているので、本書では検証する際には同列に扱いたい。

(77) a. Juan juega al mus mejor que nadie.
　　 b. Ana es la mejor persona que he conocido en mi vida.
　　 c. Ana es la mejor persona que en mi vida he conocido.
(78) a. Es la última vez que te digo nada.
　　 b. Es la última vez que agarra una rata en toda la tarde.
　　 c. Es la última vez que en toda la tarde agarra una rata.

(77a)及び(78a)では、比較構文内で否定語が単独で動詞の後ろに置かれることが観察される。(77b)及び(78b)は EN 前置詞句が主題化していない場合、(77c)及び(78c)は従属節内で EN 前置詞句が主題化し、単独の主節であれば、EN 否定が生じうるケースである。このうち、Sánchez López(1999: 2565)は(77b)の従属節内が否定環境であるとしている。しかし、筆者のインタビューでは、全員のインフォーマントが従属節内は肯定文であると断言した。また、日本語に翻訳した場合でも「アナは、私が人生で出会った中で、一番良い人だ」のように、下線部で記した従属節内には否定語は出現せ

ず、また否定環境を持つこともないと思われる。更に(77c)は何人かのインフォーマントが語順に違和感を覚えたようであるが、それでも従属節内の解釈は肯定環境で変わらなかった。

(78b)及び(78c)も同様であり、全インフォーマントが従属節は肯定極性を持つと判断した。即ち、「午後一杯かけてネズミ一匹捕まえるのは、これが最後だ」と解釈され、従属節は肯定環境である。なお、最大限を表すúltima vezという語は、必然的に「この先は捕まえることはないだろう」という含意を発生させるが、この否定的含意は従属節内の命題内容における極性決定を左右するものではない。

今までの検証から、EN否定は①その感嘆的ないしは強調的意味合いから単文でしか出現せず、②従属節に出現した場合、EN否定の条件を全て満たしても、肯定的な解釈しかされない、と結論付けることが出来よう。

以上、①Klimaの主張を様々な他の否定極性決定条件の研究と比較した上で再検討し、一定の妥当性があること、②Klimaに修正を加えた理論がEN否定にどこまで有効か、を見た。否定の研究は膨大な数に上るため、Klimaよりも優れた理論がある可能性はあるが、その全てを網羅することは不可能であるし、また現実的でもない。本節の意義は、EN否定を操作的に扱ったことであるが、EN否定は語用論的な要素に大きく左右されるため、本節の考え方では説明できないところが多々ある。更に、人為的にEN否定の例文を作成したためにインフォーマントが戸惑いを見せたところもあり、自然発話により近い操作的な試験が必要である。

注
1 「広範な範囲」という表現は曖昧であるが、畢竟ENに後続する名詞句は全称的な表現を持たなければならないということである。
2 Bosqueは、EN否定におけるEN前置詞句を主題化の観点から説明している。しかし、EN否定における主題化はむしろ否定語の動詞への前置の特殊な形と見た方が適当である。第二章を参照。

3 (5)が示すように、EN 否定の EN 前置詞句にはかなりの選択制限が要求される。EN 否定はもともと強調を含意する発話であり、語用論的な要因が意味的な制限を課しうるという点で、Fillmore(1971: 283)のいう、範疇の前提(Categorical Presupposition)は妥当なものだと思われる。

4 (1)の反例と思われるものに以下の文がある。

  (ⅰ) a. En parte alguna se le puede encontrar.
      b. En alguna parte se le puede encontrar.

  (ⅰa)は否定解釈、(ⅰb)は肯定解釈がなされるが、この原因は EN 否定の発生というより、En parte alguna の否定辞的振る舞いの影響によるものである。即ち、(ⅰa)の否定極性は EN 前置詞句が主題化したためではなく、N + alguno/a の語彙的特性ないしは統語的特性によるものである。第三章一節参照。

5 コーパス(http://www.corpusdelespanol.org/)の中に、(1)の反例と思われる以下の文が見つかった。

  (ⅰ) Has hablado, hablas y tienes de hablar en tu vida. (Don Quijote de la Mancha)

  (ⅰ)は語用論的な解釈が文法構造の規則を破りうるほど強力なために生じた例外現象である。

6 プロソディないしは語用論的要素を考慮に入れると(1)の妥当性が崩れることがある。

  (ⅰ) En tu vida has trabajado tanto.

  (ⅰ)は(1)に従えば肯定解釈を持つが、音調によって否定解釈を取ることもある。(ⅱ)の大文字の部分は卓立(プロミネンス)が置かれたことを示す。

  (ⅱ) a. En tu vida has trabajado TANTO.
      b. En tu VIDA has trabajado tanto.

  (ⅱa)は(1ⅰ)に従い肯定解釈を持つが、(ⅱb)は EN 前置詞句内の VIDA に卓立を置くことによって否定解釈を持ちうる。この原因として、否定極性に直接かかわる要素を強調することにより、tanto の意味的役割が減じている可能性が考えられる。Jackendoff(1972)も参照。

  語用論的な知見からは、(ⅲ)に選択的副詞句が出現しているにもかかわらず否定解釈を持ちうる。

  (ⅲ) a. En toda la tarde he vendido un puto / mal libro como ayer.
      b. En tu vida has trabajado tanto como hoy.

  (ⅲ)は ayer 及び hoy との比較によって否定の解釈が容認されうる。対比的な肯定命題を常に背後に持つものが否定文であるとするならば、(ⅲ)は否定解釈に必須である、前提の肯定命題が副詞句 como ayer / hoy によって明示的に表現されているために否定と解釈されうる。従って、語用論的要因も EN 否定の分析には無

第五章　意味的側面　279

視できない。加賀(1997: 140)も参照。
7　Lakoff(1987)は、there 構文を例に挙げて、この重要性を指摘している。
8　影山(1996)はこの区別立てが重要であると論じている。
9　(11)において John が Mary に物理的な影響を与えた可能性は消えるわけではない。以下が非文でないのがその証左である。
   （i）　John allowed Mary out of the room, practically John forced Mary to get out of the room.
10　松本(2002)では、構文理論は動詞の意味を軽視しているとの主張から、構文文法に対して慎重な姿勢を示している。
11　こうした項の不一致は、事象構造のどの部分を焦点化するかによっても変化する。例えば、They voted for her. と They voted her into office. において、前者は一項動詞、後者は二項動詞となる(西村(2002: 293))。
12　影山(2002: 122)は、(16)を「語彙概念構造における項構造のすりかえ」として説明し、統語構造と語彙概念構造のインターフェイスに項構造があると主張する。影山(1996: 133)も参照。
13　意味構造の表示は Jackendoff(1990)に準拠し、意味分解は BECOME や ACT といった基本的な意味成分に還元されうることを前提としている。なお、(17)は自動詞の他動詞的用法における概念構造であるが、本書では他動性については議論しない。
14　概念構造における極性(POL)の位置は中右(1994)に準拠した。
15　本書では同一指示標識にローマ字を用いたが、Jackendoff(1990: 62)の項束縛(argument binding)と同義である。
16　Alarcos Llorach(1984)は、多くのスペイン語の動詞は自動詞的にも他動詞的にも用いられると指摘している。また、Garcia- Miguel(1995)も、スペイン語の動詞の他動性は段階的であり、一義的に決定できないとしている。
17　Goldberg は、構文文法を「解明できない言語表現のごみ箱的存在」にしないために、ある言語表現に対して何を構文として扱い、また、どこまでを単語の特性とするかに関して意味的制約を立てることがある(Goldberg(1995: 174)及び 1.2.1 節参照)。EN 否定は当面制約をクリアしているものの、それぞれの制約に関しては議論する余地があるように思われる。
18　Levin & Rapoport(1988: 282)は語彙的従属化(Lexical Subordination)という概念を用いて、ある動詞の基本的意味に新たな述語を従属化させることで構成性の原理を保とうとしている。これは Jespersen(1928: 232-234)を基盤とした伝統的な考え方であるが、生成語彙論と同様、動詞に付加される情報が多すぎるという欠点を持つ。太田(1980)も有限規則の循環適用という観点からこの姿勢を崩していない。

19 意味役割の定義は大堀(2002)に準ずる。意味役割 location は時間的場所というメタファーに関連して生じたものである。
20 ここでは EN 前置詞句を暫定的に位格とした。格の歴史的研究については山田(1995: 560)、共時的研究については Gutiérrez Ordóñez(1999)、Fernández Soriano(1999: 1219)他を参照。
21 構文間のネットワークの議論については第二章を参照のこと。
22 構文理論の更なる言語現象への拡張、特に連辞 be への拡張の可能性については田林(2006a)を参照。
23 Chomsky(1982)も意味役割の規定に関して研究者ごとに恣意的であり、慎重な態度が必要であると言及している。
24 (1b)では Pedro が María にお金を「渡した」だけであって、お金の所有権が Pedro から María に移動したことを示唆するものの、断言はしていない。田林(2008)参照。
25 (1f)において述語分解した際に起点と着点の意味素性はどこから来るのかという問題は、様々な議論があるため、ここでは取り上げない。Jackendoff(1990)、Goldberg(1995)他を参照。
26 場所理論では基本的に意味役割と項を Chomsky(1981)の θ 理論に従って、一対一の対応関係として説明している。
27 本書では加賀(2001)の意味役割のマクロな三分類を、従来の場所理論の反例とはなりうる点から支持する。
28 具体的な反論としては Goldberg(1995)の構文文法、Levin and Rapoport(1988)の語彙従属化等を参照。
29 二重目的語構文とそれに対応する与格構文(Dative Construction)では話者の心的態度が異なるため、意味が同じというわけではない。田林(2008)参照。
30 コピュラ文の場所理論による説明は池上(1981)参照。
31 ここでの移動の種類は各生成文法研究者によって様々だが、本書では Chomsky(1995)に従い Move とする。
32 間接目的語が固有名詞だと、le の生起は任意である。(Le) dio una carta a María en la sala. は、Le がなくても容認可能である。
33 Jackendoff(1997)は統語部門以外にも音韻と意味にも自律性を持たせるべきだと主張する。意味が自律性を持つならば移動前の要素に意味役割を付与することも可能だが、Baker の説明理論の枠組みから外れる。
34 マクロな意味役割という考え方は、既に Foley & Van Valin. Jr(1984)や Langacker(1991)で同様の提案がなされている。これらの試みに共通するのは、項の意味役割を恣意的に決定することを避け、主に意味と解釈の関わりから「意図性とを意味特徴を連続的に記述しようとしている点である。Jackendoff は「影響」と絡め

て項を複数構造に設定し、Dowty(1991)は「動詞の含意」と絡めてプロトタイプ動作主(PROTO-AGENT)とプロトタイプ非動作主(PROTO-PATIENT)を設定した。本書で言及する三つのマクロな意味役割は、事象構造及び人間の認知体系に対して最も基盤とされる概念であることから提案したものである。

35　本書の方針は意味役割を述語ごとの異なる名詞句の意味の共通性の摘出、ないしは事象の参加者を決定する要因の一つとして捕らえるだけと考えるなら、いささか厳し過ぎるかもしれない。しかし、意味役割が同時に意味の差異も表すとするならば本書の方針は一定の理解を得られると考える。

36　具体的な図と地の分析は Langacker(1991)、河上(1996)、Ungerer & Schmid(1996)他を参照。

37　ここで挙げた意味役割素性は暫定的なものであり、有限個の意味役割素性に還元することが出来れば、意味役割における決定的な論となりうる。

38　(15a)と(15c)の差異は、John gave a book to Mary, but she didn't receive it. が容認可能なのに対し、*John gave Mary a book, but she didn't receive it. が容認不可能なことからも導き出せる。

39　命題が同一ということは、(16a)での動詞 give が導き出した [+MOVE] という素性と、(16c)の二重目的語構文が生み出した〈+着点〉が明示的でないということである。二重目的語構文には「移動を意図する」意味が付随するが、移動が必ずしも達成されるわけではない。

　　（ⅰ）a.　Chris baked Jan a cake.
　　　　 b.　Chris baked a cake for Jan.　　　　　　　　　Goldberg(1995: 32)

　（ⅰa）は移動を含意するが、Jan がケーキを受け取ったかどうかは不明である。それどころか、Jan はケーキが作られたことすら知らない可能性があるにもかかわらず、移動を含意する。それに対して(ⅰb)には移動の含意はない。動詞に移動の意味がない Mary taught Bill French. と Mary taught French to Bill. の対立は比喩的拡張、His talent would earn him double his present salary. は多義的になる。これら「やりもらい構文」は非常に興味ある存在である。

40　本書での「状態」の定義はあくまで便宜的である。物理的な状況での「状態」と抽象的な状況での「状態」という区別とは別に、動的か静的かに関して後者を「状態」と呼ぶこともある。

41　一時的という特徴は healthy という語の内在的な語彙特性の一つであり、意味役割素性として扱う必要がないという考え方もある。本書では深く立ち入らないが、ここでは kind 等のように恒久的なステイタスを表す語と区別するために暫定的に取り入れた。

42　二重目的語構文や受動構文を考察する上では社会的な背景も考慮に入れなければならない。中南米で使用される leísmo や laísmo などはその典型である。

43 正確に述べるならば、無強勢人称代名詞と前置詞句の出現条件については、木村・中西（2007: 25–26）が以下のように指摘する原則に従わなければならない。
　　（ⅰ）a. Isabel me mandó un regalo. *(bien a)*
　　　　　b. Isabel me mandó un regalo a mí. *(bien b)*
　　　　　c. Isabel mandó un regalo a mí. *(mal)*
　　「a + 前置詞格人称代名詞」が間接目的語として動詞の後に置かれる場合、それと重複する無強勢人称代名詞を、一、二人称の時は必ず、三人称の時も原則として、置く。一方、「a + 名詞」が間接目的語として動詞の後に置かれる場合には、それと重複する無強勢人称代名詞を動詞の前に置いても置かなくてもよい。
　　（ⅱ）（Le) mandé un regalo a Isabel.　　　　木村・中西（2007: 25–26 一部改）
44 本書における「構文」(construcciones)という術語は「構成性の原理を破りうる文」とほぼ等価であり、厳密に言うならば寺崎の主張する構文は構成性の原理を破ってはいないため、構文と呼ばずに特別な言語形式と呼ぶべきかもしれない。しかし、①寺崎の主張する後置主語構文は本書の理論でも説明可能なこと、②構成性の原理を破りうる情報構造ないしは意味構造が項に付与されうること、の二点から、構文という用語をそのまま用いることにする。
45 感情的な要素によって影響を与えられた対象が〈+受益者〉という意味役割素性を持つかは議論の余地がある。本書では、感情的な要素が与えられた場合には〈+経験者〉、物理的な要素が与えられた場合には〈+受益者〉と考えているが、動詞及び対象のアニマシーが係わる問題である。
46 EN 否定における EN 前置詞句の意味役割については田林（2007a）も参照。
47 統語的特性ではなく、意味的特性（本書では意味役割素性）、語用論的特性によって極性が変化する表現の存在は、生成文法が主張するいわゆる統語部門の自律性の反証となりうる。現在の生成文法と認知言語学の対立は畢竟統語部門の自律性に還元されると思われるが、本書では基本的に後者の立場を取る。
48 構成素統御(c-command、以下 c 統御)は、Reinhart(1976)によって以下のように定義される。
　　（ⅰ）　　α、βいずれも他方を支配せず、かつαを支配する最初の枝分かれ節点がβを支配する時、節点αはβをc統御する。　　Reinhart(1976: 32)
49 Klima の用語に従えば「構成を成す」(in construction with)であるが、この概念は c 統御とは鏡像関係にあたる。即ち、「αがβをc統御する」とは、「βがαの構成を成す」ということである。なお、加賀（1997：98）は「βがαにc統御される」ことが「βがαの構成を成す」と説明しているが、循環節点の扱いによっては「βがαにc統御される」ことが「βがαの構成を成す」とは限らないことに注意しなければならない。
50 Langacker や Jackendoff の統御の概念は、Reinhart のそれと微妙に異なる。Lan-

gacker(1969: 167)では、同一の句構造標識に含まれる二つの節点 a、b がある時、①a、b いずれも他方を支配せず、かつ、②a を支配する S のうち最も下の S が b を支配するならば、a は b を統御すると規定している。一方、Jackendoff(1972: 312)は、節点 a を支配する S のうち、最も下の S 自体も a に c 統御されると拡大解釈されている。この拡大解釈により、Jackendoff の規定は Langacker の①の条件に抵触する可能性があり、a に一番近い循環節点が NP の場合、NP が a を c 統御してしまうという循環的な適用を許す恐れがある。

51 スペイン語については和佐(2005)が言及しているように、条件の含意として現実と非現実を直説法ないしは接続法で用いることで解消することが出来る。このように、話者の心的態度を文法的な差異で明確にすることが出来る言語を視野に入れていない点で、Lakoff の反論は完全に当を得たものだとは言えない。

52 En toda la tarde estaba estudiando. は動詞 estudiar のアスペクト的特性のため、EN 否定にならない。

53 En veintitrés minutos fue capaz de decir nada coherente. は前置詞の補語の特性により EN 否定にならない。

54 Él no se movió porque fuera empujado. のように接続法になると、「押されたが、それが原因で動いたわけではない」という(17a)の読みしかなくなる。また、正確には Él no se movió porque fue empujado. には三つの読みがある。一つは「彼が動かなかったのは、押されたからだ」であるが、残りの二つは「彼は押されたが、それが原因で動いたわけではない」という押されたことを認める解釈と「彼は動かなかったが、それはそもそも押されていないからだ」という押されたという事実がない場合である。従って、Él no se movió porque fuera empujado. にも後者の二通りの解釈が存在することになる。

55 Trigger とは、もともと Jespersen(1917)の用語であり、否定極性誘因子(Inductores de Polaridad Negativa)ないしは否定極性活性要素(Activadores Negativos)が担う機能とほぼ同義である。なお、焦点因子と呼ばれることもあり術語が一定していないが、本質的な機能に大差はない。

56 下方含意は、EN 否定でも機能しうる。
　　（ⅰ）a． En toda la tarde agarró una rata.
　　　　 b． En toda la tarde agarró una criatura.
　　（ⅰb）は（ⅰa）を下方含意するため、EN 否定は原則的に MD 環境である。

57 下方含意が成立せず、上方含意が成立する環境を単調増加(Monotonicity Increase (MI))環境と呼ぶが、本書では触れない。詳しくは Ladusaw(1980)を参照。

58 含意計算の局所性条件は c 統御の概念に近い。奥野・小川の主張は Ladusaw の枠組みで耐え切れなかった言語現象を説明するために c 統御の概念を援用したと考えられるが、「オッカムの剃刀」の知見から考えると、より説明原理の少ない c 統

御のみでの解決を目指したほうが有益だと思われる。
59 中右は、話者の心的態度を発話態度及び談話モダリティ(Discourse Modality)、命題に対する態度を命題態度及び文内モダリティ(Sentence Modality)と呼んでいるが、そもそも談話とは文の集合体を表すものであるため「心的モダリティ(Mental Modality)」とでも名づけた方がいいように思われる。なお「発話態度」という用語に問題はない。発話(Utterance)は文でも単語単位でも行われるからである。

これに対して「文内モダリティ」という術語も問題がある。通常、文とは命題とモダリティの組み合わせであり、中右が主張するのはそのうちの命題に対する態度だけだからである。従って、「命題モダリティ(Propositional Modality)」とでも名づけた方がよい。なお、命題態度という術語に問題はない。

60 語否定は、imposible, inmoral, agramatical などの形態的要素 im-、in-、a- などを伴う語を指し、nada などの否定語とは区別される。

61 (35)は口語的な表現であるため、文法性の判断が一義的ではないことが問題となる。場合によっては(35a)は否定と解釈されるからである。(35a)の字義通りのスペイン語訳である(ⅰ)を参照。

 (ⅰ) No he hecho nada.

(ⅰ)の解釈は(35a)と異なり、二重否定ではない。これはスペイン語の否定極性項目の特性及び否定の呼応に帰する要因であり、論理操作では解決できない。具体的な提案は Sánchez López(1999)、Bosque(1980)他を参照。

62 QR は A 移動でも A' 移動でもない第三の移動形態であり、説明原理を減らすために A 移動のみで量化子を説明する試みもある(Hornstein(1995)他参照)。もし A 移動のみで説明が可能であれば QR 操作を仮定する必要はなくなるが、Hornstein の論だけでは実際の言語現象にそぐわないことが多い。

63 いわゆる多重量化子の概念はアリストテレスに端を発して1879年のフレーゲの量化理論で決着がつくまで続いた。「誰もが誰かを愛している」の受身である「誰かが誰からも愛されている」が、前者は($\forall x \exists y\ (x, y)$)、後者は($\exists y \forall x\ (x, y)$)と解釈が異なるのは、統語的な操作だけでは意味を決定することはできないとして、統語論中心主義(Syntactocentrism)の強烈な反例となる。しかし、本書は、いわゆる論理学の分野である量化理論だけで言語現象が解明されることを認める立場にはない。

64 QR に対する批判的な検証として Hornstein(1995)他を参照。

65 この分類方法では、否定語 no とその他の否定語(tampoco、nada 等)との機能的差異が説明できない。従って、否定語にも二種類あり、①出現すると動詞の前置後置を問わずに単体で否定極性を持ちうる否定語(no、但し虚辞の否定は除く)と、②動詞に後置された時に義務的に動詞の前に他の否定語を要求する語(その他)を区別する必要があると思われる。更に、いわゆる最小量を表す否定極性項目は他

の否定極性項目とは異なった振る舞いを見せることがある(詳しくは Fauconnier (1975)、Horn(1989)、第三章を参照)。本書では、Fauconnier の主張する語用論的推論(Pragmatic Inference)を認め、最小量を示す言語表現は否定極性項目になりうるという考え方を採る。

66　EN 否定が発生するには、ほぼ義務的に EN 前置詞句を主題化させる必要があるため、QR の操作をする必要は余りないと思われる。EN 否定において主題化されるということは、文全体を c 統御することになるため、EN 否定では必ず全否定となり、部分否定の解釈は不可能である。以下の文を参照。
　　（ⅰ）*Has trabajado no la madera en tu vida.
　　（ⅰ）は部分否定の解釈を強いるために非文となる。更に、他の否定辞と同じく、否定語 nadie などが(動詞に前置されるだけでなく)主題化されると、否定を強調しうる。つまり、EN 否定は語用論的に強調の場面でしか発動し得ない。第二章を参照。

67　中南米出身のインフォーマントは、全員が EN 否定の使用に関して疑問を投げかけた。そのため、ペルー出身 1 名、メキシコ出身 1 名、パラグアイ出身 1 名の下した極性判断チェックは取り入れなかった。一方、スペイン出身のインフォーマントは全員抵抗なく受け入れた。このことから、EN 否定は主にスペインで使用される表現だと思われる。

68　スペイン語の否定の移動、または先行の否定(Negación Anticipada)と呼ばれる現象についての近年の研究は、第二章、Rivero(1977: 19-35)、Bosque(1980: 50-63)、Sánchez López(1999: 2611-2613)他を参照。

69　なお、本書では第四章一節(1)の rata を「ネズミ」と訳しているが、実際は話者は本当にネズミを探しているわけではなく、何らかの獲物になりそうな動物を探していたが、「(小さな)ネズミすらも捕まえられない」という解釈も可能である。本書では、字義通りに(45)以降の rata をネズミと解釈するが、最小量(ここでは rata)が厳密に具体的な事物そのものを指し示しているのではなく、最小量の表現による上方の含意の可能性を捨てるものではない。詳しい議論は第三章 1.2 節を参照のこと。

70　このことから EN 否定は中期の生成文法で提唱された障壁(Barrier)の特性、具体的には阻止範疇(Blocking Category)を持つ可能性が示唆される。

71　語用論的な文脈をなるべく与えないために、si 節及び cuando 節には意味的に主節の極性判断に影響を及ぼさない文脈を選んだ。

72　(48b)及び(48c)については、量化子の 1000 libros が出現していることが原因かもしれないが、(48a)及び(48d)も同様に肯定と解釈されるため、決定的な要因ではないと思われる。

73　必ずしも si 節内は否定の環境を作ってはならないという意味ではない。（ⅰ）は si

節ないが否定環境にあるため、否定極性項目が出現可能である。
　　（ⅰ）Si Juan no mueve un dedo por María, me sorprenderá.
74　この傾向は英語においては、前述のように Ladusaw が下方含意仮説で大まかな説明原理を確立させようと試みているが、成功しているとは言いがたい。
75　この説を採用するならば、EN 否定は cuando 節や si 節といった副詞節内には発生しないことになる。コーパスでは副詞節内に発生した EN 否定の例が見つからなかったことから有力であるが、決定的な論証ではない。
76　特定の助数詞は、ある極限を表しているという点で Fauconnier の最小量を表す否定極性項目と関連する。第三章を参照。
77　これらの述語については、EN 否定は必ずある動詞を伴って出現するため、基本的に EN 否定を従属節として取る主節の動詞のケースに限定した。
78　文脈次第で否定語の出現を許さないこともある。
　　（ⅰ）a. *Dudo que venga hoy ni mañana.
　　　　 b. No creo que venga hoy ni mañana.
　　（ⅱ）a.??Dudo que haya llegado todavía.
　　　　 b. No creo que haya llegado todavía.　　　　　　　　　Bosque(1980: 73)
　（ⅰa）及び（ⅱa）は否定含意述語 dudar が出現しているにもかかわらず、それぞれ否定語 ni 及び否定極性項目 todavía の出現を許さないか、容認度が低下する。しかし、（ⅰb）及び（ⅱb）で示すように、否定語 no を伴った場合には許容される。このことからも、否定語や否定極性誘因子にも否定を作る強さの違いが存在することが明らかである。
79　あるインフォーマントは、(69c)の ¡En tu vida qué has trabajado tú! の方が、単なる EN 否定の En tu vida has trabajado. よりも否定が強いとコメントしている。

第三部
総括と展望

第六章　総括と展望

　本書では、第一部でスペイン語の否定現象についての記述的考察と理論的背景を提示し、第二部では特に EN 否定に焦点を絞って、新たな考え方を導入した分析を試みた。最終部となる第三部では、スペイン語の否定における語用論的側面、重文と相(aspecto)の問題に言及し、幾つかの課題と展望を提示する。

1.　語用論的側面

　自然な状況で用いられる言語は必ず文脈を背景にしているため、言語表現それ自体は自然な発話に通常加えられる豊かな解釈のごく一部分しか表さない[1]。即ち、ある語彙項目が文脈内で影響を受けるたびに、その正確な解釈は語彙項目が用いられている文脈によって影響を受ける。つまり、如何に理想的な言語状況が存在したとしても、それはあくまで抽象物であり、発話の際には常に談話状況を考慮した個別の言語表現(ソシュールの言葉を借りるならパロール)を意識しなければならないということである。

　談話状況と言語使用に関しては直示や推論、前提と含意、談話分析、丁寧さとレトリックなど様々な研究がある[2]。本章では否定に関する語用論的側面として否定の非対称性と有標性について、概略を述べ予備的考察を行った後、今後の展望と課題を提示したい。

1.1 否定の非対称性について

否定文ないしは否定要素を含む文は、それに対応する肯定文よりも情報量が少ないことから肯定文に比べて語用論的に好まれない。この情報量の不足を否定の非対称性(Asymmetry of Negation)と呼ぶ[3]。

（1） Bogota isn't the capital of Peru.
（2） Bogota is the capital of Colombia.

(2)の文は(1)の文に比べて情報量が約131倍ある。即ち、(1)からは「ボゴタはペルーの首都ではない」というただ一つの情報しか導き出されないのに対して、(2)では「ボゴタはコロンビアの首都であり、従ってこの世に存在するコロンビア以外の約130ヶ国の首都は、ボゴタではない」という情報が論理的含意として導き出される。しかし、「ボゴタはペルーの首都ではなく、かつペルー以外のどこかの国の首都である」ということを話者が述べる場合には、上限の規定がなくなるので、(2)よりも(1)が発話される可能性が高くなる。

この非対称性は、Horn(2000)の述べる矛盾的反意(contradictory opposition)では失われる。

（3） Our cat is not a male.
（4） Our cat is female.

(3)は(現在の生物学における両性ないしは中性を無視するならば)「私達の猫は雄ではない(従って雌である)」という情報を持ち、(4)と情報量は同じである。従って、無標的な(4)を避けてまで、敢えて(3)の発話がされたからには、それなりの理由がなければならない。Leech(1983)や Clark & Clark(1977)は、否定文は肯定文に比べて処理に長い時間がかかり、わざわざ話者が否定文を選択するのは、発話を必要以上に婉曲的、かつ難解にしていると主張している。Leech はこの「様態の違反」を適用制限付き、あるい

は緩徐的な手法であり、ある種の丁寧さを出すための曖昧性や婉曲的に沈黙を守っていたい姿勢を保持するためだとしている。

　否定は肯定に比べて処理に長い時間がかかるという否定の有標性の概念は、言語習得の立場でも明確であり、全ての言語に普遍的に見られる現象でもある。子どもの一語文習得においては、英語の否定語 no といった単なる不在(Nonexistence)、あるいは拒否(Rejection)を獲得するのは比較的早いが、文法上のある命題を否定するという意味での not を習得するには時間もかかり、また成人であってもしばしば理解に困難を伴う。論理学的命題の言語習得においても、TA(True Affirmative)、FA(False Affirmative)、FN(False Negative)、TN(True Negative)の順序で習得されていくという事実が、否定の有標性を証明している[4]。TN の習得が一番遅いのは、真を否定するという行為が偽であり、偽自体が否定の機能を持っているために、いわゆる二重否定のプロセスを踏んでいるからだと解釈できる。つまり、子供が経験上獲得した現実世界での「真」が否定されて「偽」になり、その「偽」を理解するのにまた現実世界を否定しなければならないという点で、認知的に二重否定の形を取る。

　さて、(3)には「私達の猫を雄だと思っている人がいるようだが、それは間違いだ。私達の猫は雌である」という含意を含みうるが、(4)にはそれがない。従って、矛盾的反意の場合には逆に否定文の方が(少なくとも聞き手に対しては)肯定文よりも情報量が増えているように見える。しかしこの情報量は、否定から導き出されたというよりも、情報それ自体は含意がないため、有標的な表現(この場合は否定表現)から導き出された含意とした方が正しい。この相補分布的な概念、即ち矛盾的反意は Horn(1991)でも反対的反意(Contrary Opposition)と対比させて詳しく論じられているが、完全に相補的な関係を持つ事象が存在しない現実世界を見つめる語用論においてはやや不足の感がある。例えば、(3)及び(4)において、雌雄同体ないしは両性具有の生物に対しては矛盾的反意が成立しない。また、宗教や神話においても日本武尊や一寸法師、阿修羅(髭が生えているなど男性的な特徴も多少は認められるが)など極めて中性的な存在があることも認めなければならない。

また、一見完全に相補分布的に見える「奇数・偶数」という関係も、数字という概念自体理想化されたものであり、その理想化された数学内での相補分布という規則に従っているだけであり、やはり現実世界にはそぐわない。

　上記の例は物理学的にも心理学的、あるいは文化人類学的においても、人間が現実世界の「どちらにも所属しない、あるいはどちらにも所属する」という傾向から外れて、理想的な二極対立に自然現象を当てはめたいという願望が如実に現われている結果である。従って矛盾的反意は語用論的に言うならば「極めて理想的な矛盾に近い反対的反意」と定義しなおす必要がある。つまり、矛盾的反意は「中立の範囲が非常に狭く、通常感知されえない反対的反意」と換言することができる。そして、現実世界に対応すべき立場の語用論としては、理想的な(すなわち現実世界には存在し得ない)概念はなるべく排除されるべきであり、その意味で実際に矛盾的反意と考えられている理想像は、実は反対的反意に還元できるものとして考えていく方法論の方が正しいように思われる。

　さて、矛盾的反意の概念を推し進めると、中村(2000)が言及するように同語反復(Tautología)が幾多の言語で見られることにも説明がつく。「負けは負け」という言葉は、現実世界には極めて勝ちに近い負けがあるにもかかわらず、それを甘受することなく「勝ち」と「負け」に一線を敢えて引くことによって、上記のような「どちらにも所属しない、あるいはどちらにも所属する」という、現実世界に存在する、理想的でない概念を取り払っている。即ち確実に存在し、また心理学、文化人類学的にもそうありうる現実を敢えて「理想像である矛盾的反意」に変えることによって、その理想像を自分のものにしたいという欲求の表われと取ることができる。しかし、理想はあくまで理想であり、この点完全なる矛盾的反意は存在しえない。すると、同語反復自体が Horn(1984)が提唱する量の公理に違反することになり、(例えば「歳が歳だから」という発話は「歳」については何も含意しない)それのみでは含意の算定をすることができない。この点で語用論のアプローチが不完全なものになったことを確認するならば、代案として半ば経験主義的な、認知言語学におけるカテゴリー論においてのみ同語反復が説明可能となる。

即ち、「歳が歳だから」という発話において、話し手は「歳」というものに対するある種のプロトタイプを(先天的にではなく)経験的に持っている。そして、後天的に生成されたプロトタイプ(但し、プロトタイプを生成する能力は先天的なものである)に照らし合わせて「自分の歳が幾つであれ、歳という語のプロトタイプに従う」という解釈によってのみ、「歳が歳だから」という発話の真の意味の解釈が可能になる[5]。

否定の非対称性においても矛盾的反意と反対的反意の関係は崩れない。情報量の非対称性は矛盾的反意と反対的反意の区別なく生じる。EN否定においては単なる否定ではなく強調の含意がこめられるため、反駁の情報のみを与えるだけで、情報量に関して話し手ないしは聞き手が注意を払うことはあまりない。

(5) a. ¿Fumas?
　　b. En mi vida he fumado.

(5a)の質問に(5b)の返答は適格であるが、(5)の状況において(5b)の話し手は「煙草は一度も吸ったことがない」と強調しているだけで、それ以外の新たな情報はない。EN否定のみならず、否定の非対称性にはその種類を問わず、反駁ないしは反意の意味さえあれば、存在しうる。

さて、否定は情報量が少なく、肯定は情報量が多いということで非対称性が生じることは上述した。話し手がその非対称性をあまり認識しないのは、否定の処理をする際に有標である表現(すなわち否定)には情報をできるだけ引き出そうと聞き手が努力せざるを得ないのに対し、肯定の処理をする際には無標である表現(すなわち肯定)にはその必要がない[6]。その結果、否定表現は聞き手指向性を持ち、肯定表現は話者指向性を持つ。更に、情報量の非対称性に拍車をかけるのが前述した否定によって生じる含意である。矛盾的反意にはそれ故に否定の方が情報量は多いという解釈もなされうる。

(6) a. The number 5 is not even.

b. The number 5 is odd. Horn(1989)

　(6a)と(6b)は矛盾の関係、即ち相補分布的な関係にあるため全く同じ情報量であると解釈できる。しかし、(6a)は「5という数字は実は偶数なのでは」と思っている人間がいる、ということを示唆する。つまり、否定(the number 5 is not even.)と否定に想定された肯定(the number 5 is even.)が生じる。この二つを結び付けているものが、即ち会話的含意(Conversational Implicature)である。

　こうした含意は発話された命題にのみ注意を向けてみると全く生じないが、モダリティも考慮に入れるとイントネーションや語彙の使用方法などでその差異が顕著に現れる。その点で、Hornが提唱する語用論的分業(the Divison of Pragmatic Labor)は、命題及び含意のみを算定し、発話者による状況を算定していないという点で自然言語の解釈をするにあたり不完全である。この会話的含意は否定語に限らず、量化子に対しても同じように生じるが、情報量は同じではない。

(7) a. How short is she?
　　 b. How tall is she? Horn(1989)

　(7a)は単に彼女の身長を聞いているだけのニュートラルな表現なのに対して、(7b)では(話し手が信じるところによれば)「彼女は背が小さいが、その小ささはどれくらいか」という「彼女は背が小さい」という情報を引き出すことができる。この情報量の差は有標性の差である。(7a)が有標な表現なのに対して、(7b)は無標的表現である。

　以上の議論から有標の表現はそれに対応する無標の表現よりも情報量が多いことになる。このことから、有標性と否定の関係には次のような考察ができる。

〈1〉無標の表現よりも有標の表現の方が情報量は多い。

〈2〉 有標の表現は解釈にも発話にも困難が伴うが、それは対応する無標の表現が持っていない情報を提供するからである。
〈3〉 しかし、否定に関しては、有標であるにもかかわらず、それに対応する肯定(すなわち無標の表現)よりも情報量が少ない(否定の非対称性)。

　この有標性は大体においてどの言語(あるいは世界知識)にも共通であり、Horn(1993)は、単語を and と but でつなぐことで有標性を証明できるとしている。即ち、無標と無標の形容詞同士、あるいは有標と有標の形容詞同士は and でつなぐことができるが、but でつなぐことができない、そして有標と無標の形容詞は but でつなぐことはできるが、and でつなぐことができないとするものである。

　(sweet and / *but kind) = 無標同士の組み合わせ
　(ugly and / *but cruel) = 有標同士の組み合わせ
　(sweet but / *and cruel, ugly but / *and brave) = 有標と無標の組み合わせ

　しかし、日本語の「醜男(しこお)」という古語を見てみると、「顔の醜い男」という意味と同時に「たくましい男」という意味も併せ持つ。これは「醜いがたくましい男」という概念から生まれた語ではなく、「醜くそしてたくましい男」という概念から生じたものであろう。しかし、Horn の理論に従って、「醜い」は有標であり、「たくましい」は無標であるとするならば、有標と無標の意味を兼ね備えた語が存在しなくなる。恐らく、元々は日本語において「醜い」と「たくましい」はどちらも有標(あるいは無標)であったものが、長年の月日を経て徐々にどちらかが有標的(あるいは無標的)になり、現在の「醜い＝有標」、「たくましい＝無標」という形になった可能性がある。従って、Horn の有標性に関する言及は性急に過ぎ、有標と無標の概念を確立し切れていない。
　先に Horn の語用論的分業には有標と無標の区別が明確でないという欠点

があると述べたが、更に推し進めると、「話者指向 = 経済的」、「聞き手指向 = 冗長的」という二元論的な図式も極めて曖昧なものとなる。即ち、「何をもってして有標的というのか」という問いと同様、「何をもってして経済的（あるいは冗長的）であるというのか」という疑問に突き当たる。冗長性や経済性は運動機能や知覚機能などの負荷に応じておおよその尺度が設定されるが、現実世界の会話で発話者の発声器官における運動機能に対する負担が少ないからと言って、すぐさまその発話を経済的と呼ぶわけにはいかない。

要約するならば、否定の非対称性とは情報の量に左右されるが、否定されたからといって必ずしも情報量が多くなるわけではなく、有標性にも左右されうるということである。

1.2 前提と否定について

前提には大別して二種類ある。一つはある語の意味素性から導き出される前提であり、もう一つは命題単位から導き出される前提である。前者は、例えば gallop という語が出現した際に、必然的に主語の位置に horse ないしはそれに類する語の出現を「予想」(池上(1975: 179))するものである。この前提は語の統合的特性ないしは選択制限によって生じ、擬人法などのレトリックないしは比喩ではこの前提が破られることもある。更に、bachelor という語は、その意味素性の一つである MALE を前提とする説もある[7]。この前提は語の内在的特性に起因する。後者は談話における前提、即ち既知ないしは旧情報と呼ばれるもので、本書では特に明記しない限り「前提」とは談話における前提を指す。

従来モンタギュー文法を始めとする論理学者や言語学者間で特に問題とされたのは、存在の前提と叙実の前提である。存在の前提が問題とするのは、以下の文である。

(8) a.　The king of France is bold.
　　b.　The king of France is not bold.

Russell(1974)の伝統的な考え方に従えば、(8a)は偽である。即ち、「あらゆる国王が存在し(全称的条件)、かつ国王が少なくとも一人は存在する(存在的条件)」の両方を満たさなければ、自動的に(8a)は偽になると主張する。従って、存在的条件を満たしていない(フランス国王は存在しない)という点において、Russellは(8a)を偽と判断している(詳しい議論は太田(1980: 112)参照)。

　しかし、Strawson(1974)は、(8a)において「フランスに国王がいる」ことを断定しているわけではなく、前提としているという点で、(8a)は真でも偽でもないとする立場を表した。即ち、存在を前提とするのはトピックとして用いられた場合であり、評言の方はそうではないとした。Strawsonは前提における語用論的価値を認め、Russell流の論理命題的分析では自然発話における真偽は問えないとしている。

　また、Leonetti(1999)は、そもそも定冠詞はその同定性と単一性の機能ゆえに前提を表しうると主張する。以下は(8a)の論理式である。

（9）　$\lambda(x)$ = bold, x = the present president of France.

　(8a)において、真偽を問うのは前提ではなく断言であり、前提の真偽を問うことは不可能としている。これに対しRussell流の考え方を援用するならば、真でない発話は全て偽となり、純粋に論理学的な存在の前提を議論すると、自然言語において真となる命題を表現するには当該命題における真理値を全て偽としてからなければ議論は進展しなくなる。以上から、本書では基本的にStrawsonの立場を支持し、前提に語用論的な効力を広く認める。

　叙実述語における前提とは、ある命題表現においてその補文が真であることを話し手が前提とする場合を指す(Kiparsky & Kiparsky(1970)を参照)。

(10) a.　It is surprising that John attended the meeting.
　　 b.　It is likely that John attended the meeting.　　　　太田(1980: 114)

(10a)はJohnがパーティに出席したことを前提とした上で、驚くべきことであると断言しているが、(10b)には補文における前提がない。従って、be surprisingは叙実述語であり、be likelyは非叙実述語である。更に、前提は言語によっては文法構造ないしは文法形式にも影響を与える。

(11) a. Aunque yo sea japonés, no me gusta el natto.
     b. Aunque yo soy japonés, no me gusta el natto.

(11a)における接続節は前提を表し、従属節全体が叙実的となる。つまり、叙実の前提の要件は、叙実述語が存在するか否かではなく、ある命題における条件節、法的文脈、主語の人称、補文標識等の要素が叙実的か否かという点である。(11a)のAunqueに後続する命題は、接続法を取っているため叙実述語であり、前提となっている。即ち、話し手が伝達したい情報は「納豆が嫌い」という後半の命題であり、Aunqueに後続する命題は旧情報として機能しているに過ぎない。一方、(11b)のAunqueに後続する命題は、直説法を取っているため非叙実述語であり、断定となっている。即ち、話し手が伝達したい情報は「私は日本人ではあるが、納豆が嫌い」という文全体の命題である。更に以下の文を参照。

(12) a. El hecho de que yo sea japonés les sorprende mucho.
     b. El hecho de que yo soy japonés les sorprende mucho.

(12a)における関係節の命題は(11a)と同様に前提となる。一方、(12b)は(11b)と同様に全ての命題(「日本人であること」と「皆を驚かせたこと」)が新情報として機能する[8]。

スペイン語は前提を表す際に接続法になることがあるが、否定との関連からも情報構造において接続法の「前提的機能」は見られる。

(13)   No creo que Juan sea moral.

(13)は「フアンは道徳的である」という命題を否定しているために接続法になるが、接続法となる従属節が必ず前提を表しているわけではない。更に、情報構造においても「フアンが道徳的である」という情報を伝えたいわけでない。

(14)　No creo que Juan sea moral, sino que él es cruel.

(14)では sino 以下の命題が断定として機能する。つまり、否定とはある命題 A に対する明確な反対ないしは反駁の表示であり、その命題とは違った別の命題 B、C、D…を(明文化しないまでも)含意する。否定とは「(皆はある命題 A に関してこう思っているようだが)私はそれを否定する。(実は命題 B である)」という含みを持つという点で、前提的な性質を持っている。否定の前提的な性質は、外部否定で特に顕著であるが、内部否定にも発生しうる[9]。

(15)　La capital de España no es Barcelona.

(15)は内部否定以外の解釈は生じづらい(しかし、例えば SF 映画で、スペインという国が消滅している時は「何故ならスペインは存在していないので、如何なる街も首都とはなりえない」という存在の前提を否定するために(15)が発話される可能性はある)。つまり、外部否定の作用域は前提にまで及び、かつ前提を否定することが時として無標的になる場合さえあるが、内部否定は常に命題的かつ含意的ということである。

　語用論的に見た場合、前提とは話者が、聞き手と共有していると思っている背景知識であり、断定とはその前提を元に与えられる新情報と定義することができる(Jackendoff(1972: 230)及び大塚(1982: 946)参照)。一方、論理的前提は、論理的含意と同じく、文脈に関係なく成立しなければならない(太田(1980: 163))。

　Kiparsky & Kiparsky によると、前提とは、①否定の影響を受けない、②疑

問の影響を受けない、③命令の影響を受けない、とされている。しかし、上述したようにメタ言語否定などによって、前提が否定の影響を受けることもある。

(16)　John has not stopped working.
(17) a.　John is still working.
　　 b.　John hasn't started working.　　　　　　　太田(1980: 169 及び 179)

　(16)は(17a)及び(17b)のいずれも含意しうる((17b)はメタ言語否定的な解釈である)。従って、前提が否定の影響を受けないとする論は、前提が「存在の前提」のみを想定している場合であり、基本的に論理的含意ないしは語用論的な前提は否定極性の影響を受けうる。
　論理的含意は必ずしも文ないしは文を構成する構成要素の意味からだけでなく文脈から与えられることもある。

(18)　The maid plumped up the cushions.

　(18)における前置詞 up は、上向きの方向付けが量の増加と語用論的に関連付けられることから出現する[10]。更に、構成素の意味及び文脈だけでなく、純粋に統語的な知見からも含意は発生する。

(19) a.　Sé que te suspendieron.
　　 b.　Juan sabe que te suspendieron.

　(19a)は主節の主語が話し手(yo)ゆえに前提を立てる必要がないが、(19b)は主節の主語が話し手ではないため、「私はフアンが(あなたが落第したことを)知っていることを知っている」という前提が存在しうる。
　要約すると、前提に関する否定は、① Kiparsky & Kiparsky が述べているように前提は否定の影響を受けないことが無標的な解釈である、②しかし、

メタ言語否定などでは前提は否定の影響を受けることがある、③前提によって文法構造や情報構造が変わることがある、と言えよう。

2. 重文と相

2.1 重文における sino と pero

　sino と pero は両者とも逆接を表す接続詞(Conjunción Adversativa)及び副詞であり、話者ないしは聞き手に対して予測に反する事象を付加するために用いられる[11]。sino と pero は範疇の違いにより文法的な振る舞いに若干の差が生じるが、両者とも反意、反対や対立などを意味するという点で、否定と近い意味を内在的に持つ。反意を表す接続詞は、他に no obstante、sin embargo、a pesar de eso、con todo 等が挙げられるが、意味的な差異は小さいため、本節では pero に的を絞って概観する。

　まず、sino と pero の統語的な違いは、①不定形の動詞を持つ命題ないしは(時に直接構成素として機能する)名詞句を取ることができるか、②主節は否定極性を持つ必要があるか、の二点である。

（1）a.　No como manzana sino fresa.
　　　b.　*No como manzana pero fresa.
（2）a.　*Juan no baila con María sino conversa con ella.
　　　b.　Juan no baila con María pero conversa con ella.

　(1)が示すように、sino は名詞句単体の出現を許すが、pero の場合は名詞句を取ることができない。(2)では sino に後続する要素が定形の動詞を持つ命題 conversa con ella を取ることができないが、pero は許容する。この違いは、sino が定形の動詞を持つ命題を名詞節に変えうる補文標識 que が付随すると解消される。

（3）　Juan no baila con María sino que conserva con ella.

更に、sino は主節が否定語でないと出現できないが、pero はその限りではない[12]。

（4）a. Juan no es tonto sino que no trabaja.
　　b. Juan no es tonto pero no trabaja. 　　　　　　　　Bosque（1980: 136）
（5）a. *Juan es tonto sino que trabaja.
　　b. Juan es tonto pero trabaja.

（4a）は主節が否定極性を持つため sino que の出現を許容するが、（5a）は主節が否定極性を持たないため容認されない。一方、（4b）及び（5b）に見られるように、pero は両方の出現を容認する。しかし、主節が否定極性を取りさえすれば、必ず sino が出現できるわけではない

（6）a. *No resisto a tu primo sino que estuve hablando con él.
　　b. No resisto a tu primo pero estuve hablando con él.

（6a）は主節が否定極性を持っているにもかかわらず、sino の出現を許さない。更に、主節が語否定の場合にも sino は出現できないことがある。

（7）a. Tu cuñado no es sensato sino alcado.
　　b. *Tu cuñado es insensato sino alcado.

（7）の主節はほぼ等価であるが、語否定によって否定環境を作っている（7b）では、sino の生起を許さない。同様の現象は、他の否定極性誘因子にも言える。

（8）a. *Dudo que te suspendieran, sino que te pasaran.
　　b. *¡En dos horas vamos a llegar, sino en tres horas!

(8a)は否定含意述語、(8b)は修辞感嘆文であるが、両者とも否定極性誘因子としての機能を持ちながら、sino が現れることができない。

　Bosque(1980: 136)は、意味的な観点から、sino に後続する命題は反意の意味を持つとして、以下の例を挙げている。

（ 8 ）　María no es alta sino / *pero sí baja.　　　　　　　Bosque(1980: 136)

　しかし、sino に後続する命題(ないしは名詞句)が常に主節に対して反意の意味を持っているわけではなく、主節の命題(ないしは名詞句)以外の事象であれば sino に後続することができる。

（ 9 ） a.　María no es tonta sino perezosa.
　　　 b.　María no come manzanas, sino peras.
（10）　María no es tonta, sino tontísima.

　(9)の sino に後続する命題及び名詞句は、それに前置する命題及び名詞句(それぞれ tonta と manzanas)と反意の関係にないが、出現可能である。更に、(10)のように修辞的な用法でも sino は出現しうる。それに対して、pero は sino と置換することはできない。

(11) a. *María no es tonta pero perezosa.
　　 b. *María no come manzanas, pero peras.
(12) *María no es tonta, pero tontísima.

　sino と pero の両者の出現を容認する場合、pero は主節を否定し、二番目の文を肯定するのに対し、sino は主節の命題を「排除」すると Cline & Zamora(1972)は主張する。

(13) a.　No me gustó el libro pero lo compré.

b. *No me gustó el libro sino que lo compré.

　(13a) は pero の働きにより、「本を買った」という命題の肯定と「本が好きだ」という命題の否定を表すが、(13b) の sino は主節に排除的な意味を与えるため、「本が好きではない」状況で「本を買う」ことはありえないと語用論的に推論される。結果、(13b) は非文となる。この「排除」という概念は、同一の領域に関して議論しなければならないものであり、同一の方向性を要求する pero とはやや振る舞いを異にする。

　更に、sino は反駁ないしは否定がその領域内で直接的でなければならない。「直接的」とは、反駁の要素が同じ意味的カテゴリーになければならないということである。

(14) a. *No están abiertos los bancos, sino que hoy es domingo.
　　b. No están abiertos los bancos, sino las oficinas de cambio.

Bosque (1980: 137)

　(14a) は語用論的には主節と後続する命題は反意の関係にある。即ち、「銀行が開いているならば、今日は日曜日ではない」という関連性から生まれる反意の関係である[13]。しかし、あくまでも推論を働かせた結果の反意性であり、直接的な意味での反意ではない。従って (14a) に sino が出現することはできない。一方、(14b) は銀行と両替商という二つの異なる名詞句が出現しているが、両者は同じ意味カテゴリーに属している[14]。従って銀行に対する両替商は「直接的な」反駁となり、sino の出現を容認する。

　即ち、sino は、①明示的な否定語を伴った命題（単なる否定極性誘因子では不可）を主節に持つこと、②後続する命題は先行する命題の反駁ではあるが、論理的な偽ではないこと、③反駁は同一領域内で直接的であること、の条件を満たさなければ出現できない。一方、pero は、①いずれも違う命題を結論として持つこと、②その結論は提示された命題とは否定の関係にあること、③命題同士が同一の議論的指向性 (la misma orientación argumentativa)

を持つこと、の条件を満たす必要がある。同一の議論的指向性を持つ、という条件については、以下の文を参照。

(15) a. Carlos habla muy bien inglés. ¿Es inglés? No, no es inglés sino / pero es canadiense.
　　 b. Carlos conoce muy bien Inglaterra. ¿Es inglés? No, no es inglés sino / *pero es canadiense.　　　　　　　　　　　　Bosque (1980: 138)

　(15a)はカナダ人であるという命題と、イギリス人であるという命題に同一の意味カテゴリーが示唆される。還元するならば、関連性の推論から、イギリス人であるならば英語を上手く話すという含意が生じる。従って(15a)は pero の生起を許すが、(15b)においてイングランドを良く知っていたとしても、それがイギリス人であるという命題と直接的な関連はない。従って、関連性の推論から、イギリス人であるならばイングランドを良く知っているという含意は生じ得ない。従って(15b)では pero を出現させることができない。
　sino と pero の相違を論じる際に、二つの命題同士の関連は極めて重要である。先行する命題が二番目の命題よりもある尺度内で「緩やか」ないしは「上位」に来ないと、語用論的に奇妙な発話となる。

(16) a. No hay champán pero hay sidra.
　　 b. ?No hay sidra pero champán.

　(16b)の発話の奇妙さは、(飲み物という尺度で上位にある)シャンパンがあるのに、なぜそれより劣る(飲み物という尺度で下位にある)シドラのことを言及するのか、という語用論的な不自然さから来るものである。この語用論的な奇妙さはシャンパンやシドラの価値が逆転しているような地域や文脈では生起しづらい。
　要約するならば、sino と pero は両者とも命題の反駁ないしは拒否・反意

などを表す機能を持つが、統語的制約だけではなく意味的・語用論的な制約も発生条件に大きく関与する。

2.2 相
2.2.1 相についての若干の考察

相（Aspecto）は否定、特に EN 否定構文において重要な概念である。本節では、相、特に語彙的な相について概観した後、EN 否定における相、継続相と完了相に重要な影響を与える副詞 todavía、hasta と ya を観察する。

相とは時制（tense）及び法（mood）と同様に動詞にかかわる文法範疇の一つで、行為や変化の特定面を分析する役割を果たす[15]。動詞の語彙的アスペクトに限定すると、完了（telic）と未完了（atelic）に大別される[16]。これがいわゆる動詞の限界性であり、古くはアリストテレスに始まり、金田一（1950）やVendler（1967）、池上（1975, 1981）らを萌芽として、様々な研究がなされてきた。それぞれ基盤とする考え方も異なり、また、語彙的アスペクトの分類についても確定的な論は誕生していないが、伝統的な生成文法からアンチテーゼとして登場した認知言語学の諸理論は、多かれ少なかれ事象の認知的把握という点で相と関連する。

EN 否定構文（ないしは広範な範囲を指し示す EN 前置詞句が否定極性項目として機能する表現）における相は、以下の文が示すように、完了相を取ることが多い。

(17) a.　En mi vida le he hablado palabra.
　　 b.　En mi vida he visto ni oído cosa más propia.
　　 c.　No lo he encontrado ni conocido en la vida de Dios.

（17）が完了相を取るのは、EN 否定構文が、ある継続した時間内で行われる事象ないしは命題を表すことが多いからである。更に EN 否定の条件として「EN 前置詞句は広範な範囲（主に時間表現）を指し示す」というものがあった（詳しくは第五章 1.1 節参照）。EN 前置詞句が広範な範囲の時間表現

を表しやすいということは、結果として量化的な表現になるため、否定極性項目の条件の一つになると共に述語に完了相を要求することが多くなる。

広範な範囲を指し示すことが EN 否定の条件であるならば、EN 否定構文では基本的に動詞の語彙的アスペクトが継続相や完了相でなくてはならないはずである。従って、起動相などでは EN 否定として容認されにくい。

(18) a. ??En tu vida has empezado el trabajo.
　　 b. *En mi vida he comenzado a estudiar este asunto.

更に、相の形式を用いて継続的な述語になった場合も EN 否定として容認されにくい。

(19) *En toda la tarde estaba estudiando.　　　Sánchez López(1999: 2604)

しかし、EN 否定は必ず完了相を要求するわけではない。

(20) a.　Ni en mi vida le caté a ninguno.
　　 b.　Pero si yo le hiciere ni le probare más en mi vida, aquí sea mi hora.
　　 c.　Pues ni yo la enamoré ni la desdeñé en mi vida.　　　田林(2006b: 48)

(20)は完了相の形は取っていないが、否定極性を持つ。しかし、完了相を伴わないものの、動詞の語彙的アスペクトは継続的ないしは段階的であり、瞬間的かつ起動的な相を取ることはできない。

(21) a.　De repente lo agarró al ladrón por la nuca, pero inmediatamente escapó de la policía.
　　 b.　En toda la tarde agarró una rata.

(21a)の動詞 agarrar は、瞬間的な相の一面を持つ。即ち、突然首筋をつか

まれた泥棒が警察の手をふり切って逃げたということは、つかまれた時間が一瞬であることを含意する。そのため、二番目の節に副詞 inmediatamente が出現しても容認される（但し、突然首筋をつかまれた泥棒が「つかまれたまま」連行されて、機会を見計らって即座に警察の手から逃げ出したという状況を考えることも可能ではある）。しかし、(21b)の同じ動詞 agarrar は瞬間的な解釈を許さない。午後の間中ずっと、ネズミをつかまえようとする試みを「継続的に」行ってきたがつかまえられなかった、という解釈しか持ち得ない。しかし、以下の場合はその限りではない。

(22)　Agarró una rata en toda la tarde.

(22)は EN 否定構文ではないため肯定の解釈を持つが、曖昧である。即ち、午後の間ずっとある特定の一匹のネズミを（自分の手で）つかまえ続けていたか、ないしは午後の間ずっとネズミを探し回って、ネズミを一匹捕まえたという継続的な解釈の他に、午後の間に一瞬だけネズミを捕まえた（しかし逃げられた）、という瞬間的な解釈も可能だからである。つまり、継続的な相としては二通り、瞬間的な相としては一通りの合計三つの解釈が可能である[17]。

　EN 否定では条件となる EN 前置詞句の特性上、出現する動詞は継続的な相を持つ必要があることは前述した。しかし、否定文に関してはそれ以外にも相に関していくつかの差異が存在する。次節では、相に関連する副詞及び前置詞について検討する。

2.2.2　前置詞 hasta について

　前置詞 hasta、副詞 todavía 及び ya の対立については、様々な議論がなされてきた。おおよそ、前置詞 hasta は動詞の語彙的アスペクトにおいて状態や行為などの継続的な相を要求し、瞬間的・達成的な相を語彙的アスペクトとして持つ動詞には生起できないという一般的な傾向がある。更に、瞬間的な相を語彙的アスペクトとして持つ動詞の場合も、相の形式によって持続的

な意味を持つ場合には hasta が出現することがある。

(23) a. Juan durmió hasta las cinco.
　　 b. Juan trabajó hasta que llegó María.
(24) a. *Juan llegó hasta las cinco.
　　 b. *Juan empezó hasta que llegó María.
(25) a. Juan no llegó hasta las cinco.
　　 b. Juan no empezó hasta que llegó María.

Bosque(1980: 145-146 一部改)

　　 c. Ana no se puso a planchar hasta que se lo ordenaron taxativamente.
　　 d. El niño no se dormía hasta ver su mamá.
　　 e. Juan no estuvo sentado en su butaca hasta que fueron las diez en punto.

Sánchez López(1999: 2599)

(26) a. Juan estuvo estudiando hasta los veinte años.
　　 b. Ana estuvo planchando hasta terminar con el montón de ropa.

Sánchez López(1999: 2598)

　(23)に出現する動詞は継続的な意味を持つため前置詞 hasta の生起を許すが、(24)に出現する動詞は継続的でなく点的(puntual)な意味を持つために非文となる。ところが、(24)を否定文にした(25a)及び(25b)、起動的な動詞を否定した(25c)及び(25e)、継続的な動詞を否定し、行為の繰り返しとして解釈される(25d)では hasta の出現が可能となる。更に、(26)は動詞の語彙的アスペクトが継続的であれ点的であれ、相の形式が継続性を表す [estar + 現在分詞] の形をとるために hasta が出現できる。

　この現象は、前置詞 hasta は点的な意味を持つ動詞ないしは命題が否定環境に出現した場合には容認可能であり、否定は継続的な述語であるとする説と、(23)に出現する hasta と(25)に出現する hasta は全くの別物ないしは同音異義であり、後者は否定極性項目として扱われるとする説の二つが提唱されている[18]。しかし、ある種の繰り返しの動詞(ないしは動詞の主語が定形

の複数で繰り返しとみなされる場合）及び結果的な状態として解釈される場合には点的な述語も前置詞 hasta の出現を許容する。

(27) a. *Llegó Juan hasta las diez de la noche.
　　 b.　Llegaron invitados hasta las diez de la noche.　　　Bosque(1980: 146)
(28)　Tu amiga te llamó hasta que se cansó.
(29)　Sale de casa hasta las dos de la madrugada.　　Sánchez López(1999: 2599)

　(27)に出現する動詞 llegar は達成動詞であり、(27a)が示すように点的な場合には非文となるが、(27b)のように動詞の主語 invitados により llegar という行為が繰り返し行われている（但し行う実行者は別個）と解釈される場合には hasta の出現が容認される。一方、(28)の実行者は一人(tu amiga)と特定されているが、「疲れるまで(繰り返し)呼び続けた」という解釈がなされるために、(27b)と同様の理由により容認される。(29)に出現する動詞 salir は継続的ではないが、結果的な状態(出かけたままでいる)と解釈され、やはり前置詞 hasta の出現を許容する。

　以上のように Sánchez López の考え方は、結局のところ前置詞 hasta に多義性を認めているという点で Lindholm や Horn の考え方と大差はない。つまり、肯定文に現れる前置詞 hasta の共通の特性は、持続的ないしは状態の意味を持つ命題の終点という一つの意味を表し、否定文に現れた場合は(25)が示すように動詞の行為が開始される時間という意味を表す。更に、否定文に現れる前置詞 hasta は、前述したように多義的になることがある。

(30)　Juan no come hasta las ocho.
(31) a.　Juan come a las ocho.
　　 b.　No es el caso de que Juan esté comiendo hasta las ocho.
　　　　　　　　　　　　　　　　　　　　　　　Sánchez López(1999: 2599)

　(30)は(31a)及び(31b)の二つの意味がある。Sánchez López は(30)の多義

性を以下のように説明する。即ち、(31a)は内部否定であり「フアンは八時までは食べていないが、八時から食べ始める」という、前置詞 hasta に後続する要素は行為が開始される時間を示している。一方、(31b)の否定語 no はメタ言語否定であり、「フアンは今現在食事をしているが、八時まで食べ続けているわけではない」という、hasta に後続する要素を命題の終点ととらえ、その終点時間を否定するというものである。この分析は、肯定文に現れる持続的な hasta は動作の終点を表すが、否定文に現れる hasta は動作の始点を表すという特徴を持つことから、妥当性を持っていると思われる。

　この分析はもともと動詞 comer が語彙的アスペクトとして継続的な相を持ちうることで初めて適用される。つまり、動詞の語彙的アスペクトが起動的な相ないしは瞬間的な相しか持たない場合、外部否定の解釈は取りえない。

(32)　La puerta no abre hasta las ocho.
(33) a.　La puerta abre a las ocho.
　　 b.*??No es el caso de que la puerta esté abriendo hasta las ocho.

　(32)は(33b)の解釈、即ちメタ言語否定にはならず、(33a)の解釈のみしか容認しない。即ち、達成的ないしは起動的な相を持つ動詞 abrir は、基本的に肯定文で前置詞 hasta を取ることがない。しかし、(33b)の解釈を容認する特殊な状況がないわけではない。例えば、ドアがあまりにも重くてゆっくりとしか閉まらない(ないしは開かない)場合や、錆び付いていて半開きの状態になっている場合には「(力持ちの男が一生懸命開けようと努力しているが)八時までに(完全に)開くというわけではない」というメタ言語否定的な解釈を容認しうる。これは、動詞 abrir が完全に瞬間的な相の解釈を要求するわけではなく、開いていく過程を視覚的ないしは動的にとらえることで持続的な解釈も可能だからである。

　この時、いかなる観点からも持続的な解釈を容認しない場合には、否定文における hasta の解釈は内部否定となり一義的である。

(34) El autobús no llegó hasta las cuatro.
(35) a. El autobús llegó a las cuatro.
　　 b. *No es el caso de que el autobús esté llegando hasta las cuatro.

　(34)は(32)とは異なり、ほとんどの場合(35a)の内部否定的解釈しか持たず、(35b)の解釈は取りづらい。なぜなら「到着する」「着く」という行為は瞬間的で、「徐々に着く」「持続的に着く」という状況は考えにくいからである。しかし、ごく稀に、例えばバスが故障していてゆっくりとしか進めずにようやく目的地まで着きつつあるという場合には、(35b)はかろうじて「バスは四時まで着きつつあるわけではない」という文が容認されるかもしれない。仮にその解釈を採用したとしても、(35b)はかなり有標的な表現であることを認めないわけにはいかない。

　Sánchez López(1999: 2600)やBosque(1980: 152–153)も指摘しているように、前置詞hastaは後続する命題的要素が非現実ないしは非実行的という特徴がある(Sánchez Lópezは排除的意味(valor excluyente)という用語を用いている)。従って、(36)のようにhastaに後続する従属節には「非現実を強調するための」虚辞の否定が出現しやすい[19]((36)における従属節内の極性には変化がないことに注目)。

(36) María no se marchó hasta que (no) la echaron.
(37) a. Juan no habló hasta que dieron las cuatro. (ambigua)
　　 b. Juan no habló hasta que no dieron las cuatro. (no ambigua)
　　 c. Juan no permaneció en la sala hasta que (*no) dieron las cuatro.
　　　　　　　　　　　　　　　　　　　　　　　　　Bosque(1980: 152)

　しかし、(37b)が示すように、虚辞の否定が出現することによって、(30)及び(37a)に生じた曖昧性が消えることがある。この時、(37b)の従属節内は非現実の解釈しか持ちえず、(37b)の主節の命題(Juanが話さないということ)は、従属節の命題(四時になること)が達成されている間には起こりえ

ない。しかし、(37c)が示すように、従属節が虚辞の否定を拒否することがある。(37c)の主節の述語は継続的な相を持つため、従属節内の命題が非現実であると主節の命題が行われない。従って、(37c)も「四時になるまで、フアンは部屋にいなかった」と解釈され、曖昧性はない[20]。

　肯定文に出現する hasta に後続する命題は、否定文と違って必ず非現実になるわけではない。

(38)　Juan estuvo leyendo hasta que llegó Pedro, y también después.
Sánchez López(1999: 2600)

　(38)の hasta に後続する命題(ペドロが着いたこと)は現実に起こったことであり、等位接続詞 y に導かれた también después(その後)という表現の出現を許す。この時、(38)の従属節は非現実の解釈をとることができない。Sánchez López は後続された命題を現実のものにするという前置詞 hasta の意味的機能を「包括的意味(valor incluyente)」と呼んで、結果的に hasta の多義性を支持する立場をとっているが、この「包括的」とは、主節の命題の実現可能性に組み込むことができるという意味を持つと思われる。

　以上のように、前置詞 hasta は基本的に多義的であり、肯定環境に出現した時と否定環境に出現した時では意味が異なる。更に、否定環境に出現した場合も多義的になりうるが、この多義性が論理的なものか、語用論的なものかは意見が分かれるところである。

2.2.3　副詞 todavía と ya について

　副詞 todavía と ya は、前置詞 hasta が持っている多義性を半ば相補分布的に表すことができる。即ち、todavía は包括的意味を持ち継続的な語彙的アスペクトの環境に出現できるのに対し、ya は排除的意味を持ち、瞬間的な語彙的アスペクトの環境に出現できる。

(39)　a.　El niño duerme todavía.

b. *El niño se ha despertado todavía.
c. El niño no se ha despertado todavía. Bosque(1980: 156)

　(39a)は継続的な語彙的アスペクトを持つため todavía の生起が許されるが、(39b)は瞬間的であり、todavía が出現すると非文になる。しかし、瞬間的な語彙的アスペクトを持つ se ha despertado を否定することにより継続的な意味が生じるため、(39c)は適格となる。(39a)においては(40a)が示すように副詞 ya も生起可能であるが、この時、動詞 dormir は継続的な語彙的アスペクトを持たず、達成的な意味を持つ。更に、(40b)が示すように継続的な相の形式を持った言語環境であっても、結果的ないしは達成的な意味を動詞が持てば ya が生起可能となる。

(40) a. El niño duerme ya. Bosque(1980: 159)
　　　b. El niño está durmiendo ya.

　同一の動詞における todavía と ya の出現は、上記のように動詞が持つ多彩な語彙的アスペクトによるものと同時に、含意的な意味によっても変化することがある。

(41) a. Juan vive todavía en Barcelona.
　　　b. Juan vive ya en Barcelona.

　(41a)ではフアンは昔からバルセロナに住んでいて、そして今も住んでいることを含意するため包括的な意味を持つが、将来バルセロナに住むかどうかについての情報または推論的意味はない。一方(41b)ではフアンは昔バルセロナに住んでいなかったが、今は住んでいるという過去の事象に対して排除的な意味を持つ。この時、将来もバルセロナに住むだろうという推測的な含意が働きうる。この todavía と ya の相補分布的な関係は、否定環境においてはより顕著に働く。

(42) a. Juan no vive ya en Barcelona.
　　 b. Juan no vive todavía en Barcelona.
(43) a. Juan vive todavía en Barcelona.
　　 b. Juan vive ya en Barcelona.

　(42a)の否定は(43a)であり、(42b)の否定は(43b)である。副詞 todavía と ya の相補分布は、①述語の語彙的アスペクトの変化、② todavía 及び no todavía は継続的な相、ya 及び no ya は時間的な感覚の対比、という二点が原因と考えられる。しかし、相補分布の関係は、否定語以外の否定極性誘因子がもたらした否定環境では消滅する。

(44) a. Dudo que Jacinto ame todavía a Eloisa.
　　 b. Dudo que Jacinto ame ya a Eloisa.
(45) a. Es difícil que Jacinto ame todavía a Eloisa.
　　 b. Es difícil que Jacinto ame ya a Eloisa.　　　　　　Bosque(1980: 160)

　(44a)と(44b)、(45a)と(45b)はそれぞれ等価であるが、todavía と ya の意味は同じである。この現象について、Sánchez López や Bosque は特に明確な説明をしていないが、恐らく、否定環境内でも肯定極性項目 alguien とそれに対応する否定極性項目 nadie が出現している現象と類似している可能性がある[21]。
　以上のように、前置詞 hasta と副詞 todavía 及び ya は多義的ないしは相補分布的な特性を持つが、必ずしも一般化することはできない。

注
1　Grice(1975)を参照。更に、Tyler & Evans(2002: 284)は以下のように言及している。

（ⅰ） Language itself radically undermines the rich interpretations regularly assigned to naturally occurring utterance. 　　　Tyler & Evans (2002: 284)
2　詳しくは Leech(1974, 1983)、池上(1975, 1981)、太田(1980)、Horn(1989)、小泉(2001)他を参照。
3　否定の非対称性については Kato & Horn(2000)が詳しい。
4　詳しくは Horn(1989, 特に chapter 3)を参照。
5　この「歳が歳だから」という言い回しは、スペイン語でも los años son los años. という表現に見られる。また、英語にも以下のような表現がある。
　　　（ⅰ） Gerald remained Gerald. [Gone with the Wind, Margaret Mitchel, 1936: 33. The Macmillan Company]
　こうした事象のみで同語反復に普遍的価値を見出すことは早計ではあるが、その存在を示唆するものであると思われる。
6　有標的な表現の際には話し手は聞き手に対していわば自由であるため、話者指向の表現ということができる。一方、無標的な表現は、話し手が聞き手に対して理解してもらうために、必要な情報を過不足なく、しかし冗長的にならないように提示するという経済性の原理が働くため、聞き手指向の表現ということができよう。
7　Leech(1974: 321)は、以下の例文を挙げて、bachelor の持つ意義素 MALE は単なる予期であり、前提ではないと述べている。
　　　（ⅰ） My neighbor is not bachelor. In fact my neighbor is not even male.
　（ⅰ）はメタ言語否定であり、前提は否定の影響を受けないとする Kiparsky & Kiparsky(1970)の反例となる。
8　語用論的に見た場合、本書では、前提とは話者が聞き手と共有していると「信じている」背景的知識かつ旧情報であり、断定とは、その前提を基に与えられている新情報であると暫定的に定義する。
9　外部否定は前提を排斥しやすいことから、基本的に有標的な解釈ととらえられる。Horn(1989)は、有標的な外部否定(ないしはメタ言語否定)と内部否定(Horn は記述的否定(Descriptive Negation)ないしは命題的否定(Propositional Negation)という術語を用いている)を区別し分析している。
　　　（ⅰ） a. Mary didn't clean the room.
　　　　　　b. Mary didn't clean the room, it wasn't dirty. 　　　Horn(1989)
　（ⅰa）は事実に関する命題の真理値を問う否定であり、前提をそのまま保持しながら命題の極性ないしは真理値に対して変更を求めている。一方、（ⅰb）は前提や文脈などの他の側面を含めた発話を否定の対象としている。詳しい議論は Horn の各論文を参照。
10　この推論は論理的なものではないが、メタファーの関連付けからは認知的に必然

と言いうる。しかし、turn up the volume などの表現は文脈からの含意ないしは推論ではないので、前置詞 up において「増加」という一義要素を認める必要もある。詳しくは Tyler & Evans(2002: 170)他を参照。

11 反意の接続詞に関する詳しい研究は Poutsma(1926)、Lakoff & Peters(1966)、Ross(1967)、Dougherty(1970: 858)や Quirk, et al(1995)他が挙げられるが、意味的な分類が異なるだけで、根本の主張に大差はない。

12 Bosque(1980: 136)は sino の主節が否定語を取らなければいけないことから、sino を否定極性項目として扱っている。山田(1995: 180)も、sino は通常否定語 no を伴うと説明する。

 （ⅰ）a. No lo hizo él, sino ella.
   b. No le pegó sino que le insultó.   山田(1995: 180)

13 Anscombre & Ducrot(1977)は、この二つの命題(「銀行が開いていること」と「日曜日であること」)は矛盾する述部(Predicados Contradictorios)であると述べているが、実際に矛盾はしていない(日曜日でなくとも銀行が閉まっていることがあるからである)。本章では関連性の立場からの自然な推論から、この二つの命題は反意の関係にあると分析する。関連性に関しては Sperber & Wilson(1986)他を参照。

14 ここで述べる意味カテゴリーとは、伝統的な「意味の場(Semantic Field)」を同時に想定している。詳しい議論は池上(1975)他を参照。

15 なお、行為における変化及び対象をどこまで細かく、ないしは事象のどの局面を切り取って分析していくかのレベルで、当然相も変わりうる。Croft(1991)はこれを細密度(Granularity)と呼び、ビリヤード・モデルに対する重要な説明原理としている。主に統語構造で分析されることの多い焦点と作用域も、認知言語学的事象では細密度によって「切り取られた事象」という焦点と作用域が存在する(西村(2002: 294))詳しい議論は影山(1996)、大堀(2002)他も参照。

16 なお、haber + 過去分詞や estar + 現在分詞等の相の形式(Aspect Form)及び語彙的アスペクトを含めた文法範疇としての分類は各研究によって定まっていないが、おおよそ、相の形式による段階的相(Phase Aspect)、empezar 等の起動相(Inchoative Aspect)、saber 等の継続相(Durative Aspect)、disparar 等の終止相(Terminative Aspect)、picotear 等の反復相(Iterative Aspect)等に分類される。なお、語彙的アスペクトは動詞の様態を示すことから動作様態(Aktionsart)とも呼ばれる(坂東・堀田(2007)を参照)。詳しい議論は Charleston(1955: 253–370)、Traugott(1972: 44–46)、Mittwoch(1977)、Declerck(1995)、米山(2001)他、歴史的な観点からは Dowty(1972)他、全体的な理論言語学的な観点からは Lyons(1968)他を参照。

17 スペイン語には、英語と同様に語彙的アスペクトが曖昧な動詞がある。以下の文

を参照。
  (ⅰ) a. Creo que Juan es una persona buena.
      b. Siempre creo que Juan es una persona buena.
  (ⅱ) a. I think that John is a nice person.
      b. I always think that John is a nice person.
  (ⅲ) a. 私は、フアンがいい人だと思う。
      b. 私は、フアンがいい人だと思っている。
      c. *私は、常々フアンがいい人だと思う。
      d. 私は、常々フアンがいい人だと思っている。

(ⅰa)及び(ⅱa)は曖昧であり、(ⅲa)と(ⅲb)両者の解釈を持つ。一方、(ⅰb)及び(ⅱb)のように副詞 siempre(英語では副詞 always)を伴って継続的な相を要求する場合、「思う」という起動的ないしは瞬間的な相の解釈は許されない。日本語は(ⅲc)及び(ⅲd)の差異からも明らかなように、「～ている」という助動詞の存在により継続相の有無が統語的に明示される。

18 前者の考え方としては Klima(1964)他、後者の考え方としては Lindholm(1969)、Horn(1969)、Karttunen(1974)他を参照。
19 ここで重要なのは、従属節内の命題が非現実であることを強調する意味で虚辞の否定が出現しやすいということであり、出現したからといって命題に否定極性を与えることはないということである。虚辞の否定については第三章二節を参照。
20 この解釈は Karttunen(1974)によると、選言的な三段論法によって導き出されるとしている。即ち、No P hasta Q は、Q cuand P を語用論的に前提するというものである。
21 肯定極性項目 alguien と否定極性項目 nadie の等価的な出現は、否定語によってもたらされた否定環境においても生じるのに対し、todavía と ya は否定語以外の否定極性誘因子がもたらした否定環境によってしか等価の意味を持ち得ない。

結語

　否定については論理学、哲学、修辞学の分野でも膨大な研究が存在する。本書では、主に理論言語学の視点、即ち、統語的観点、意味的観点、音韻的観点から意味的視点を中心にしてスペイン語の否定現象について考察してきた。本書が目的にしたことは、①否定語と否定極性項目の区別とその特性の確定、②否定の概念構造の規定、③ EN 否定構文に関する考察、の三点であるが、純粋に理論的な状況を視野に入れ、文脈による差異や語用論的な分析は触れる程度にして、他の諸研究に任せる構成にした。

　第一章ではスペイン語の否定語 no 及びその他の否定語について言及し、第二章では否定語と否定環境の分析を、従来の研究、特に Bosque(1980) 及び Sánchez López(1999) を批判的に検討しながら、[PN + V] の語順を否定語前置構文という構文の枠組みでとらえ、新たな説明原理を提唱した。更に新たな説明原理を否定の移動、否定含意述語、語否定、前置詞 sin、副詞 ni siquiera、修辞疑問に応用し、それらは否定語 no を中心的なプロトタイプとして、否定という共通のスキーマを持ちつつ、相互にネットワークを形成することを見た。第三章では否定極性項目と否定語の厳密な区分けを行い、否定極性項目が「極限」という共通のスキーマを持つことを見た。同時に、虚辞の否定と比較構文について、両者とも否定語ないしは否定要素を明示的に持つものの、命題に対する否定極性に変化を及ぼすことはないことを主張した。

　第二部でスペイン語の EN 否定現象についてかなり詳細な分析を行った。まず、第四章で前置詞 EN の機能を概観した後、第五章では EN 否定の発

生条件、EN 前置詞句の意味役割、EN 否定の極性決定条件について考察を行った。分析の際に Goldberg(1995)の構文理論を始め、新たな考え方をいくつか採用したが、それが他の構文にも拡張可能なことを見た。

　第三部ではそれまでに触れることのできなかった否定の前提、重文と相の二点を中心に概観し、今後の発展的研究の布石とした。その他、否定現象に関連して発話行為や含意、メタ言語否定などの諸現象があるが、本書では否定の意味的側面以外の現象については網羅的に分析することはせず、専ら問題提起をするにとどめた。

　今後の課題として、否定の統語的側面、特に生成文法における島(island)と束縛の関係や、Chomsky(1995)の極小理論における分析、更には否定の語用論的側面、特に Horn(1989)の会話の含意や語用論的分業における振る舞いや、Sperber & Wilson(1986)の提唱する関連性理論、談話分析、更には言語獲得や第二言語習得などの周辺領域の研究が挙げられる。スペイン語の否定には興味ある現象が豊穣に溢れているが、今後は意味的側面のみならず、統語論及び音韻論とのインターフェイスを重視し、言語獲得や心理学、哲学、脳生理学などの関連分野との連携による研究を課題としたい。

参考文献

Acero, J, J (1980) "Alguno, un cuantificador no ambiguo y otros aspectos de las relaciones entre negación y cuantificación en español." *REL*, 10: 2. 373–410.

Alarcos Llorach, E (1984) *Estudios de gramática funcional del español*, 3a ed., Gredos.

Anderson, J (1971) *The Grammar of Case: Toward a Localist Theory*. Cambridge University Press.

安藤貞雄・小野隆啓編(1993)『生成文法用語辞典』大修館書店.

Anscombe, G. E. M & Ducrot, O (1977) "Deux mais en français?" *Lingua*, 43. 23–40.

Austin, J, L (1962) *How to Do Things With Words*. Oxford University Press.

東照二(1997)『社会言語学入門―生きた言葉のおもしろさにせまる』研究社.

Baker, C. L (1970) "Double Negatives." *Linguistic Inquiry*, 1. 169–186.

Baker, M (1988) *Incorporation: A Theory of Grammatical Function Changing*. University of Chicago Press.

坂東省次・堀田英夫編著(2007)『スペイン語学小辞典』同学社.

Bello, A (1980) *Gramática de la lengua castellana*. EDAF.

Benveniste, E (1966) *Bulletin de la société de linguistique de Paris; problèmes de linguistique générale*. Gallimard.

Bing, J. M (1980) "Intonation and the Interpretation of Negatives." *Papers from Annual Meeting, North Eastern Linguistics Society*, 10. 13–24.

Bolinger, D (1950) "The Comparison of Inequality in Spanish." *Language*, 26: 1. 28–62.

Borkin, A (1971) "Polarity Items in Questions." *CLS*, 7. 40–52.

Bosque, I (1980) *Sobre la negación*. Catedra.

Bosque, I (1996) "Por qué determinados sustantivos no son sustantivos determinados. El sustantivo sin determinación." *Presencia y ausencia de determinante en la lengua española*. 13–119. Visor.

Bosque, I & Violeta, D (1999) (dirs.) *Gramática descriptiva de la lengua española*. 3 vol. ESPASA.

Brøndal, V (1950) *Théorie des prépositions. Introduction à une sémantique rationnelle; L'ordinalité des prépositions du français moderne; Ordklasserne. Partes orationis*. Munksgaard.

Bresnan, J & Zaenen, A (1990) *Deep Unaccusativity in LFG*. Stanford University.

Brugman, C, M (1988) *The Syntax and Semantics of 'Have' and Its Complements*. University of California.

Bruyne de, J (1999) "Las preposiciones." en Bosque, I y Demonte, V. (dir.) *Gramática descriptiva de la lengua española.* Vol. 1. 657–703. ESPASA.

Carnicer, R (1977) "No expletivo. Tradición y evolución en el lenguaje actual." *Prensa Española.* 93–97.

Carrasco, F (1991) "La variente mexicana de hasta perspectivas diacrónicas - sincrónicas. El español de américa." *Actas del III congreso internacional del español de américa.* 455–461.

Carratalá, E (1980) *Morfosintáxis del castellano actual.* Editorial Labor.

Charleston, B, M (1955) "A Reconsideration of the Problem of Time, Tense and Aspect in Modern English." *English Studies: A Journal of English Language and Literature*, 36. 263–278.

Chomsky, N (1957) *Syntactic Structures.* Mouton de Gruyter.

Chomsky, N (1965) *Aspects of the Theory of Syntax.* MIT Press.

Chomsky, N (1981) *Lectures on Government and Binding.* Mouton de Gruyter.

Chomsky, N (1982) *Noam Chomsky on the Generative Enterprise.* Foris.

Chomsky, N (1986) *Knowledge of Language: Its Nature, Origin and Use.* Praeger.

Chomsky, N (1995) *The Minimalist Program.* MIT Press.

Clark, H, H & Clark, E, V (1977) *Psychology and Language: An Introduction to Psycholinguistics.* Harcourt Brace Jovanovich.

Cline, W & Zamora, J, C (1972) "Sino or Pero: A Criterion for Choice." *Hispania*, 55. 121–123.

Contreras, H (1974) "La negación como reductor ordinal." *Stud. Hisp. in honorem R. Lapeza*, 3. 177–189. Gredos.

Contreras, H (1976) *A Theory of Word Order with Special Reference to Spanish.* North Holland.

Cook, V (1988) *Chomsky's Universal Grammar.* Blackwell.

Cornulier, B (1973) "Sur une règle de déplacement de négation." *Le français moderne*, 41: 1. 43–57.

Coseriu, E (1964) "Introducción al estudio estructural del léxico." *Principios de semántica estructural.* 87–142. Gredos.

Croft, W (1991) *Syntactic Categories and Grammatical Relations: The Cognitive Organization of Information.* University of Chicago Press.

Declerck, R (1995) "The Problem of Not...Until." *Linguistics*, 33. 51–98.

出口厚実(1995)「シンタクシス辺境への視点:スペイン語の場合」『大阪外国語大学論集』14. 17–36.

出口厚実 (1997)『スペイン語学入門』大学書林.

Dewell, R (1994) "Over Again: Image-Schema Transformations in Semantic Analysis." *Cognitive Linguistics*, 5: 4.

Diesing, M (1992) *Indefinites*. MIT Press.

Dirven, R (1993) "Dividing up Physical and Mental Space into Conceptual Categories by Means of English Prepositions." *The Semantics of Prepositions: From Mental Processing to Natural Language*. 73–97. Mouton de Gruyter.

Dougherty, R, C (1970) "A Grammar of Coordinate Conjoined Structures: 1." *Language*, 46: 4. 850–898.

Dowty, D, R (1972) *Studies on the Logic of Verb Aspect and Time Reference in English*. IULC.

Dowty, D, R (1991) "Thematic Proto-Roles and Argument-Selection." *Language*, 67: 3. 547–619.

Dubois, J, et al (1973) *Dictionnaire de linguistique*. Librairie Larousse.

Eimas, P & Quinn, P (1994) "Studies on the Formation of Perceptually Based Basic-Level Categories in Young Infants." *Child Development*, 65.

Enard, W, et al. (2002) "Molecular Evolution of FOXP2, a Gene Involved in Speech and Language." *Nature*, 418. 869–872.

Espinal, M, T (1992) "Expletive Negation and Logical Absorption." *LingR*, 9: 4. 333–358.

Evans, V (2000) *The Structure of Time: Language Meaning and Temporal Cognition*. Georgetown University Press.

Fauconnier, G (1975) "Polarity and the Scale Principle." *CLS*, 11. 188–199.

Fernández Soriano, O (1999) "El pronombre personal. Formas y distribuciones. Pronombres átonos." en Bosque, I y Demonte, V. (dir.) *Gramática descriptiva de la lengua española*. Vol. 1. 1209–1273. ESPASA.

Fiengo, R, W (1974) *Semantic Conditions on Surface Structure*. MIT Press.

Fillmore, C (1963) "The Position of Embedding Transformations in a Grammar." *Word*, 19. 208–231.

Fillmore, C (1968) "The Case for Case." in Bach, E and R. T. Harms. (eds.) *Universals in Linguistic Theory*. Holt.

Fillmore (1971) "Entailment Rules in a Semantic Theory." *Reading in the Philosophy of Language*. Prentie-Hall. 533–548.

Fillmore, C (1982) "Frame Semantics." in the Linguistic Society of Korea. (eds.) *Linguistics in the Morning Calm*. Hanshin.111–138.

Fillmore, C & Kay, P (1993) *Construction Grammar*. University of California.

Fillmore, C., Kay, P & O'Connor, C (1988) "Regularity and Idiomaticity in Grammatical Constructions: The Case of Let Alone." *Language*, 64. 501–538

Foley, W, A & R, D, Van Valin, Jr. (1984) *Functional Syntax and Universal Grammar*. Cambridge University Press.

Fraser, B (1970) "Idioms within a Transformational Grammar." *Foundations of Language*, 6. 22–42.

Garcia- Miguel, J, M (1995) *Transividad y complementación preposicional en español*. Universidad de Santiago de Compostela.

Giannakidou, A (1997) *The Landscape of Polarity Items*. University of Groningen.

Gili Gaya, S (1961) *Curso superior de sintáxis española*. Barcelona: Bibliograf.

Goldberg, A, E (1995) *Constructions: A Construction Grammar Approach to Argument Structure*. University of Chicago Press.

Gordon, D & Lakoff, G (1971) "Conversational Postulates." *CLS*, 7.

Grady, J (1997) *Foundation of Meaning: Primary Metaphors and Primary Scenes*. UC Berkeley.

Grimshow, J (1990) *Argument Structure*. MIT Press.

Grice, H.P. (1975) "Logic and Conversation". In Cole & J, L, Morgan (eds.) *Syntax and Semantics. Vol. 3. Speech Acts*. Academic Press.

Gruber, J, S (1965) *Studies in Lexical Relations*. Ph.D. dissertation. MIT Press.

Gutiérrez Ordóñez, S (1999) "Los dativos." en Bosque, I y Demonte, V. (dir.) *Gramática descriptiva de la lengua española*. Vol. 2. 1855–1930. ESPASA.

Haegeman, L (1994) *Introduction to Government and Binding Theory*. Blackwell.

萩原裕子(1998)『脳にいどむ言語学』岩波書店.

Halpern, R, N (1976) "The Bivalence of Neg Raising Predicates." *Studies in the Linguistic Science*, 6. 69–81.

Hanssen (1913) *Gramática histórica de la lengua castellana*. Paris, 1966.

Hartung, J, A (1831) *Über die Casus, ihre Bildung und Bedeutung in der griechischen und lateinischen Sprache*. Palm & Enke.

Hatcher, A, G (1956) *Theme and Underlying Questions: Two Studies of Spanish Word Order, Supplement to Word 12*. Linguistic Circle of New York.

Hernández Alonso, C (1982) *Sintáxis española*. 5a ed., Valladolid.

Hernández Alonso, C (1984) *Gramática funcional del español*. Editorial Gredos.

Hernández Paricio, F (1985) *Aspecto de la negación*. Universidad de Leon.

Herskovits, A (1986) *Language and Spatial Cognition: An Interdisciplinary Study of the Prepositions in English*. Cambridge University Press.

Hoeksema, J (1983) "Negative Polarity and the Comparative." *NLLT*, 1. 403–434.

Holzweissig, F (1877) *Wahrheit und Irrtum der localistischen Casustheorie*. Leipzig.

Horn, L (1969) "A Presuppositional Analysis of Only and Even." *CLS*, 5. 98–107.

Horn, L (1971) "Negative Transportation: Unsafe at Any Speed?" *CLS*, 7. 120–133.

Horn, L (1972) *On the Semantic Properties of Logical Operation in English*. University of California.

Horn, L (1975) "Neg-Raising Predicates: Toward an Explanation." *CLS*, 11. 279–294.

Horn, L (1978) "Some Aspects of Negation." *Universals of Human Language. Vol. 4. Syntax.* 127–210. Stanford University Press.

Horn, L (1984) "Toward a New Taxonomy for Pragmatic Inference: Q-based and R-based Implicature." *D. Schiffrin*. Georgetown University Press.

Horn, L (1988a) "Morphology, Pragmatics, and the Un-verb." *ESCOL*. Yale University.

Horn (1988b) "Pragmatic Theory." *Linguistics: The Cambridge Survey 1. Linguistic Theory: Foundations*. Cambridge University Press.

Horn, L (1989) *A Natural History of Negation*. University of Chicago Press.

Horn, L (1991) "The Economy of Double Negation." *The Parasession on Negation*. Yale University.

Horn, L (1992) "The Said and the Unsaid." *SALT*. Yale University.

Horn, L (1993) "Economy and Redundancy in a Dualistic Model of Natural Language." *SKY*. Yale University.

Horn, L (2000) "From if to iff: Condition Perfection as Pragmatic Strengthening." *Journal of Pragmatics*. Yale University.

Hornstein, N (1995) *Logical Form: From GB to Minimalism*. Blackwell.

池上嘉彦(1975)『意味論』大修館書店.

池上嘉彦(1981)『「する」と「なる」の言語学』大修館書店.

飯高京子(1996)「発達障害児の格助詞使用上の問題」『上智大学言語障害研究センター紀要』1. 15–28.

今井邦彦編(1986)『チョムスキー小事典』大修館書店.

今井邦彦(2001)『語用論への招待』大修館書店.

井上京子(1998)『もし「右」や「左」がなかったら：言語人類学への招待』大修館書店.

Jackendoff, R (1972) *Semantic Interpretation in Generative Grammar*. MIT Press.

Jackendoff, R (1976) "Towards an Explanatory Semantic Representations." *Linguistic Inquiry*, 7: 1. 89–150.

Jackendoff, R (1990) *Semantic Structures*. MIT Press.

Jackendoff, R (1997) *The Architecture of Language Faculty*. MIT Press.

Jespersen, O (1917) *Negation in English and Other Languages*. Andre. Fred. Høst & Søn, Kgl. Hof-Boghandel.

Jespersen, O (1924) *The Philosophy of Grammar*. George Allen & Unwin.

Jespersen, O（1928）*A Modern English Grammar III*. George Allen & Unwin.
Jespersen, O（1933）*Essentials of English Grammar*. George Allen & Unwin.
Joly, A（1967）*Negation and the Comparative Particle in English*. Presses del Université Laval.
Joly, A（1972）"La négation dite expletive en vieil-anglais et dans autres langues indo-euro-péenes." *Etudes anglaises*, 25: 1. 30–40.
Julesz, B（1971）*Foundations of Cyclopean Perception*. University of Chicago Press.
加賀信広（1997）「数量詞と部分否定」『指示と照応と否定』研究社出版.
加賀信広（2001）「意味役割と英語の構文」『語の意味と意味役割』研究社出版.
影山太郎（1996）『動詞意味論―言語と認知の接点』くろしお出版.
影山太郎（2002）「非対格構造の他動詞」『文法理論：レキシコンと統語』シリーズ言語科学 1. 東京大学出版会.
神尾昭雄（1990）『情報のなわ張り理論』大修館書店.
Kanizsa, G（1979）*Organization in Vision: Essays on Gestalt Perception*. Praeger.
Kany, C, E（1945）*American Spanish Syntax*. University of Chicago Press.
Kany, C, E（1960）*American Spanish Semantics*. University of California Press.
Karttunen, L（1970）"On the Semantics of Complement Sentences." *CLS*, 6. 328–339.
Karttunen, L（1974）"Until." *CLS*, 10. 284–297.
Kato, Y（1985）"Negative Sentence in Japanese." *Sofia Linguistica*, 19. Sophia University.
Kato, Y & Horn, L（2000）*Negation and Polarity: Syntactic and Semantic Perspectives*. Oxford University Press.
加藤泰彦（1989）「否定のスコープ」『日本文法小事典』208–212. 大修館書店.
Katz, J, J & Postal, P, M（1964）*An Integrated Theory of Linguistic Descriptions*. MIT Press.
河上誓作（1996）『認知言語学の基礎』研究社出版.
木村琢也・中西智恵美（2007）『スペイン語作文中級コース』同学社.
金田一春彦（1950）『日本語動詞のアスペクト』むぎ書房.
Kiparsky, P & Kiparsky, C（1970）"Fact." in Bierwisch, M & K, E, Heidolph.（eds.）*Progress in Linguistics: A Collection of Papers*. Mouton. 143–173.
岸本秀樹（2001）「二重目的語構文」『日英対照―動詞の意味と構文』大修館書店.
Kleiman, A（1974）*A Syntactic Correlate of Semantic and Pragmatic Relations: The Subjunctive Mood in Spanish*. University of Illinois.
Klima, S（1964）"Negation in English." In J, A, Fodor & J, J, Katz.（eds.）*The Structure of Language: Reading in the Philosophy of Language*. 246–323. Prentice-Hall, Inc.
小泉保編（2001）『入門語用論研究』研究社出版.
Kreitzer, A（1997）"Multiple Levels of Schematization: A Study in the Conceptualization of Space." *Cognitive Linguistics*, 8. 291–325.
Labov, W（1973）*The Boundaries of Word and Their Meaning. New Ways of Analyzing Varia-*

tion in English. Georgetown University Press.
Ladusaw, W, A (1980) *Polarity Sensitivity as Inherent Scope Relations.* Garland Publishing.
Laka, I (1990) *Negation in Syntax: On the Nature of Functional Categories and Projections.* MIT Press.
Lakoff, G & Peters, S (1966) "Phrasal Conjunction and Symmetric Predicates." *Mathematical Linguistics and Automatic Translation*, 17: 6. 1–49. The Computation Laboratory of Harvard University.
Lakoff, G (1972) "Linguistics and Natural Logic." *Semantics of Natural Language.* 545–665. Dordrecht.
Lakoff, G (1977) "Linguistic Gestalts." *CLS*, 13. 236–287.
Lakoff, G (1987) *Women, Fire and Dangerous Things: What Categories Reveal about the Mind.* University of Chicago Press.
Lakoff, G & Johnson, M (1980) *Metaphors We Live By.* University of Chicago Press.
Lakoff, R (1969) "Some Reasons Why There Can't Be Any Some-Any Role." *Language*, 45: 3. 608–615.
Lambrecht, K (1994) "Information Structure and Sentence Form: A Theory of Topic, Focus, and the Mental Representation of Discourse Referents." *Cambridge Studies in Linguistics.* Cambridge University Press.
Langacker, R, W (1969) "On Pronominalization and the Chain of Command." *Modern Studies in English: Readings in Transformational Grammar.* Englewood Cliffs, N.J. Prentice-Hall, Inc.
Langacker, R, W (1987) *Foundations of Cognitive Grammar 1: Theoretical Prerequisites.* Stanford University Press.
Langacker, R, W (1991) *Foundation of Cognitive Grammar 2: Descriptive Application.* Stanford University Press.
Lapesa, R (1974) "El sustantivo sin actualizador en español." *Homenaje a A. Rosenblat, Caracas.* 306–319.
Larson, R, K (1988) "Scope and Comparative." *LaPh*, 10. 325–387.
Lasnik, H, B (1972) *Analyses of Negation in English.* Ph.D. dissertation. MIT. Press. Reproduced by the Indiana University Linguistics Club, 1976.
Le groupe μ (1970) *Rhétorique générale.* Librairie Larousse.
Lee, D (2001) *Cognitive Linguistics: An Introduction.* Oxford University Press.
Leech, G (1974) *Semantics.* Penguin.
Leech, G (1983) *Principles of Pragmatics.* Longman.
LeGrand, J, E (1974) "AND and OR; some SOMEs and all ANYs." *CLS*, 10. 390–401.
Leonetti, J, M (1999) "El Artículo." en Bosque, I y Demonte, V. (dir.) *Gramática descriptiva*

de la lengua española. Vol. 1. 787–890. ESPASA.

Levin, B & Rapoport, T (1988) "Lexical Subordination." *CLS*, 24.

Levin, B & Rappaport Hovav (1995) *Unaccusativity: At the Syntax-Lexical Semantics Interface*. MIT Press.

Lindholm, J (1969) "Negative Raising and Sentence Pronominalization." *CLS*, 5. 148–154.

Linebarger, M, C (1980) *The Grammar of Negative Polarity*. MIT Press.

Linebarger, M, C (1991) "Negative Polarity as Linguistic Evidence." *CLS*, 27, 21. 65–188.

Llorens, E, L (1929) *La negación en el español antiguo con referencia a otros idiomas*. Anejo de la RFE.

Longobardi, G (1987) "Parameters of Negation in Romance Dialects" trabajo inédito. Universidad de Venecia.

López, M, L (1972) *Problemas y métodos en el análisis de preposiciones*. Gredos.

Luque Durán, Juan de Dios (1973) *Las preposiciones*. SGEL.

Lyons, J (1968) *An Introduction to Theoretical Linguistics*. Cambridge University Press.

Lyons, J (1977) *Semantics*. Cambridge University Press.

Mandler, J (1992) "How to Build a Baby: 2. Conceptual Primitives." *Psychological Review*, 99.

Mandler, J (1996) "Preverbal Representation and Language." *Language and Space*. MIT Press.

Marcos Marín, F (1980) *Curso de gramática española*. Editorial Cincel.

松本曜(2002)「使役移動構文における意味的制約」『認知言語学Ⅰ：事象構造』シリーズ言語科学 2. 東京大学出版会.

May, R (1977) *The Grammar of Quantification*. MIT Press.

McCawley, J, D (1973) *Grammar and Meaning: Papers on Syntactic and Semantic Topics*. Taishukan.

Micusan, L (1969) "Estudio comparativo sobre la sintáxis de la negación en el español actual frente al portugués y rumano actuales." *Español actual*, 13. 5–13.

Mittwoch, A (1974) "Is There an Underlying Negative Element in Comparative Clauses?" *Linguistics*, 122. 39–45.

Mittwoch, A (1977) "Negative Sentences with Until." *Papers from the 13th Regional Meeting of the Chicago Linguistic Society*.

中村芳久(2000)「「勝ちは勝ち」「負けは負け」―トートロジーに潜む認知的否定」『月刊言語 11 月号』71–76. 大修館書店.

中右実(1994)『認知意味論の原理』大修館書店.

Napoli, J, J & Nespor, M (1976) "Negatives in Comparatives." *Language*, 52: 4. 811–832.

Newmeyer, F. J (1974) "The Regularity of Idiom Behavior." *Lingua*, 34. 327–342.

西村義樹(2002)「換喩と文法表現」『認知言語学Ⅰ：事象構造』シリーズ言語科学 2. 東京大学出版会.

沼田善子(2000)「塩も入れないと、美味しくならない」『月刊言語 11 月号』46–51. 大修館書店.

沼田善子・徐建敏(1995)「とりたて詞」『いわゆる日本語助詞の研究』105–225. 凡人社.

大堀壽夫(1991)「文法構造の類像性」『記号学研究 11：かたちとイメージの記号論』95–107. 東海大学出版会.

大堀壽夫(1992)「イメージの言語学―ことばの構成原理を求めて」『月刊言語 11 月号』34–41. 大修館書店.

大堀壽夫(2002)『認知言語学』東京大学出版会.

奥野忠徳・小川芳樹(2002)『極性と作用域』研究社出版.

太田朗(1980)『否定の意味・意味論序説』大修館書店.

大津由紀雄(1995)『認知心理学 3：言語』東京大学出版会.

大塚高信他編(1982)『新英語学辞典』研究社出版.

Picallo, M, C (1984) "El nudo FLEX y el parámetro de sujeto nulo." *Ll*, 15: 1. 75–102.

Poutsma, H (1926) *A Grammar of Late Modern English*. 5 vols. Noordhoff.

Prince, E (1976) "The Syntax and Semantics of Neg-Raising with Evidence from French." *Language*, 52: 2. 404–426.

Progovac, L (1988) *A Binding Approach to Polarity Sensitivity*. University of Southern California.

Pustejovsky, J (1995) *The Generative Lexicon*. MIT Press.

Quirk, et al (1972) *A Grammar of Contemporary English*. Longman.

Quirk, et al (1995) *Comprehensive Grammar of English*. Longman.

Radford, A (1997) *Syntax: A Minimalist Introduction*. Cambridge University Press.

Real Academia Española (1973) *Esbozo de una nueva gramática de la lengua española*. Espasa Calpe.

Reichenbach, H (1947) *Elements of Symbolic Logic*. Macmillan.

Reinhart, T (1976) *The Syntactic Domain of Anaphora*. MIT Press.

Reinhart, T (1983) "Coreference and Bound Anaphora: A Restatement of the Anaphora Questions." *Linguistics and Philosophy*, 6.

Rivara, R (1975) "How Many Comparatives are There?" *Linguistics*, 163. 35–51.

Rivero, M, L (1970) "A Surface Structure Constraint on Negation in Spanish." *Language*, 46. 640–666.

Rivero, M, L (1977) *Estudios de gramática generativa del español*. Catedra.

Rizzi, L (1982) *Issues in Italian Syntax*. Foris.

Ross, J, R (1967) *Constraints on Variables in Syntax.* MIT Press.
Ross, J, R (1969) "Guess Who?" *CLS*, 5. 252–286.
Ross, J, R (1971) "On the Cyclic Nature of English Pronominalization." *Modern Studies in English.* 187–200. Prentice Hall.
Russel, B (1974) "On Denoting." *Mind*, 14. 479–493.
定延利之(2000)『認知言語論』大修館書店.
坂原茂編(2000)『認知言語学の発展』ひつじ書房.
Sánchez López, C (1999) "La negación." en Bosque, I y Demonte, V. (dir.) *Gramática descriptiva de la lengua española.* Vol. 2. 2561–2634. ESPASA.
Schmerling, S (1971) "A Note on Negative Polarity." *PIL*, 4. 200–206.
Sells, P (1986) *Lectures on Contemporary Syntactic Theories: An Introduction to Government – Binding Theory, Generalized Phrase Structure Grammar, and Lexical Function.* Stanford University Center for the Study.
Seuren, P (1973) "The Comparative." *Generative Grammar in Europe.* Reidel. 528–564.
Shimoda, Y (2000) "La vinculación entre la oración principal y subordinada en la cláusula sustantiva en español." *Sofia Linguistica*, 48. Sophia University.
白畑知彦編著(2004)『英語習得の「常識」「非常識」第二言語習得研究からの検証』大修館書店.
Sperber, D & Wilson, D (1986) *Relevance: Communication and Cognition.* Blackwell.
Stowell, T (1981) *Origins of Phrase Structure.* Ph.D. dissertation. MIT Press.
Strawson, P, F (1974) "On Referring." *Mind*, 9. 320–344.
杉山孝司(1998)『意味論2・認知意味論』くろしお出版.
Suñer, M (1995) "Negative Elements, Island Effects and Resumptive No." *LingR*, 12. 233–273.
Sweetser, E (1990) *From Etymology to Pragmatics: Metaphorical and Cultural Aspects of Semantic Structure.* Cambridge University Press.
Tabayashi, Y (2003) *Aplicación de la semántica jerárquica y la teoría de prototipo en la preposición EN –Con especial atención a la polaridad de EN.* Tesis de Máster. Universidad de Sofía.
田林洋一(2003)「瞬間プロトタイプ命題理論」*Sofia Linguistica*, 51. 39–60. 上智大学.
田林洋一(2005)「言語の恣意性と瞬間命題論の接点について」原稿. 清泉女子大学.
田林洋一(2006a)「構文理論による連辞beの項構造の試案」『清泉女子大学大学院人文科学研究科論集』第12号. 21–35. 清泉女子大学.
田林洋一(2006b)「スペイン語ENの否定における概念構造の試案」『スペイン語学研究』第21号. 41-63. 東京スペイン語学研究会.
田林洋一(2007a)「スペイン語EN否定における前置詞句の意味役割に関する考察」『清

泉女子大学大学院人文科学研究科論集』第 13 号．19-37. 清泉女子大学.
田林洋一（2007b）「スペイン語 EN 否定の極性条件とその言語環境について」『スペイン語学研究』第 22 号．47-68. 東京スペイン語学研究会.
田林洋一（2007c）「スペイン語の EN 否定文における出現条件の一考察」『イスパニカ』第 51 号．1-20. 日本イスパニヤ学会.
田林洋一（2008）「英語の与格交替におけるモダリティの役割について」『清泉女子大学大学院人文科学研究科論集』第 14 号．清泉女子大学.
Talmy, L (1978) "Figure and Ground in Complex Sentences." *Universals of Human Languages, vol 4. Syntax.* 625–629. Stanford University Press.
Talmy, L (2000) *Toward a Cognitive Semantics.* MIT Press.
田中伸一他編（2000）『入門生成言語理論』ひつじ書房.
Taylor, J (1989) *Linguistic Categorization-Prototypes in Linguistic Theory.* Oxford University Press.
寺崎英樹(1998)『スペイン語文法の構造』大学書林.
寺澤芳雄編(2002)『英語学要語辞典』研究社出版.
Tesnière, L (1959) *Éléments de syntaxe structurale.* Klincksieck.
Tovena, L, M (1998) *The Fine Structure of Polarity Sensitivity.* Garland Publishing.
Traugott, E, C (1972) *A History of English Syntax: A Transformational Approach to the History of English Sentence Structure.* Holt.
Traugott, E, C (1989) "On the Rise of Epistemic Meanings in English: an Example of Subjectification in Semantic Change." *Language*, 65. 31–55.
辻幸夫(2002)『認知言語学キーワード事典』研究社出版.
Turner, G, W (1973) *Stylistics.* Penguin.
Tyler, A & Evans, V (2002) *The Semantics of English Prepositions.* Cambridge University Press.
Ungerer, F & Schmid, H, J (1996) *An Introduction to Cognitive Linguistics.* Longman.
Vandeloise, C (1991) *Spatial Prepositions: A Case Study from French.* University of Chicago Press.
van der Wouden, T (1997) *Negative Contexts: Collection, Polarity and Multiple Negation.* Routledge.
Varela Ortega, S (1999) "La prefijación." en Bosque, I y Demonte, V. (dir.) *Gramática descriptiva de la lengua española.* Vol. 3. 4993–5040. ESPASA.
Vendler, Z (1967) *Linguistics in Philosophy.* Cornell University Press.
Voigt, B (1979) *Die Negation in der spanischen Gegenwarts-sprache.* Peter Lang, Frankfurt am Main.
Wagenaar, K (1930) *Etude sur la négation en ancien espagnol jusqu'au XVème siècle.* Groninga,

La Haya.

Wallach, J (1949) "Alguno, a Disguised Negative." *Hispania*, 32. 330–331.

和佐敦子(2005)『スペイン語と日本語のモダリティ―叙法とモダリティの接点―』くろしお出版.

Weinrich, V (1969) "Problems in the Analysis of Idioms." *Substance and Structure of Language*. 23–81. University of California Press.

Wertheimer, W (1923) "Untersuchungen zur Lehre von der Gestalt, 2." *Psychologische Forschung*, 4. 301–350.

山田善郎監修(1995)『中級スペイン文法』白水社.

安井泉(1992)『音声学』現代の英語学シリーズ2. 開拓社.

米山光明(2001)「語の意味論」『語の意味と意味役割』研究社出版.

吉村あき子(1999)『否定極性現象』英宝社.

Zanuttini, R (1991) *Syntactic Properties of Sentential Negation: A Comparative Study of Romance Languages*. University of Pensilvania.

Zubizarreta, M, L (1999) "Las funciones informativas: Tema y foco." en Bosque, I y Demonte, V. (dir.) *Gramática descriptiva de la lengua española*. Vol. 3. 4215–4244. ESPASA.

Zuloaga, A (1975) "Estudios generativo-transformativistas de las expresiones idiomáticas." *BICC*, 30. 3–48.

Zwarts, F (1995) "Nonveridical Contexts." *Linguistic Analysis*, 25. 286–312.

Zwarts, F (1998) "Three Types of Polarity." *Plural Quantification*. 177–238. Dordrecht.

索引

A–Z

alguno の後置　133, 143
A 移動　284
A' 移動　284
c 統御　23, 29, 33, 44, 64, 247
EN 前置詞句　64, 117
EN 否定　34, 52, 54, 64, 193, 194, 206, 246
ISC　262
LF（論理形式）　258
NEG- 削除（Elisión de NEG）　200
Pnp（Palabra Negativa Preverbal）　44
QR　23, 64, 74, 284
there 構文　232
Trigger　283
θ 理論　235

あ

暗黙項（implicit argument）　221
暗黙の否定　169

い

位相的拡張（Topological Extension）　208
一語文習得　291
移動（Move）　230
意味構造　29
意味的痕跡　44
意味の場（Semantic Field）　317
意味役割　231, 280
意味役割素性　233, 235, 281
隠喩　122

え

影響　228, 280

お

オッカムの剃刀　51, 283

か

階層意味論　74, 261
外置構文　242
概念構造　29
概念構造標識　219
外部否定　316
会話の含意（Conversational Implicature）　294
会話の公準　3, 10, 27, 184
会話の参加者　112, 128
格文法　216
下限の含意（lower-implicature）　142, 143
化石化　121, 144
カテゴリーの成員　207
下方含意（Downward-Entailing）　29, 255
下方含意仮説　255
関係形容詞　141, 161
感情動詞文　241
感情の should（emotional should）　128
緩叙法　148, 186
完了（telic）　306
関連性の推論　305

き

聞き手指向　296, 316
聞き手指向性　293
記述的妥当性（Descriptive Adequacy）　189
起動相（Inchoative Aspect）　307, 317
義務的前置詞句　222
逆接を表す接続詞（Conjunción Adversativa）　301
旧間接疑問節　169
旧情報　35
極限（carácter extremo）　47, 55, 104, 138, 184, 185, 251
極性位置　43
虚辞的否定（La Negación Expletiva）　189
虚辞の否定　168, 312

く

グアラニー語　30
空間的内包関係　195, 198, 199

け

経験的ゲシュタルト　185
経済性の原理　252, 316
経済的　296
継続相（Durative Aspect）　317
継続的　313
継続的でない hasta　29
継続的な相　308, 315
形態の否定（Negación

Morfológica) 29
ゲシュタルト 224
ゲシュタルト心理学 (Gestalt Psychology) 144
ゲシュタルト知覚 145, 146, 205
欠如(Privación) 95
言語の経済性の原理 10
言語の線状性 73

こ

語彙化 117
語彙概念構造 279
語彙項目 45
語彙的アスペクト 306, 317
語彙的従属化(Lexical Subordination) 279
語彙的単位 133
語彙部門(Léxico) 149
項 215, 216, 231, 281
行為層(action tier) 228
項構造 29, 220, 279
構成性の原理(Principle of Compositionality) 50, 81, 144, 218, 224, 282
構成素統御(c-command) 282
構成素否定(Negación Sintagmática / Negación de Constituyente) 8, 15, 22, 26, 27, 28, 247
構成を成す(in construction with) 282
項束縛(argument binding) 279
後置された alguno 117, 159, 160
後置主語構文 93, 236
後置主語属詞 241, 242
後置する(posverbal) 34
肯定極性項目(Términos de Polaridad Positiva) 7, 12, 18, 26
構文(construcciones) 50, 282
構文的拡張 55
構文文法(Construction Grammar) 216, 224
構文理論 2
項役割(Argument Role) 218
個人言語(idiolecto) 55
コノテーション 96
語否定(Negación de Palabra) 15, 29, 117, 284
語用論的含意 28, 109, 186, 254, 255
語用論的強化 198
語用論的推論(Pragmatic Inference) 143, 181, 185, 285
語用論的な前提 300
語用論的な背景 140
語用論的な背景知識 151
語用論的分業(the Divison of Pragmatic Labor) 294
語用論的文脈 110
語用論的要因 216, 278
痕跡(trace) 34, 35, 221
コンテクスト 205

さ

最小量を表す否定極性項目 66
最大規定(Full Specification) 198
細密度(Granularity) 317
左方移動 38, 39, 45, 121, 204
作用域(Ámbito de la Negación) 9, 88
参加者役割(Participant Role) 213, 218
参照点(Reference Point) 197, 208
参照点能力(Reference-Point Ability) 208

し

使役移動構文(Cause-Motion Construction) 216
事象構造 279
持続的な hasta 311
質的な感嘆文 172
指定部(Specifier) 229
自動詞文 240
支配域(Domain) 208
写像(Mapping) 198, 199
修辞疑問(Rhetorical Question, Oratorical Question) 127
終止相(Terminative Aspect) 317
重文 301
主観的輪郭 185
主題(tema) 36
主題化(Tematización) 24, 33, 34, 45, 64, 117, 120, 121, 200, 204
主題役付与一様性の仮説 (Uniformity of Theta Assignment Hypothesis) 229
受動構文 236
主要部(Head) 207
瞬間的 313

索引　335

瞬間的・達成的な相　308
循環的な適用　69
順接の接続詞（Conjunción Copulativa）　16
上限の規定（upper-bounding）　47, 142, 290
小辞構造　266
冗長的　296
焦点　93
小文（cláusula mínima）　21, 97
障壁（Barrier）　285
上方含意　29
情報構造　93, 282, 298
省略文　69
叙実述語　297, 298
叙実的（factivo）　55, 190, 268
叙実動詞　82
叙実の前提　296
所有の変化（transition of possession）　227
新情報　35, 93
心的態度　261, 283
心的命題態度　189

す

スキーマ　52, 55, 56, 81, 98, 119, 195, 198, 207
スキーマ理論　3

せ

生成意味論　147
生成語彙論　217, 218
接続法　73, 74
絶対的　138
絶対的最上級　141
説明的妥当性（Explanatory Adequacy）　189

選言的　318
先行の否定（Negación Anticipada）　285
全称的　158, 187
全称量化子　260
全称量化子の否定　102
選択制限　278, 296
選択的 EN 前置詞句　34
選択的前置詞　117
選択的前置詞句　47, 222, 267
選択の自由　158
前置　10, 18, 33, 45
前置する（preverbal）　33
前提　71, 73, 121, 124, 296, 316
前提の取り消し　28
全否定　285

そ

相（Aspecto）　301, 306
相の形式（Aspect Form）　314, 317
相補分布　292, 294, 313, 314
ソース・ドメイン　199
属詞文　240
阻止範疇（Blocking Category）　285
存在的　158
存在的量化　187
存在の前提　296, 300
存在量化子　149

た

ターゲット・ドメイン　199
対比的　278
多義性のネットワーク　198

卓立（プロミネンス）　278
他動詞文　240
段階的　47
段階的最上級　185
段階的相（Phase Aspect）　317
段階的な極限（extremo）　137
単調減少（Monotonicity Decreasing（MD））　255
断定　299, 316
談話　110
談話モダリティ（Discourse Modality）　284

ち

中間領域（the Zone of Indifference）　96
抽象的内包関係　198, 199
中立命題　259
直接作用域制約（Immediate Scope Constraint）　252
直接的　304
直説法　74
チョムスキー付加（Chomsky-Adjunction）　201
陳述（rema）　36

つ

強い否定環境　55
強い否定極性項目　88, 125, 132
強い否定極性誘因子　62, 82, 86, 96, 132

て

定形節(oración flexiva) 97, 88
定形動詞(Verbo Flexivo) 171
提示動詞文 241
転置法(Hipérbaton) 120

と

ド・モルガンの法則 125
同一の議論的指向性(la misma orientación argumentativa) 304
同語反復(Tautología) 292
統語部門の自律性 282
統語論中心主義(Syntactocentrism) 284
統語論の自律性 231
動作様態(Aktionsart) 317
動詞句シェル(VP shell)構造 229
動詞の限界性 306
動詞の内在的意味 25, 70
動詞への前置 40
倒置 93
同定の変化(transition of identification) 227
特定性 155, 156, 157
と構成を成す 248
閉じた類(closed class) 18, 194
トラジェクター 195
取り消し可能性 186
取り立て 28

な

内在的意味特性 49, 184, 261

に

二重目的語構文 236, 281
任意性 158, 162, 163

ね

ネットワーク 55, 81, 118, 119

は

背景知識 139
排除的意味(valor excluyente) 312, 313
場所理論(Localist Theory) 226, 280
裸の名詞句 116, 143, 153, 159, 160
発話態度 259
パロール 289
反意(Contrariedad) 95, 172, 304, 317
反意語 99
反意の関係(contrario) 83
反語 127
反語的用法(Irony) 189
反対的反意(Contrary Opposition) 291, 293
範疇の前提(Categorical Presupposition) 278
反復相(Iterative Aspect) 317

ひ

比較構文 276
非確定的構成素 249
比較の対象 180
比較の導入(Comparative Introduction) 177
非現実 276
非現実性 275
非叙実述語 298
否定演算子 74
否定含意述語 117
否定極性活性要素(Activadores Negativos) 283
否定極性慣用句(Modismos de Polaridad Negativa) 144, 147, 185
否定極性項目 18, 131, 132, 182, 183
否定極性項目の主題化(Tematización de Término de Polaridad Negativa) 38
否定極性誘因子(Inductores de Polaridad Negativa) 29, 60, 81, 131, 202, 268, 283, 304
否定語前置構文(Construcción de la Palabra Negativa Preverbal) 42, 50, 51, 52, 117
否定語の主題化 39
否定素性 84, 86
否定の移動(Transporte de la Negación) 33, 64
否定の移動構文 81
否定の含意 108
否定の呼応(Concordancia Negativa) 13
否定の削除(Elisión de NEG) 38
否定の作用域(ámbito de la negación) 247

否定の焦点(Foco de la Negación) 9, 11, 26
否定の省略 22
否定の存在量化子 102
否定の統合(Incorporación de la Negación) 56
否定の非対称性 289, 290, 293, 295
否定の複写(Copia de NEG) 56
皮肉 49, 115
比喩 296
比喩的拡張 56, 81, 281
評価動詞文 241
標的(Target) 197
開いた類(open class) 194
ビリヤード・モデル 317

ふ

付加詞 266
副詞 hasta 66
副詞的接続詞 268
不定形節(oración no flexiva) 109, 110
不定形動詞(Verbo no Flexivo) 171
不定構成素編入変形(indefinite incorporation) 248, 249
不定的量化子 269
不定名詞句 153
不定量化子 133
部分疑問詞 109
部分否定 247, 285
不変化仮説(Invariance Hypothesis) 199
不変化辞 40
普遍量化子 260
フレーゲの量化理論 284
フレーム意味論(Frame Semantics) 216, 217, 218
プレグナンツの原理(Prägnanzgesetz) 144, 185
プロソディ 247, 278
プロトタイプ 81, 117, 118, 119, 198, 207
プロトタイプ的な構文 51
プロトタイプ動作主(PROTO-AGENT) 281
プロトタイプ非動作主(PROTO-PATIENT) 281
プロトタイプ命題 205
プロトタイプ理論 3
プロファイル 234
分割 117
分割する 84
文化的コンテクスト 128
文内モダリティ(Sentence Modality) 284
文の代名詞化(Pronominalización de Oración) 66
文否定(Negación Oracional) 22, 26, 27, 247
文否定(メタ言語否定) 8

へ

返答の副詞 16

ほ

包括的意味(valor incluyente) 313
放射状カテゴリー 198
補充形(suppletive form) 187

ま

マクロな意味役割 231, 233, 280

み

未完了(atelic) 306
ミクロな意味役割 231

む

無強勢人称代名詞 238
矛盾的反意(contradictory opposition) 290, 291, 293
矛盾の関係(contradictorio) 83

め

命題態度 259, 284
命題的 88
命題的名詞句 22
命題否定 31
メタ言語否定 11, 25, 73, 247
メタファー 195
メタファー的拡張 225, 246

も

モダリティ 189, 271
モダリティ否定 31

や

やりもらい構文 281

ゆ

有標性 289, 291

よ

要素主義 144
様態の違反 290
与格構文（Dative Construction） 280
予想 296
弱い否定環境 120
弱い否定極性項目 82, 125, 132
弱い否定極性誘因子 86, 132

ら

ランドマーク 195

り

量化子 123, 294
量化子繰上げ（Quantifier Raising） 33
量化子上昇（Quantifier Raising） 14, 29, 260
量化的 138, 141, 163
量化的最上級 139, 140, 141, 151, 185
量の公理 292

れ

レキシコン 252
レトリック 296
連想 145, 146

ろ

論理演算子（logical operator） 254
論理形式 74, 152, 252
論理的含意 28, 174, 251, 290, 299, 300
論理的前提 299

わ

話者指向 296, 316
話者指向性 293

【著者紹介】

田林洋一（たばやし よういち）

〈略歴〉1975年埼玉県大宮市(現さいたま市)生まれ。上智大学外国語学部イスパニア語学科卒業後、上智大学大学院外国語学研究科言語学専攻博士前期課程修了。言語学修士。清泉女子大学大学院人文科学研究科人文学専攻博士後期課程修了。博士(人文学)。立教大学兼任講師、慶應義塾大学非常勤講師などを経て、現在小樽商科大学言語センター准教授。

〈主な著書・論文〉『Vámonos―楽しく学ぶスペイン語』(共著、同学社、2012年)、「スペイン語の動詞と構文が持つ多動性に関する認知言語学的考察―文法と意味の乖離を巡って」(『慶應義塾大学日吉紀要人文科学27号』2012年)など。

スペイン語の否定語の概念構造に関する研究

発行	2012年7月20日 初版1刷
定価	7500円＋税
著者	©田林洋一
発行者	松本 功
印刷所	三美印刷株式会社
製本所	田中製本印刷株式会社
発行所	株式会社 ひつじ書房
	〒112-0011 東京都文京区千石2-1-2 大和ビル2階
	Tel.03-5319-4916 Fax.03-5319-4917
	郵便振替 00120-8-142852
	toiawase@hituzi.co.jp http://www.hituzi.co.jp

ISBN978-4-89476-613-6

造本には充分注意しておりますが、落丁・乱丁などがございましたら、小社かお買上げ書店にておとりかえいたします。ご意見、ご感想など、小社までお寄せ下されば幸いです。

認知言語学論考 No.10
山梨正明 他編　定価 9,800 円＋税
【目次】トートロジー構文から迫る認知語用論（古牧久典）／フレーム意味論に基づいた言語研究（内田諭）／装定用法における形容詞並置構文に関する一考察（尾谷昌則）／絵文字は何を伝えるか（久保田ひろい）／スキーマの計算理論を求めて（吉川正人）／非規範的な文法使用の対人的・認知的動機（遠藤智子）／対比・形状・数字に注目した日・英語における強意語の意味変化（有光奈美）

神奈川大学言語学研究叢書 2
モダリティと言語教育
富谷玲子・堤正典 編　　定価 4,200 円＋税
【目次】丁寧さのモダリティ（砂川有里子）／Suppositional Adverb-based Brackets in Discourse（Andrej Bekeš）／「てしまう」のモダリティ性と日本語教育における課題（黒沢晶子）／中国語モダリティの機能体系（彭国躍）／推量形式に関する日韓対照研究（文彰鶴）ロシア語教育とモダリティ（小林潔）／ロシア語のモダリティとアスペクト（堤正典）／英語法助動詞の諸相と英語教育（佐藤裕美・久保野雅史）語用理論と日本語教育（武内道子）

ひつじ意味論講座　第 4 巻
モダリティ II：事例研究
澤田治美 編　定価 3,200 円＋税
【目次】1. 英語法助動詞のモダリティ（柏本吉章）／2. 英語モダリティと動機づけ（長友俊一郎）／3. 未来性とモダリティ（吉良文孝）／4. 日英語の認識的・証拠的モダリティと因果性（澤田治美）／5. 認識的モダリティとの意味的関連性からみた日英語の束縛的モダリティ（黒滝真理子）／6. 認識的モダリティの意味と談話的機能（宮崎和人）／7. 意志表現とモダリティ（土岐留美江）／8.「のだ」の意味とモダリティ（野田春美）／9. 終助詞とモダリティ（半藤英明）／10. 副詞とモダリティ（杉村泰）／11. モダリティの対照研究（井上優）／12. 日本語教育から「日本語のモダリティ」を考える（守屋三千代）